# KIBS 企业协同能力对服务产品开发绩效的影响研究

## ——KIBS（知识密集型服务业）

王小娟　著

图书在版编目(CIP)数据

KIBS 企业协同能力对服务产品开发绩效的影响研究：KIBS：知识密集型服务业 / 王小娟著. -- 天津：天津大学出版社, 2021.9

ISBN 978-7-5618-7055-6

Ⅰ.①K… Ⅱ.①王… Ⅲ.①企业管理－影响－企业绩效－研究 Ⅳ.①F272.5

中国版本图书馆 CIP 数据核字(2021)第 200107 号

KIBS QIYE XIETONG NENGLI DUI FUWU CHANPIN KAIFA JIXIAO DE YINGXIANG YANJIU——KIBS (ZHISHI MIJIIXING FUWUYE)

出版发行　天津大学出版社
地　　址　天津市卫津路 92 号天津大学内(邮编:300072)
电　　话　发行部:022-27403647
网　　址　www.tjupress.com.cn
印　　刷　北京盛通商印快线网络科技有限公司
经　　销　全国各地新华书店
开　　本　185 毫米×260 毫米
印　　张　12
字　　数　293 千字
版　　次　2021 年 9 月第 1 版
印　　次　2021 年 9 月第 1 次
定　　价　50.00 元

---

# 前　言

随着知识经济的快速发展，如何借助客户的知识资源提高服务产品开发绩效，成为知识密集型服务业（KIBS）企业关注的重点。协同创新作为一种有效吸纳整合外部客户资源的开放式的创新模式，被广泛地应用于企业的开发实践中，以提升 KIBS 企业服务产品的开发绩效。然而，KIBS 企业作为协同创新活动的主体，尚未完全具备与客户协同进行服务产品开发的能力，致使企业对客户知识资源的吸纳整合及转化的效率较低，导致服务产品的开发绩效提升缓慢。因此，KIBS 企业应当具备什么样的协同能力以提升服务产品的开发绩效，成为当前企业协同创新实践亟待解决的问题。目前，多位学者从不同视角对企业协同能力展开了研究，但其对企业创新/开发绩效的影响研究才刚刚起步，缺乏对 KIBS 企业协同能力的构成及其对服务产品开发绩效的作用路径以及协同创新情境中治理机制的作用等问题的深入探讨。这些不足使得现有理论不能完全满足企业协同创新管理实践的需要，从而不利于 KIBS 企业服务产品开发绩效的提升。

本书立足于“知识密集型服务企业协同能力对服务产品开发绩效的影响研究”这一核心问题，以资源依赖理论、知识观理论、企业能力理论及协同理论为基础，结合对 5 个典型 KIBS 企业的探索性案例进行分析，构建研究模型并提出研究假设；同时，通过对 206 家 KIBS 企业的问卷调查，采用探索性和验证性因子分析，对 KIBS 企业协同能力构成维度进行了验证；并综合运用结构方程模型以及回归分析等方法验证了客户知识转化在 KIBS 企业协同能力对服务产品开发绩效的影响过程中起到的中介作用以及协同治理机制的调节效应。

相比现有研究，本书的主要工作和创新体现在以下几个方面。

第一，针对协同创新实践中企业对客户知识资源的强依赖性，探索并验证了 KIBS 企业协同能力 3 个维度的构成。现有研究主要从协同功能/行为等单一视角阐述企业内部要素/部门之间的协同，关于企业协同能力内涵和构成的说法不一，难以系统地反映企业与客户协同进行产品开发活动的本质特征。本书基于 KIBS 企业与客户协同进行服务产品开发的过程及特征，从“协同系统”角度提出并验证了 KIBS 企业协同能力由知识集聚能力、组织间协调能力以及关系调整能力 3 个维度 10 个要素构成，这些构成维度和基本要素反映了协同开发活动中企业对客户的知识需求、行为控制、合作关系 3 个层面所应具备的能力特征。同时，设计和开发了 KIBS 企业协同能力的测量量表，并验证了量表具有良好的信度、效度以及稳定性。研究丰富和拓展了企业协同能力的边界和范围，全面而具体地刻画和探析了 KIBS 企业协同能力构成、基本要素及其测量和应用，为探究 KIBS 企业协同能力对服务创新绩效的影响提供了分析依据。

第二，提出并验证了 KIBS 企业协同能力各维度对服务产品开发绩效的影响及其影响的差异。现有研究主要从动态/吸收/IT 能力、组织学习、客户参与/互动/合作等角度探讨服务产品开发绩效的影响前因。结合 KIBS 企业与客户协同创新活动的实际，从多元化能力需求角度提出，企业协同能力是影响服务产品开发绩效的重要前因。结果表明：KIBS 企业协同能力中的知识集聚能力和关系调整能力对过程绩效具有显著的正向影响，然而组织间的协调能力对过程绩效的影响并不显著；组织间协调能力和关系调整能力对结果绩效具有显著的正向影响，而知识集聚能力对结果绩效影响不显著。本书丰富和拓展了服务产品开发绩效前因的研究，深化了对企业协同能力作用的认识，为今后"协同能力-绩效"关系模型的深入研究提供了必要的研究基础，也为 KIBS 企业借助其协同能力的不同组合模式实现不同的服务产品开发绩效目标提供了实践指导。

第三，系统地剖析并验证了客户知识转化在 KIBS 企业协同能力对服务产品开发绩效影响中起到的中介作用。现有研究主要从知识共享/转移/整合视角探讨服务产品开发的中介作用机理。本书针对服务产品开发中企业对客户显隐性知识的需求以及知识创造的关键，探索了客户知识转化中的显性化分享和隐性化吸收在 KIBS 企业协同能力影响服务产品开发过程绩效和结果绩效的双重作用路径。案例及实证结果表明：知识集聚能力、组织间协调能力和关系调整能力通过促进客户知识显性化分享，进而提升过程绩效，以及通过促进客户知识隐性化吸收，进而提升结果绩效；并运用回归分析验证了客户知识显性化分享和隐性化吸收的部分中介作用。本书突出了企业协同能力 3 维度设置对客户知识转化的促进作用，深化了读者对客户知识转化形成机理的理解，双重作用路径的检验结果揭示了协同能力对服务产品开发路径的选择机制，弥补了现有研究缺乏探讨企业协同能力作用路径的不足，有助于企业针对不同的服务产品开发目标，通过协同能力作用而选择相匹配的客户知识转化策略。

第四，提出并验证了不同类型的协同治理机制对 KIBS 企业协同能力与客户知识转化关系的调节作用及其作用的差异。现有研究大多考虑环境动态性、知识特性等情境因素的作用，少量研究虽论证了协同治理对知识获取/共享的影响，但结论不一，缺乏对协同治理机制影响知识转化效率及效果的作用探讨。本书基于协同创新活动对情境保障因素的要求，引入协同治理机制，分析并验证了其对企业协同能力与客户知识转化关系的调节作用。研究表明：关系治理机制越强，知识集聚能力和关系调整能力对客户知识显性化分享的正向作用越大；契约治理机制越强，组织间的协调能力和关系的调整能力对客户知识隐性化吸收的正向作用越大。而且，与契约治理机制相比，关系治理机制中的关系调整能力对客户知识显性化分享的正向调节作用大于其对客户知识隐性化吸收的正向调节作用。本书拓展了研究的情境因素，弥补了协同创新研究中对协同治理机制的研究的不足，丰富了对企业协同能力作用边界条件的认识，在一定程度上回答了现有研究结论不一致的问题，为企业根据不同类型和强度的协同治理机制，制定相应的协同能力组合模式以促进客户知识转化，进而提升服务产品开发绩效提供了决策支持。

# 目 录

# 1 绪论

## 1.1 研究背景

### 1.1.1 现实背景

随着服务经济在全球经济发展中的作用日趋凸显，我国服务业逐渐发展成为增加国内生产总值的主要贡献者，已成为超越其他行业的不可忽视的创新力量。2019 年，我国服务业增加值为 534 233 亿元，服务业总体增长速度超过 16%，比上一年增长了 6.9%，连续 7 年在三次产业中领跑[1]，俨然已成为促进我国国民经济发展的第一大产业。与此同时，随着知识经济主导地位的显著提升，基于知识的服务业，即知识密集型服务业（Knowledge Intensive Business Service，KIBS）得以迅猛发展，成为促进我国服务经济发展的主导力量。有关数据显示，在 2019 年第二季度，我国信息传输、软件和信息技术服务业增加值当季值为 9 324.4 亿元，累计值为 18 515.7 亿元。尤其是中国电子信息行业联合会揭晓了“2019 软件与信息技术服务综合竞争力百强企业”，2018 年软件业务收入合计为 12 374 亿元，同比增长 16.9%，高于全行业平均增速 2.7 个百分点[2]。由此可知，知识密集型服务业，尤其是以互联网为主要运作手段的知识密集型服务企业，具有强有力的发展潜力和发展前景，已逐渐成为促进中国经济飞速发展的主导产业。

知识密集型服务业（KIBS）企业指依赖于专业性知识，主要向客户提供以知识为基础的中间产品和服务的公司或组织，具有高知识度、高互动度、高技术度、高创新度的特征[3-5]。目前，我国知识密集型服务业虽得到快速发展，但与发达国家相比，在服务产品开发和创新领域还存在一定差距。随着全球化竞争的日益加剧，创新已成为提升企业核心竞争力的重要手段，而知识密集型服务企业产品的创新开发能够显著提高服务产品的品质、客户的满意度等，而这些对提升企业的竞争力具有重要影响[6-7]。然而，我国知识密集型服务企业的产品开发还存在原创性不足、技术含量不高，服务产品易模仿、难以进行知识产权的保护，相对不具备竞争优势等问题[8]。因此，如何提高服务产品开发绩效，就成为促进知识密集型服务企业快速发展的关键问题。

客户作为服务产品的接受者以及消费者，在接受和消费服务的过程中，其所提供的知识资源对于提高服务产品开发绩效具有重要的作用[9]。在管理实践中，无论是服务营销中客户的价值创造还是开放式创新中客户知识的参与，以及服务管理中客户的协同生产，均体现了企业与客户协同创新对吸纳整合客户知识资源以提升服务创新/产品开发的重要作用[9]。从 20 世纪 90 年代以来，企业与客户协同创新与合作每年都以至少 25% 的速度在上升，其中，澳大利亚 50% 的企业投资于外部的研发资源，而在日本超过 60% 的企业高度依赖外部的技术资源[10]。而且，随着社会的不断进步和发展，客户的需求逐渐向多元化和个性化发展，企业吸纳客户需求的不确定性增加，具有高互动性、高创新度的知识密集型服务业企业如何应对客户多元化以及个性化的需求变化并作出快速反应，开发出客户满意的服务和产品，从而有效提高知识密集型服务企业的服务产品开发绩效？对此，作为有效吸纳整合客户资源以提高服务产品开发绩效的协同创新，就成为知识密集型服务企业关注的焦点。

与一般非知识密集型企业内部要素/部门之间以及成员之间的创新不同，在企业与客户协同创新过程中，知识密集型服务企业在产品开发中不仅获得客户的知识，同时能够在协同创新过程中与客户的大量互动，增进了对客户行为的理解，更有助于把客户内在知识转化为企业/产品的相关标准，在推出新服务/产品时，使得企业的服务和产品更能满足客户的需要，从而为客户所接受[11]。正如宝洁公司的首席执行官 Alan G. Lafley 所说的，任何庞大的、全球化的企业，与消费者、供应商以及合作伙伴等协同合作都是至关重要的，否则无法实现更快、更大的创新[9]。在这股大规模协作的浪潮中，各主体之间的协同创新与合作在提升企业绩效的过程中发挥着重要的作用。因此，为了增强企业竞争力，知识密集型服务企业就必须加强与客户的协同创新与合作，以有效提高服务产品开发绩效。

然而，在企业与客户之间的协同创新与合作中，企业如何有效提高服务产品开发绩效？Muller 和 Zenkera 认为，服务产品开发绩效提升的关键在于企业与客户之间大量的互动与交流，以获取客户关于服务、产品、市场、环境等方面的知识资源，从而对其进行获取、分享、吸收和应用，把客户知识资源有效地转化为企业产品开发/创新的知识[12]。与制造业有形产品的开发/创新相比，由于存在更高的定制化，知识密集型服务企业对客户参与以及互动的要求更加强烈[13]。Ericvon Hippel 认为，服务产品开发的核心是解决问题，是创造一个解决问题的方案，以满足真实使用环境中真实用户的需求，在这个过程中，用户参与产品开发更能创造出满足用户自身需求的产品，从而提高产品开发绩效[14]。在企业与客户协同创新情境下，鉴于知识密集型服务企业产品开发的过程及特点，即在企业与客户协同进行服务产品开发的创意概念、设计开发和商业化推广等阶段和过程中，企业和客户都需要投入各自的能力和优势资源，以促进双方的协同创新与合作。其中，对作为开发主体的企业来说，除了提供给客户所需的资源外，其更需要具备与客户协同进行产品开发的能力；而对客户来说，则需要投入关于产品、市场、环境等显性和隐性知识资源。在此过程中，客户无论是作为产品信息的提供者还是产品开发过程的参与者，企业都需要与之紧密协作和互动，以有效获得并转化客户关于服务产品、市场、环境等的显性知识以及能够体现客户真实需求的隐性知识，从而提高企业的服务产品开发绩效[15]。然而，现实的问题是，在这一过程中，知识密集型服务企业应具备什么能力以促进服务产品开发绩效？同时，这种能力能够有效地对促进对客户显性知识和隐性知识的获取、分享、吸收以及应用？

针对此问题，协同创新中企业获取外部知识资源以促进服务创新/产品开发的能力——协同能力，引起了广泛关注[15]。Witzeman 认为，任何企业都不可能自给自足地提供自身所需的资源，其必须通过与其他企业的协同合作从而获取企业所需的关键信息、技术、知识等资源，以提高企业竞争力，而企业的协同能力正是其有效获得外部知识资源的基础[16]。在企业与客户协同进行服务产品开发的过程中，不少国际知名企业已成功地借助其自身协同能力，通过与客户的互动、互惠等方式，通过对客户知识资源的吸纳，使客户参与到企业的创意概念、开发设计、商业化推广等阶段，从而对显性以及隐性的客户知识进行深入有效的搜索、挖掘、分享、吸收及应用，并最终取得了较好的产品开发绩效[13—4]。在现实中，也不乏企业通过其协同能力促进对客户创意等相关知识的获取、分享和吸收，从而提升服务产品开发绩效的成功例子。“手机银行”就是一个典型的例子，银行（如中国台湾地区的合作银行、花旗银行、国泰世华银行）创建的 APP（手机软件），允许客户进入其手机银行网页，客户可通过手机银行立即从银行的金融新闻中获得有利的信息并传播正面口碑，从而有效地促进企业绩效。同样，还有一些企业借助网络社交平台获取以及转化客户知识，从而促进产品开发，如 MySQL Database、Linux、Firefox Browser 等企业，通过对其开放源代码社区的利用来进行系统开发等。即使是传统制造企业，如宝洁、戴尔、海尔等，也在探索如何提升企业协同能力，以转化客户所拥有的产品、市场、环境等的知识资源，尤其是隐性知识资源，以提升企业在产品开发、决策、管理等方面的绩效。

除此之外，在企业与客户协同创新的过程中，环境的复杂性以及客户参与的不确定性，使得企业与客户协同进行服务产品开发时也面临众多风险。协同创新作为极具发展潜力与应用前景的开放创新模式，有力地促进了企业与客户的深度合作与协同。然而，在协同创新情境下，企业与客户之间的合作与交流日益频繁，客户作为资源提供者或是合作生产者，并不能必然地带来所期望的知识，也有学者认为将客户纳入创新过程中并不是必需的，即企业与客户的协同创新同样会为企业带来不确定的风险[14]。在此过程中，如果协同中没有相应的情境保障因素/治理机制，可能会造成企业与客户协同合作的失败，那将会给企业造成不小的损失，不仅会使企业对客户知识的获取、共享和转化以及应用等受阻，也会影响企业绩效的提升。因此，需要引入相关的情境因素/治理机制以确保企业与客户在协同中服务产品的成功开发。

然而，更进一步的问题是，在企业与客户协同创新的情境下 KIBS 企业还没有完全具备与客户协同进行服务产品开发的能力，以及在此协同能力下还尚未找到有效提升服务产品开发绩效的关键路径，也尚未明晰协同中哪些情境因素/治理机制会影响以及如何影响 KIBS 企业协同能力作用的发挥，从而影响服务产品开发绩效提升的问题，这些迫切地需要有相应的理论去指导具体的管理实践。因此，在协同创新情境下，探索 KIBS 企业应具备什么样的协同能力及其如何影响服务产品开发绩效，就成为当前知识密集型服务企业亟待解决的关键问题。

### 1.1.2 理论背景

服务产品开发是知识密集型服务企业提高绩效以保持持续的竞争力的重要策略。只有进行服务产品开发，才能为客户提供满意的服务和产品以促进企业绩效，而其为客户提供服务和产品开发的过程是知识产品创造和新知识产生与扩散的统一过程[14]。因此，在本书中，对于服务开发和产品开发并不进行严格的区别，统称其为服务产品开发，其兼具服务开发和产品开发的有形和无形的特点。经济合作和发展组织（OECD）认为，新产品开发是为给用户提供全新或者改进的服务体验而开展的提升产品技术方面的创新活动，属于对产品开发环节的创新和创造。Larry J. M. 等认为，服务产品开发是指企业通过互联网技术配置开发或提供一个新的服务产品，即在服务产品开发以及对知识的组建过程中，服务产品利用互联网技术对客户偏好、知识等需求进行分析组装和合成，从而使服务产品被开发或被创造以满足不同客户群体的需求[10]。因此，服务产品开发/创新活动的过程必然包括企业对客户知识、偏好等的分享、挖掘、整合、吸收等，从而可以满足客户的多样化需求[15-16]。

对于知识密集型服务企业而言，由于服务和生产具有“不可分性”以及其高知识性、高互动性、高技术性以及高创新度的特征，使得在服务产品开发过程中客户的参与以及互动成为必然[13]。在此过程中，企业员工与客户进行频繁的互动、互惠活动，从而企业有效获取了客户的知识资源，并使得不同类型的知识得以转移和重整，尤其是在此过程中对客户的显性和隐性知识的转移转化，使其成为提升企业服务产品竞争力的有效途径[16]。而且，随着客户主动参与服务生产所能带来的好处增加，将客户纳入企业的服务生产和传递实践活动中以协助服务开发与生产成为必然[15]。然而，随着服务产品开发过程中企业与客户之间的协同合作关系逐渐密切，客户在服务开发中担当的角色也开始变得愈发复杂，其参与/互动行为呈现出多元化发展，而且，由于客户参与/互动的行为并不受到企业相关管理制度的约束，可能会导致企业与客户协同开发过程的不确定性上升，即存在一定风险[16]。因此，在此过程中，企业应具备什么样的能力以管理与客户之间复杂多元化的协同行为，从而更好地获取外部资源以提升服务产品开发绩效，成为 KIBS 企业在协同创新过程中需要思考的关键问题。

也就是说，在协同创新情境下，KIBS 企业需要具备什么样的协同能力以及其如何提升服务产品开发绩效，就成为学者关注的重点。目前，学者针对此领域展开了相关研究，同时取得了一些很有价值的研究成果。体现在以下几个方面。

首先，国内外学者从不同角度对企业协同能力概念内涵及构成进行了相关研究，主要涉及企业内部要素/部门/单元协同[17-21]、产学研协同[22-23]以及区域协同[24]等。目前，学者对企业协同能力的概念从不同视角进行了界定，对其构成维度也有不同的划分与理解。研究视角主要包括两方面：①从协同行为视角出发，认为企业协同能力是协同组织之上产生的行为[25-29]；②从协同功能要素角度，认为企业协同能力是系统内部包含的若干个要素能力子系统[30-34]。在这些研究中，主要侧重企业（组织）内部要素/部门/单元协同[25-27]、产学研协同以及区域协同能力等[17, 32]。同时，学者关于企业协同能力构成维度既有单维度，也有多维度（二维、三维、四维）衡量，涉及制造业、商业服务业、医疗、电子服务业等行业。由此可知，由于研究视角和情境的多样性，企业协同能力的界定也有所不同，因此，对企业协同能力的概念以及构成维度进行界定和解析时，必须考虑研究视角和具体的行业以及研究情境。

**其次，服务产品开发绩效作为本书重要的结果变量，学者主要从企业为主导的角度（如企业的动态/吸收/IT 能力等、组织学习、知识管理等）和客户行为角度（如客户参与/互动、顾客共同生产/客户合作等）对服务产品开发绩效的影响前因展开研究。**目前，学者关于服务产品开发绩效影响前因的研究主要分为两类：①以企业为主导的相关研究，说明企业相关能力，如知识管理能力[35-36]、动态能力[37-40]、吸收能力[41]、搜索能力以及 IT 能力[42-44]等对服务创新/产品开发的直接或间接影响；组织学习[45-49]等对服务产品开发绩效直接或间接的影响；企业知识管理及相关过程，如知识获取[50-51]、知识整合[52-56]、知识共享/互动[57-59]、知识吸收[60-61]、知识转移[62-65]以及知识管理过程[66-70]等对服务创新/产品开发的直接影响。②从客户行为角度出发，说明客户参与/互动[71-78]、客户关系嵌入[79-84]以及社会网络/网络位置[85-87]、顾客共同生产/客户合作[88-92]等通过知识获取/整合/转移/吸收等过程对服务产品开发/创新绩效产生的影响。学者在以企业为主导的相关研究中，阐述了企业动态/吸收/IT 能力、组织学习等对服务产品开发绩效的直接或间接的影响，以及企业通过知识管理及其相关过程等对服务产品开发绩效的直接影响；从客户行为角度出发的研究，论证了客户参与/互动、客户关系嵌入、顾客共同生产/客户协同创新/客户合作等通过知识获取/共享/整合/转移等知识管理过程对服务产品开发绩效产生影响。然而，无论是以企业为主导的研究，还是从客户行为角度出发的研究，均说明了知识管理/客户知识管理及其相关过程[93-94]（知识获取、共享、整合、转移、转化等）在相关前因对服务创新/产品开发的影响中起到了重要的桥梁作用。从以上研究中可知，企业的相关能力（动态/吸收/IT 能力等）和客户相关行为（客户参与/互动等）均对服务产品开发绩效具有重要影响。同时，知识管理及其相关过程在其中具有一定的中介作用。

**除此之外，国内外学者研究了相关情境因素对知识管理相关过程及服务产品开发绩效的影响，还有学者涉及了协同创新中的情境保障因素/治理机制探索。**目前，学者主要从客户参与/互动、关系嵌入/合作网络、顾客共同生产/客户合作等视角，研究了知识特征[95-97]、环境动态性[98-99]、项目特征[100-101]等外在情境因素对知识管理相关过程或服务产品开发绩效关系的调节作用。关于协同创新过程中为了保证客户知识转移转化并促进服务产品开发顺利进行的相关保障机制的研究较少。然而，在企业与客户的协同创新活动中，由于客户需求的复杂性以及参与协同创新的不确定，双方之间相关情境保障因素对维护协同秩序、保障服务产品开发顺序进行也具有重要作用。目前，协同治理机制作为保障协同创新顺利开展以促进企业绩效的重要因素已得到一致认可[102-105]。如学者 Poppo 和 Zenger 将协同治理分为关系治理和契约治理 2 种方式，其认为，在协同创新过程中契约治理和关系治理不是两个孤立的治理方式[102-103]，企业常常同时利用契约治理机制和关系治理机制来协调伙伴之间的协同合作关系，以促进企业与合作伙伴之间的合作绩效[104-105]。由此可见，协同治理机制可能会影响协同创新中企业协同能力与客户知识转化之间的关系，从而进一步影响服务产品开发绩效，成为协同创新情境下影响服务产品开发绩效的重要情境保障因素。

综上，根据现有研究可知，在协同创新的研究热潮下，关于企业协同能力的概念内涵和构成维度较多，缺乏比较全面、系统的针对知识密集型服务企业协同能力概念内涵和构成维度的探索；同时，有较多学者从企业相关能力（动态/IT/吸收能力）、组织学习等以企业为主导角度和客户参与/互动，客户关系嵌入、顾客共同生产/客户协同创新/客户合作等客户行为角度研究其对服务产品开发绩效的影响，鲜有从企业协同能力角度探讨其对 KIBS 企业服务产品开发绩效的影响问题；而且，缺乏协同创新过程中相关保障因素/机制的探索。这些将导致企业与客户协同进行服务产品开发的过程中过分夸大外部客户作用而弱化企业自身所具备的协同能力，成为服务产品开发缓慢的主要原因。

**总体而言，结合研究目的，目前研究的局限性主要表现在以下方面。**

**首先，学者认同企业协同能力对服务产品开发绩效具有重要作用，并开始了相关研**

**究，但对企业协同能力概念内涵的认识尚不明晰。针对 KIBS 企业协同能力的概念内涵及其构成尚缺乏深入研究，严重制约了企业协同能力的相关理论发展和实践活动的推广。**现有关于企业协同能力概念内涵以及构成的研究主要包括组织内部要素/部门协同、产学研协同以及区域协同方面，鲜有关于协同创新情境下针对 KIBS 企业协同能力概念内涵及其构成维度的研究。对企业协同能力维度的划分涉及二维、三维和四维等，研究行业背景涉及制造业、商务服务业、医疗、电子服务业等。由于研究目的、行业背景和视角的不同，使得企业协同能力的内涵及其构成的差异较大。由于本书作者研究的是知识密集型服务企业的协同能力，鉴于知识密集型服务企业服务产品开发与非知识密集型服务企业开发过程及特点之间具有一定的不同，其与客户在协同服务产品开发中所需的协同能力与非知识密集型服务企业也就有了一定的差异，并不能一概而论。现有研究对 KIBS 企业协同能力的构成维度、各维度的准确界定、维度包含的具体要素等问题上，缺乏相关具体研究，并且没有相应的企业协同能力测量指标体系。由于协同能力也属于一种能力系统，作为协同能力系统，核心外部特征（如协同系统的目的、结构关系、核心资源及其匹配）、协同要素功能以及协同的行为等都需要被识别，这需要企业内部要素、部门之间以及企业与客户之间进行互动、合作和配合，形成有序的能力结构，从而促进企业产品开发目标的实现[15]。而目前关于企业协同能力的构成维度及基本要素的探索仍停留在初始阶段，缺乏相应的实证研究。因此，基于协同创新实践活动的需要，从“协同系统”全面深入辨析并论证 KIBS 企业协同能力的概念内涵及其构成维度变得非常重要，这将有助于明晰 KIBS 企业协同能力的概念内涵、构成与基本要素，为促进协同能力相关理论发展及其对服务开发绩效影响提供理论依据。

**其次，目前学者对服务产品开发绩效影响的研究主要从企业相关行为/客户行为角度出发，忽视了结合协同创新活动实际，从多元化能力需求角度研究企业协同能力对服务产品开发绩效的影响[32]，并缺乏从知识显隐性特点出发及知识创造关键过程视角探索其中的关键路径，影响了对企业协同能力如何作用于服务产品开发绩效实践活动的认识和理解。**目前，学者关于服务创新/产品开发的影响研究中，包括以企业为主导以及从客户行为角度出发的研究。以企业为主导的研究，说明了企业相关能力、组织学习以及知识管理及其相关过程对服务产品开发绩效的影响；而从客户行为角度出发的研究中，说明了在客户参与/互动、关系嵌入/社会网络、顾客共同生产/客户合作视角下，客户作为知识资源以及服务信息提供者和协同创造或生产的重要参与者，对服务创新/产品开发的重要影响[71-78]。而且，较多学者主要从知识/客户知识获取/转移/共享/整合等角度说明了客户参与/互动角度、关系嵌入[79-84]/社会网络[85-87]以及顾客共同生产/客户合作[88-92]等对服务产品开发绩效的影响机理。然而，在面对企业与客户协同创新中复杂的协同要素以及多元化行为等方面时，企业需要具备什么样的能力以有效促进服务产品开发绩效？企业协同能力是协同创新过程中企业与客户协同进行产品开发的多元化综合能力，而鲜有学者从企业协同能力视角研究其对服务产品开发绩效的影响机理。

另外，由于本书针对的是知识密集型服务业，高创新度、高知识性、高互动以及高技术是知识密集型服务企业的特点[3]，而创新主要来源于新知识的产生和创造，而新知识的产生和创造的关键在于企业对知识的转化过程[93-94]。由此可见，客户知识转化可能在 KIBS 企业协同能力对服务产品开发绩效的影响中起到重要的“桥梁”作用。然而，目前尚缺乏 KIBS 企业协同能力各维度如何通过对客户知识转化的核心流程进行影响，从而促进服务产品开发绩效的作用路径的探索。导致企业与客户协同进行服务产品开发的过程中对企业协同能力作用的忽视，从而难以通过把握关键路径提升服务产品开发绩效。因此，在企业与客户协同创新的情境下，关于 KIBS 企业协同能力对服务产品开发绩效具有什么样的影响作用，以及 KIBS 企业协同能力如何通过客户知识转化影响服务产品开发绩效，还需进一步深入地分析和实证论证，这将为“能力-绩效”关系模型的深入研究提供必要的研究基础，也为 KIBS 企业借助其协同能力的不同组合模式实现不同的服务产品开发绩效目标提供实践指导，同时有助于针对不同的服务产品开发绩效目标而选择与之相匹配的客户知识转化策略。

**再次，作为协同创新的重要情境保障因素，协同治理机制对企业发挥其协同效果（提升客户知识转化的效率和效果）具有重要作用。然而，目前对于协同治理机制的调节作用尚缺乏深入研究，阻碍了协同创新实践中企业协同能力的有效发挥。**在相关情境因素研究方面，多数研究仅考虑企业和客户创新过程中的外部情景因素，如知识特征[95-97]、环境动态性[98-99]、项目特征[100-101]等在客户参与/互动、共同生产与知识获取/吸收/共享/整合以及服务产品开发绩效关系中的调节作用，而忽视了对协同创新中促进服务产品开发绩效的保障因素——协同治理机制的探索。同时，面对复杂多变的市场环境，由于客户对产品需求不断变化，企业面对的不确定增加，与客户的协同也面临一定的风险，如何建立良好的协同秩序促进双方协同目标的实现，成为企业与客户协同进行服务产品开发中重点考虑的问题。对此，协同治理机制作为保障企业与客户协同创新活动顺利开展的保障因素就显得尤为重要。而且，现有少量研究也论证了协同治理机制对知识获取/共享以及服务创新绩效具有重要影响[102-105]，但关于不同类型的协同治理机制如何影响 KIBS 企业协同能力与客户知识转化关系及其作用强度是否有差异，前人并未展开相关研究。这使得现有关于协同治理机制的作用研究并不能作为协同创新情境下促进客户知识转化效率提高从而提升服务产品开发绩效提供有效借鉴。因此，对于不同类型协同治理机制对 KIBS 企业协同能力与客户知识转化关系的调节作用，还需进一步深入分析和实证检验。这对于实践中通过协同治理机制构建有效的企业协同能力组合模式，从而促进客户知识转化效率和效果具有积极作用。

综上可知，现有研究无法从协同创新活动对企业多元化能力要求的角度有效地解答 KIBS 企业协同能力活动的基本问题，在很大程度上影响了对 KIBS 企业协同能力作用的认识和理解，从而制约了 KIBS 企业协同能力及其相关研究的进一步开展。进一步地，由于 KIBS 企业协同能力对服务产品开发绩效影响的研究不足，使得 KIBS 企业协同能力不能有效指导 KIBS 企业的协同创新实践，从而成为当前 KIBS 企业服务产品开发绩效提升的“瓶颈”问题。然而，本书作者的研究正是基于对现有研究存在问题的思考和论证，以此也说明了本书所具有的理论价值和现实意义。

## 1.2 研究问题的提出

综上所述，在协同创新的研究热潮下，企业协同能力对服务企业产品开发绩效具有重要影响。然而，企业作为协同创新的主导者和推动者，对于“KIBS 企业协同能力对服务产品开发绩效影响研究”仍显不足，这就成为制约 KIBS 企业协同创新实践活动开展的障碍。鉴于此，在回顾前人研究成果的基础上，结合协同创新情境，本书紧密围绕研究主题，深入剖析了 KIBS 企业协同能力对服务产品开发绩效的影响问题。具体而言，本书将试图逐层深入探究以下几个子问题。

**第一，在协同创新情境下 KIBS 企业协同能力有哪些构成维度？**

在协同创新中，企业协同能力作为企业获取外部资源从而促进服务产品开发绩效以提升企业竞争力的关键因素而引起广泛关注[32, 35]。目前关于协同能力概念内涵以及构成维度的研究主要从企业内部协同功能[25-29]/协同行为[30-34]角度出发，包括企业（组织）内部要素/部门间协同[25-27]以及产学研协同[22-23]、区域协同[24]，还有少数涉及组织间协同等[17, 32]；另外，关于企业协同能力构成维度的划分涉及二维、三维和四维。由于学者的行业背景以及研究视角不同，关于企业协同能力概念的内涵及其构成维度的界定不一，鲜有针对协同创新情境下 KIBS 企业协同能力概念内涵、构成维度及其测量的研究。针对这一问题，本书将通过规范分析的方法，在运用相关理论和回顾已有文献的基础上，根据协同创新情境下服务产品开发过程和特点，从“协同系统”的角度，以及知识需求、行为控制和合作关系层面提出 KIBS 企业协同能力概念内涵、构成维度，并在开发和补充前人关于测度企业协同能力的量表的基础上，采用探索性和验证性因子分析等方法检验所提出的 KIBS 企业协同能力的概念内涵及其构成维度的问题。

**第二，KIBS 企业协同能力的各维度如何影响服务产品开发绩效？这些影响是否存在差异？**

企业协同能力对服务产品开发绩效具有重要影响[32, 35]。那么，KIBS 企业协同能力的各维度如何影响服务产品开发绩效？这些影响是否存在差异？目前，在以企业为主导的服务产品开发绩效影响因素探索中，学者主要从相关能力（动态/IT/吸收能力）[36-44]、组织学习[45-49]、知识管理及其相关过程[66-70]等角度说明其对服务创新/产品开发绩效的重要影响作用；在从客户行为角度出发的相关研究中，学者的研究表明，客户参与/互动[71-78]、客户关系嵌入[79-84]以及社会网络/网络位置[85-87]、顾客共同生产/客户合作[88-92]等是服务创新/产品开发绩效的影响前因，鲜有从企业协同创新实践中对多元化能力需求角度研究企业协同能力对服务产品开发绩效的影响问题。同时，国内少量相关研究主要以探索性案例为主[35]，国外的研究并没有经过我国实证检验[32]。本书作者针对协同创新情境，以 KIBS 企业为研究对象，在综合相关理论的基础上，通过结构方程模型深入地分析和论证 KIBS 企业协同能力各维度对服务产品开发绩效的影响作用，并探讨 KIBS 企业协同能力各维度对服务产品开发绩效的影响及其影响程度的差异问题。

**第三，KIBS 企业协同能力影响服务产品开发绩效的关键路径是什么？以及通过此关键路径如何对服务产品开发绩效产生影响？**

企业协同能力对服务产品开发绩效具有重要影响[32, 35]。那么，KIBS 企业协同能力对服务产品开发绩效的影响到底通过什么路径来实现？目前，大部分学者从知识获取/整合/共享/转移等视角研究了企业的相关能力[36-44]、组织学习[45-49]以及客户参与/互动[71-78]、客户关系嵌入[79-84]以及社会网络/网络位置[85-87]、顾客共同生产/客户合作[88-92]等对服务产品开发/创新绩效的影响，然而，鲜有关于企业协同能力影响服务产品开发绩效的路径研究并缺乏相关实证研究[35]，阻碍了对 KIBS 企业协同能力影响服务产品开发绩效作用路径的进一步把握。由于本书针对的是知识密集型服务业，高知识度和高创新度是知识密集型服务企业的特点[3]，而新知识的创造主要来源于企业对外部知识资源的转化[106]。同时，大量学者研究论证了知识获取/知识共享/整合/转移等，在企业动态能力/吸收能力/IT 能力、客户参与/互动、顾客共同生产/客户协同创新/客户合作等对服务产品开发绩效的影响过程中起到的中介作用，那么，可以认为，作为客户知识管理过程关键环节以及作为新知识产生和创造关键的客户知识转化[107]，在 KIBS 企业协同能力对服务产品开发绩效影响中可能也起到了一定的中介作用。据此，本书作者将结合协同创新的情境，研究 KIBS 企业协同能力是否通过客户知识转化的中介作用影响服务产品开发绩效，以明确 KIBS 企业协同能力各维度如何通过对客户知识转化核心流程发挥作用，从而对服务产品开发绩效产生影响以及产生怎样的影响的问题。

**第四，不同类型的协同治理机制对 KIBS 企业协同能力与客户知识转化关系产生什么样的影响？这些影响是否有差异？**

在协同创新情境下，企业与客户间的协同合作与知识交流日益频繁，但是企业与客户之间的协同创新同样会为企业带来风险，因此，协同治理机制成为保障企业对客户知识有效转化并促进服务产品开发顺利进行的重要情境因素。现有的相关研究也论证了协同治理对知识获取/共享具有重要影响[108-109]，如有学者认为，企业与客户之间缺乏有效的协同治理机制，基于专利的知识产权保护制度（主要表现为契约治理机制）在保护服务产品开发成果时效率低下[108]，使得企业更倾向于选择非正式的协同治理机制（主要表现为关系治理机制），以促进知识交换和权力维护[109]。因此，不同类型的协同治理机制对 KIBS 企业协同能力与客户知识转化关系可能具有一定调节作用，然而，不同类型的协同治理机制对 KIBS 企业协同能力与客户知识转化关系如何施加影响以及影响的差异性并未得到明确阐释。对此，在前人研究的基础上，在企业与客户协同创新情境下，本书引入了协同治理机制中的契约治理机制和关系治理机制，作为影响 KIBS 企业协同能力与客户知识转化关系的重要情境保障因素，试图分析和验证不同类型的协同治理机制对 KIBS 企业协同能力与客户知识转化关系的影响及其影响的差异问题。

同时，本书作者选择协同创新情境下的知识密集型服务（KIBS）企业作为研究背景进行实证。知识密集型服务（Knowledge Intensive Business Services，KIBS）企业由 Miles（1995）首次提出，是指依赖于新兴技术和专业性知识，向客户和社会提供以知识为基础的中间产品和服务的公司或组织[3]。知识密集型服务业作为一类特殊的服务行业，其服务创新/产品开发具有"高知识度""高技术度""高互动度"和"高创新度"特征，即服务产品创新/开发通过 KIBS 企业与客户的参与/合作为客户提供服务的过程[4]。与其他服务行业相比，KIBS 企业服务产品大部分是高定制化的，其与客户协同进行开发的行为较为频繁。而且，由于 KIBS 企业服务产品开发具有高度的客户导向性、参与性和互动性，因此，与一般的服务产品开发相比，其在产品开发中对于知识资源的需求、服务过程中各主体之间的互动、协调、沟通以及关系等均有所不同[7-9]。首先，KIBS 企业服务产品的开发需要大量的领域内的专业性知识，表现为"高知识密集度"，这些知识的产生不仅来自服务提供商本身，也可能来自具有较高专业素养以及具有专门技术知识资源的客户，因此，企业如何借助其相关能力获取、共享、整合以吸收客户的知识资源，对产品开发尤为重要；其次，服务产品开发过程表现出“高交互性”，为了提供令客户满意的服务产品，KIBS 企业需要与客户进行频繁的互动协调和有效沟通，才能不断共享、整合以及吸收来自各种渠道的专业性的知识资源，进而开发出客户满意的产品和服务；再次，服务产品的开发体现为“高客户导向性”和“高创新度”，KIBS 企业在整个服务产品中离不开客户的积极参与和支持，其服务产品开发的过程和结果均会受到所共享和吸收的客户知识（包括显性知识和隐性知识）的影响，尤其是在客户导向下产品的创新性开发与客户多元化需求密不可分，对此，与客户保持良好的合作关系以获取、共享和吸收客户知识资源以及多元化需求，对服务产品的创新以及成功开发尤为重要。因此，KIBS 企业能够将企业能力论、资源依赖理论、企业知识观理论以及协同理论等进行较好的应用和推广，是深入研究企业协同能力相关问题的典型背景。本书对 KIBS 企业展开研究所形成的研究结论，可以很好地将资源依赖理论、企业能力论、知识观理论以及协同理论等拓展到服务行业，从而丰富服务产品开发的理论研究成果。

## 1.3 研究目的和意义

在企业与客户协同创新的情境下，本书作者针对研究主题“KIBS 企业协同能力对服务产品开发绩效的影响”的现实需求和理论研究的不足，提出了 4 个亟待解决的子问题。所要解决的问题不仅关注了协同创新情境下 KIBS 企业协同能力的概念内涵和构成，KIBS 企业协同能力对服务产品开发绩效的直接影响作用以及客户知识转化在其中的中介作用，还探讨了协同创新中情境保障因素——协同治理机制在 KIBS 企业协同能力与客户知识转化关系中的调节作用。

### 1.3.1 研究目的

本书主要围绕“KIBS 企业协同能力对服务产品开发绩效的影响”这一关键及核心问题展开深入的理论分析和实证检验。通过研究，本书作者欲达到以下目的。

第一，探索协同创新情境下 KIBS 企业协同能力的构成。在现有研究的基础上，本书将结合 KIBS 企业与客户协同进行服务产品开发的过程及特征，从“协同系统”角度出发对 KIBS 企业协同能力的定义及构成进行解析，开发相应的测量量表；随后，通过探索性和验证性因子分析检验 KIBS 企业协同能力的构成维度及其所包含的基本要素。

第二，针对协同创新实践中对多元化能力的需求，本书将深入分析并验证 KIBS 企业协同能力各维度对服务产品开发绩效的影响及影响程度的差异。

第三，针对协同创新情境下客户知识的显隐性特点及知识创造的关键，本书将从客户知识转化角度出发，通过案例及实证分析验证 KIBS 企业协同能力影响服务产品开发绩效的中介作用机理。

第四，针对企业与客户协同创新实践对情境保障因素的要求，本书将通过文献研究与实证研究，提出并验证协同治理机制中的关系治理机制和契约治理机制在 KIBS 企业协同能力与客户知识转化关系中的调节作用。

### 1.3.2 研究意义

通过对“KIBS企业协同能力对服务产品开发绩效的影响研究”，本书欲达到以下理论及实践意义。

首先，针对协同创新实践中企业对客户知识资源的强依赖性，探索并验证了KIBS企业协同能力3维度构成。研究将企业内部要素/部门间协同扩展至企业与客户之间，拓展了企业协同能力的边界和范围，全面而具体地刻画和探析了KIBS企业协同能力构成、基本要素及其测量和应用，与现有研究相比有所深入，并具有针对性，这为探究KIBS企业协同能力对服务创新绩效的影响提供了分析依据。在实践中，KIBS企业可通过与客户之间的协同提升服务产品开发的效率，另一方面也会提升客户对产品的满意度。此外，有利于企业与客户在协同创新过程中将纯粹的利益关系转变为双方协同合作的关系，从而提升企业竞争力。具体地，有助于KIBS企业有针对性地通过企业协同能力各维度及其重要程度的不同，有侧重地提升KIBS企业协同能力。

其次，提出并验证了KIBS企业协同能力对服务产品开发绩效的影响及其影响程度的差异，丰富和拓展了服务产品开发绩效前因的研究，深化了对KIBS企业协同能力作用的认识，为今后“能力-绩效”关系模型的深入研究提供了必要的研究基础。在实践中，为KIBS企业借助协同能力的不同组合模式实现不同的服务产品开发绩效目标提供了实践指导。具体地，KIBS企业可根据其协同能力各维度对服务产品开发绩效的影响及其影响程度差异性，根据不同维度的重要程度制定相关策略，提高企业协同能力，从而实现不同的服务产品开发绩效目标。

再次，系统地剖析并验证了客户知识转化在KIBS企业协同能力对服务产品开发绩效影响中所起到的中介作用，并进一步验证了客户知识转化中的显性化分享和隐性化吸收在KIBS企业协同能力影响服务产品开发绩效的过程绩效和结果绩效的双重作用路径。本书突出了企业协同能力3个维度对客户知识转化的促进作用，深化了对客户知识转化形成机理的理解，双重作用路径的结果说明应提升服务产品开发绩效的路径选择机制，弥补现有企业协同能力作用路径研究的不足。在实践中，有助于企业针对不同的服务产品开发目标通过企业协同能力作用选择相匹配的客户知识转化策略。一方面，有助于企业通过提升KIBS企业协同能力促进客户知识转化的效率，另一方面，有助于KIBS企业通过客户知识转化策略提升不同的服务产品开发目标。

最后，提出并验证了不同类型的协同治理机制对于KIBS企业协同能力与客户知识转化关系的调节作用。研究拓展了相关研究情境，弥补了协同创新研究中对协同治理机制研究的不足，丰富了对企业协同能力作用的边界条件的认识，在一定程度上回答了现有研究结论不一致的问题。在实践中，为企业根据不同类型和强度协同治理机制，制定相应的协同能力组合模式以促进客户知识转化的效率和效果，进而提升服务产品开发绩效提供了决策支持。

综上所述，为了在企业与客户协同创新实践活动中增强KIBS企业的协同能力，并通过对客户知识转化的中介作用提升服务产品的开发绩效以及通过协同治理机制促进客户知识转化效率，从而增强企业的竞争优势，本书将综合运用资源依赖理论、企业知识观理论、企业能力理论、协同理论，从企业与客户协同创新实践出发，综合文献研究、探索性案例研究、问卷调查以及实证研究等方法，探讨协同创新情景下 KIBS 企业协同能力对服务产品开发绩效的影响。希望研究结论对资源依赖理论、企业知识观、企业能力理论以及协同理论等相关理论具有一定的丰富与拓展，对 KIBS 企业提升其协同能力并通过对客户知识转化的中介作用以及协同治理机制的调节作用，提升其服务产品开发绩效起到积极作用。

## 1.4　研究思路、方法及结构安排

### 1.4.1　研究思路

本书作者首先根据现实背景和理论背景提出研究问题，以明确本书的研究目的和研究意义；在此基础上，提出本书的研究思路、研究内容以及技术路线图。其次，对相关理论（资源依赖理论、知识观理论、企业能力理论及协同理论）以及与本书研究主题紧密相关的企业协同能力、客户知识转化、协同治理理论以及服务产品开发绩效相关研究进行综述，从而剖析现有研究成果的不足，以明晰本书的研究问题以及研究逻辑。再次，紧密围绕“KIBS 企业协同能力对服务产品开发绩效的影响研究”这一研究主题，探索 KIBS 企业协同能力的概念内涵，并对 KIBS 企业协同能力的构成维度及其包含的基本要素进行了探索和分析。在此基础上，通过案例研究和理论分析，提出并构建了 KIBS 企业协同能力通过客户知识转化影响服务产品开发绩效的理论模型及研究假设，并分析了协同治理机制的调节作用假设。同时，对研究设计与方法进行了阐述。在对以上内容分析的基础上，实证研究侧重于以下研究：①检验 KIBS 企业协同能力对服务产品开发绩效的直接影响作用；②检验客户知识转化在 KIBS 企业协同能力对服务产品开发绩效的影响中起到的中介作用；③检验不同类型的协同治理机制在 KIBS 企业协同能力与客户知识转化关系中的调节作用。随后，对本书结果进行稳健性检验，并对研究结果进行讨论，提出研究理论以及实践启示。最后，阐述本书的主要结论、研究的创新点，并指出研究局限和未来的研究方向。

### 1.4.2　研究方法

本书将采用定性研究与定量研究相结合的方法对“KIBS 企业协同能力对服务产品开发的绩效的影响”这一研究主题展开研究，具体方法如下。

（1）文献研究。文献研究主要依托大学数据库中的资源，对中国知网期刊全文数据库、硕博论文数据库，以及 Elsevier、EBSCO、SPRINGER、Google 学术等数据库以及相关搜索引擎，对研究相关的理论和文献资料进行广泛搜集、梳理，分析、归纳和总结，理清国内外企业协同能力与服务产品开发绩效等领域的研究脉络和现状，形成本书的理论基础。

（2）探索性案例研究。本书采用探索性案例研究的方法，结合文献研究，经过理论预设和案例研究设计，并通过案例内与案例间的数据分析，构建了本书的概念模型。在此基础上，结合理论分析，提出了本书的研究假设。

（3）问卷调查。首先以知识密集型服务企业为调研对象，对研究中涉及的企业基本信息情况以及企业与客户协同进行服务产品开发的项目情况，针对研究主题“KIBS 企业协同能力对服务产品开发绩效的影响”展开问卷调查，获得本书所涉及变量的一手调查数据资料。

（4）实证研究。主要用于检验假设的合理性。首先，通过采用 SPSS22.0 和 AMOS19.0 软件，对问卷中企业协同能力的数据进行探索性和验证性因子分析，得到了 KIBS 企业协同能力的构成维度及其所包含的基本子要素；其次，通过结构方程模型方法中的路径分析检验了 KIBS 企业协同能力各维度对服务产品开发绩效的直接影响，并分析了其影响的差异；再次，通过结构方程模型以及多元线性回归分析验证了客户知识转化在 KIBS 企业协同能力对服务产品开发绩效的影响中起到的中介作用；最后，通过层次回归分析方法验证了不同类型的协同治理机制在 KIBS 企业协同能力与客户知识转化关系中的调节作用。

### 1.4.3 研究结构安排

根据研究思路，本书共分为 7 章。具体安排如下。

第一章，绪论。在这一章中，首先阐述了本书的现实背景与理论背景，说明本书研究的重要性和必要性。与此同时，分析了现有研究的局限和不足，从而提出本书的研究问题，并指明本书的研究目的和研究意义，接着给出本书的研究思路、方法和结构安排。

第二章，相关理论与研究综述。针对本书的研究主题，在对资源依赖理论、企业知识观理论、企业能力理论以及协同理论进行回顾与分析的基础上，对企业协同能力、客户知识转化、协同治理机制以及服务产品开发绩效的相关研究进行综述，找出现有研究的空缺和不足，明晰本书的切入点，为后续进行研究模型构建与研究假设的提出奠定了理论基础。

第三章，模型构建与研究假设。在对相关概念进行界定的基础上，经过理论预设，根据 5 个典型知识密集型服务企业的探索性案例研究，对企业协同能力对服务产品开发绩效的影响机理进行了探索，从而构建了本书的概念模型，并进一步通过理论分析提出 KIBS 企业协同能力对服务产品开发绩效影响的作用假设、客户知识转化在 KIBS 协同能力对服务产品开发绩效影响的中介作用假设以及协同治理机制对 KIBS 企业协同能力与客户知识转化关系的调节作用假设。

第四章，研究设计与方法。针对研究主题，首先对调查问卷进行设计，论述了调研样本选择及调研过程；其次，对研究中涉及的相关变量进行了测量；再次，进行样本选择和数据收集，主要通过对问卷进行预测试和小样本检验，形成正式问卷，并对数据收集过程及样本特征进行说明；最后，对本书使用的统计分析方法进行了介绍。

第五章，实证分析与假设检验。首先，在对样本数据进行描述统计分析的基础上，对问卷信度和效度进行了检验。其次，通过探索性和验证性因子分析验证了本书提出的 KIBS 企业协同能力构成维度。再次，通过结构方程模型分析验证了 KIBS 企业协同能力对服务产品开发绩效的直接作用；通过结构方程模型和回归分析等方法验证了 KIBS 企业协同能力、客户知识转化以及服务产品开发绩效之间的影响关系，并分别验证了客户知识显性化分享和隐性化吸收对 KIBS 企业协同能力与服务产品开发绩效的中介作用；并运用层次回归的分析方法，检验了关系治理机制和契约治理机制对 KIBS 企业协同能力与客户知识转化关系的调节作用。最后，对本书涉及的直接效应、中介效应以及调节效应的结果进行了稳健性检验。

第六章，结果讨论与启示。在第五章实证分析与假设检验的基础上，首先对 KIBS 企业协同能力构成维度及其对服务产品开发绩效的直接作用结果进行了讨论；其次，对客户知识显性化分享和隐性化吸收对 KIBS 企业协同能力与服务产品开发绩效的中介作用结果进行了讨论；再次，对关系治理机制和契约治理机制对 KIBS 企业协同能力与客户知识转化关系的调节作用结果进行了讨论。最后，在结果讨论的基础上，给出本书的理论启示和实践启示。

第七章，结论与展望。根据前面章节的研究，总结归纳出本书的主要研究结论，并对本书的创新点进行阐述；最后，说明了研究的局限性及未来的研究方向。

总体而言，本书的研究框架如图 1-1 所示。

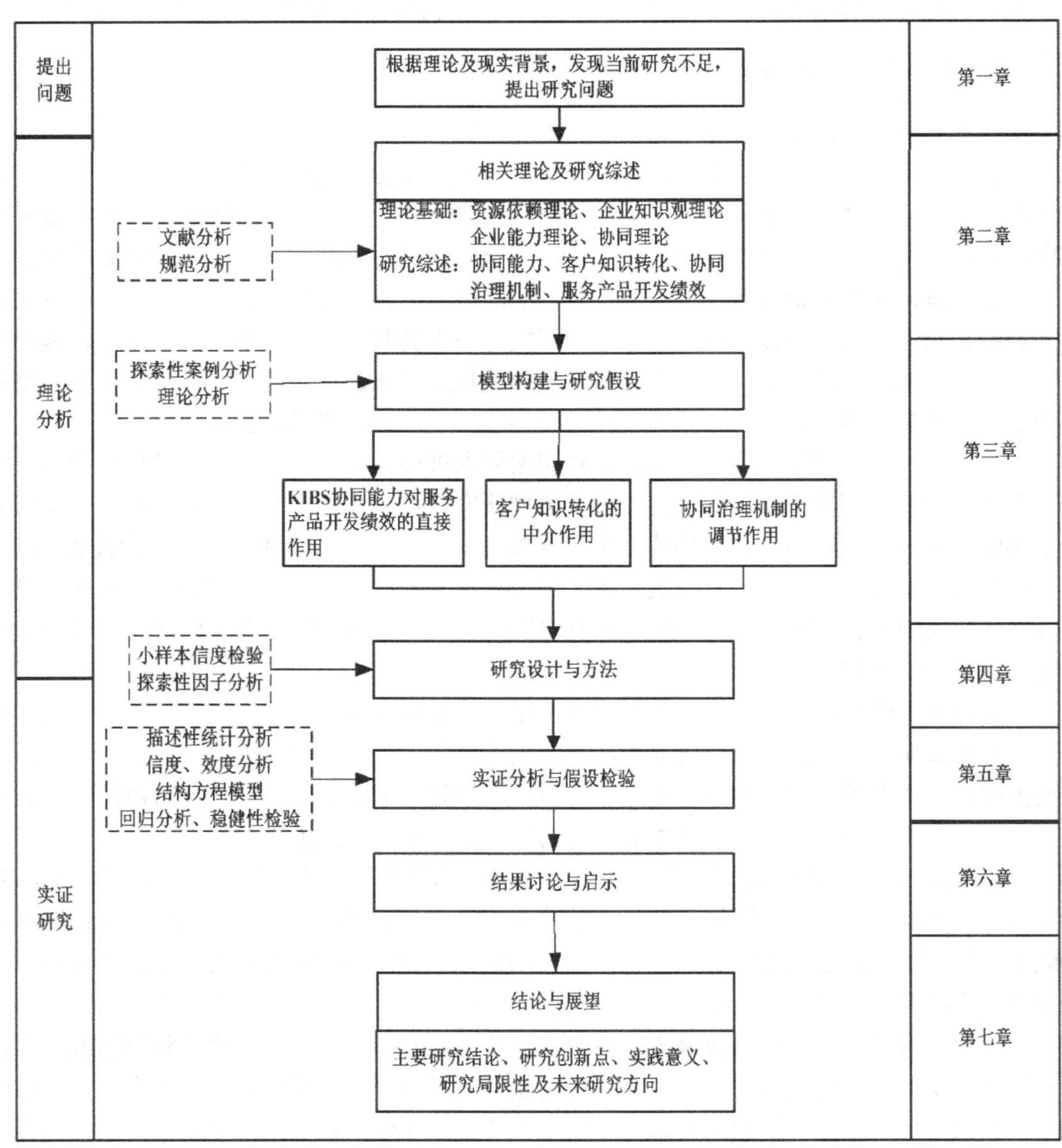


图 1-1　研究框架

# 2 相关理论与研究综述

在第一章研究的基础上，本章首先对资源依赖理论、企业知识观理论、企业能力理论和协同理论等理论基础进行综述，以明晰本书的理论切入点。随后根据研究主题，对企业协同能力、客户知识转化、协同治理机制以及服务产品开发绩效的相关研究进行综述。

## 2.1 相关理论基础

目前，关于企业协同能力的研究大多数还处于概念及其评价等相关研究的初级阶段，缺乏对统一的内在逻辑体系的解释。关于此研究领域的理论主要侧重于熊彼特的创新理论、交易成本理论以及代理理论以及关系论等相关理论的探讨[92]。其中，熊彼特用创新理论解释了创新的重要性以及创新的本质是什么的问题。代理理论用于解释企业所有者与企业经理人之间的契约关系，也可以推广到在服务接触过程中企业与顾客、企业与供应商、企业与员工之间的契约关系。交易成本理论则侧重于讨论创新过程中的效率问题。上述理论为本书提供了一定的理论指导，很好地解释了企业向外部寻求协同以及进行创新的缘由。然而，这些理论并不能较好地说明企业如何借助其对知识资源、客户等主体，能力等外部资源的协同从而形成对服务产品开发绩效产生效果的对策建议。基于此，本书试图结合资源依赖理论、企业能力理论、企业知识观理论以及协同理论等研究 KIBS 企业协同能力，并探讨其对服务产品开发绩效的影响，为企业协同能力、知识转化以及协同治理等相关理论以及服务产品开发实践活动提供参考与借鉴。

### 2.1.1 资源依赖理论

资源依赖理论可以追溯至 1959 年，学者 Penrose 在企业成长理论中首次把企业视作生产性资源的集合体，提出由企业自身所产生的生产性/潜在性以及异质性资源赋予其独有的特征[110]。Preffer 和 Salancik（1978）认为，3 个决定因素决定了一个组织对另一个组织的依赖程度：组织从内部/外部获得相关决定性资源的程度，一方是否具有决定组织生存的重要资源以及组织是否存在替代性资源。也就是说，一个组织之所以高度地依赖其他组织，关键在于这个组织具备一些专门资源，而这种资源对另一个组织而言非常稀缺，同时，这种资源是不可替代性的，那么就产生了一个组织对一种组织或资源的依赖性[111]。Lippman 和 Rumelt（1982）认为企业所具有的独特的、难以被模仿的资源是企业持续竞争优势的来源[112]。Barney（1986）认为，从环境中取得关键而稀缺的资源是组织赖以生存的手段，如获取相关的资金、信息、人才、技术、知识等，组织可以通过寻找这些异质性的依赖资源，更好地应对市场竞争，因此那些难以模仿、稀缺的、不可替代的、同时具有价值的异质性的资源就成为企业的竞争优势来源[113]。由此可见，资源观的核心强调异质性的资源能够给企业带来持续的竞争优势，从而寻找或创造一种真正独特的异质性资源成为企业经营与发展的关键。

在此基础上，学者对组织（企业）的资源进行了相关研究。Barney（1991）在对先前零散的资源理论进行整合的基础上，对企业的资源及其属性进行了界定：传统的战略分析认为，企业资源是指企业能够用来构想和实施企业战略的力量来源[111]。Daft（1986）认为，广义上的企业资源包括一切企业所能控制的、用来提升企业经营效率和效益的相关资产，这些资产包括组织过程、能力、技术、知识等[114]。Dierickx 和 Cool（1989）认为，并不是所有的资源都能给企业带来竞争优势，只有具备稀缺性、价值性、难以替代性以及难以模仿性的资源才能够产生竞争优势[115]。Sarin 和 Mahajan（2001）认为，依赖并非是单向的，它是相互的，一个组织可以依赖于另一个组织，同时两个组织也可以相互依赖，如除了实践中存在企业向客户寻求创新方案的情况，也存在客户借助企业的创新资源与创新能力获得自我价值实现的情况[116]。王庆喜和宝贡敏（2004）也认为，由于企业的异质性资源（稀缺的、有价值的、不可替代并难以模仿的资源）的长期存在，使得企业的竞争优势呈现可持续性[117]。在随后的创新实践研究中，学者逐渐把对客户的异质性资源作为企业关注的重点，说明客户知识资源对企业相关绩效的影响，从而更进一步地深入探索了企业竞争优势的源泉（如张红琪，等，2012；Homburg, et al.，2017[118]；Lee, et al.，2018[119]等）。

综上，根据资源依赖理论可知，在协同创新的情境下，对知识密集型服务企业而言，由于服务产品开发的高创新度和高定制化，企业管理创新实践同样对客户知识具有高度依赖性。客户作为这些异质性资源的拥有者与处理者，可以在创新过程中提供关于产品、市场、生产、环境等的信息、技术、知识等方面的资源，同时也可以参与创造过程，企业所需的客户知识尤其是隐性知识，只能从客户那里去挖掘与获取。因此，客户的相关知识资源对企业与客户的协同创新实践就变得至关重要。

### 2.1.2　企业知识观理论

从知识观理论的发展过程来看，知识观与资源观二者之间是紧密相关的，不少学者将知识观视为资源观发展的最新阶段[120]。如 Grant（1996）认为企业的主要管理任务是通过对现有资源和能力的优化配置来实现企业价值的最大化，同时发展企业未来竞争所需要的资源，并认为企业所获得的重要资源是知识资源，而且企业对知识的创造、知识积累以及知识利用是企业产生持续竞争优势的来源[121]。同时，知识观理论认为，知识才是企业竞争优势的来源，企业自身价值创造的关键并不在于其所拥有的有形资源，而依赖于其所拥有的具有缄默性、复杂性和难以转移性特点的异质性知识资源，这些知识资源是造成企业间持续竞争优势和绩效差异的原因[112]。

随后，学者们对知识的类型及其相关过程展开了较多研究。如 Prahalad 和 Hamel（1990）指出，对异质的、难以转移的以及稀缺的知识资源的获取和创造是企业技术创新的关键[122]。Kogut（1992）等认为，企业的竞争优势源于对知识资源的创造、存储及应用。而且，企业基于已有的信息和知识，通过内部学习和外部学习的方式对现有的知识进行共享和整合，从而实现了新知识的创造[123]。Grant（1996）认为，知识整合是组织最为重要的能力，也是组织竞争优势的来源。创新的基础是知识，企业的创新来源于企业对新知识的整合以及持续的创造和运用，以及知识的生产与扩散[121]。

Conner（1996）认为，企业存在的原因就在于对这种具有共同认同的社会共同体知识的共享和内部复制[124]。Gallouj 和 Weinstein（1997）认为，企业最终所表现出来的产品和服务的差异，实际上是对这种具有价值创造性的知识利用的结果[125]。储节旺（2006）认为，知识共享和知识创新是公认的知识管理的两大环节，其中，知识管理主要由知识的获取、组织、传递与共享以及应用等过程构成[125]。朱秀梅等（2011）把企业的知识管理过程分为知识的获取、整合和创造，并分析了其对服务创新的正向影响作用[50]。Jie B. W. 和 Bin G.（2013）认为，对客户知识的获取、整合和应用可以促进服务创新绩效[43]。Fidel et al.（2015）分析了合作创新中客户知识管理对企业绩效的影响[126]。刘春艳（2015）的研究中说明了知识的分享和吸收（具体包含转移准备、分享和吸收段、反馈阶段）是产学研协同创新团队内部知识转移的主要过程[127]。Lim, et al.（2017）研究了知识管理背景下可持续供应链管理的驱动力和依赖性，以提高越南纺织业企业的绩效，研究结果表明，可持续供应链管理对学习型组织的信息/知识共享、联合知识创造、信息技术以及知识存储具有较强的驱动力和依赖性[128]。

综上，异质性资源，尤其是客户知识资源，对创新具有重要作用，企业所需要的知识资源主要依附在客户身上，这就要求企业能够有效地搜索与整合客户知识资源。同时，由于服务是活动、事件与过程，想预先获得来自客户的相关反馈是存在困难的，客户知识很难通过传统的市场调研方法或途径来获取，企业需要进驻现场去观察与分析客户，只有通过与客户互动、交流与沟通，才能更为全面与深入地理解客户，形成市场智力。而且，为了提高企业绩效，除了客户的参与/互动等，更为重要的是促进显性和隐性客户知识的分享和吸收，把客户知识转化为企业新知识，从而开发出客户满意的产品。那么，在此过程中，企业借助什么样的能力获取、分享、吸收及应用客户知识资源，以解决其与客户在协同创新实践中出现的问题成为重点。对此，企业必须有效地建立相应的转化客户知识的能力，而此方面的能力成为促进客户显性知识和隐性知识分享和吸收应用的关键，对产品开发绩效产生了积极的影响。

### 2.1.3 企业能力理论

自 20 世纪 90 年代开始，学者们意识到，为获取持续竞争优势，企业还需具备利用资源、技术、知识等的能力，通过一个动态过程来最大限度地实现资源的潜在价值[129]。如 Conner 和 prahalad（1996）等学者认为，能力的本质其实是知识，知识的创造、积累和利用是企业竞争优势的来源[124-126]。也有学者认为，企业对资源的运用能力才是企业竞争优势的真正来源，并认为企业战略管理的关键在于培育和发展能使企业在未来市场竞争中居于有利地位的核心能力[130]。如 Malloney 和 Pandain（1992）、Henderson 和 Cockbum（1994）均指出，企业要获得竞争优势，不仅自身要拥有较好的资源，更重要的是其要具备利用、组织和管理资源的能力[131-132]。这就说明能力与资源、知识等关系密切，且对提升企业竞争力具有重要作用。

在对企业能力理论的研究中，学者基于不同角度对企业能力进行了阐述，逐渐形成了企业获取竞争优势的 4 种类型的能力理论。包括以下方面。①基于资源的企业能力理论。该理论认为，企业竞争优势的来源在于其所拥有的资源[133-134]。如 Wernerfelt（1984）认为，企业长期的竞争优势来源于难以交易的、自身所拥有的以及所控制的、无法复制的特殊资源，如实物资源、组织资源和人力资源[133]。Barney（1991）认为，企业的资源是指能提高运行效率的所有资产、企业品质、组织程序、信息以及知识等，而且这些资源能够被企业所控制[134]。②基于核心能力的企业能力理论。Prahalad 和 Hamel（1990）首次提出了企业的核心能力理论，在他看来，企业短期的竞争力在于对产品成本与品质的控制，而长期的竞争优势在于能够比竞争对手更快速且能用较低成本建立起企业的核心能力体系[122]。Leonard 和 Barton（1992）认为，组织集体学习的过程，特别是学习关于怎样整合不同的技术、协调不同的生产技能的过程是核心能力形成的过程[135]。③基于动态能力的企业能力理论。该理论主要认为，企业自身所具备的动态能力是企业取得持续竞争优势的源泉。Teece（1997）认为，企业竞争优势来源于其自身卓越的管理和组织过程，并将为适应动态环境变化，企业构建、整合、重构内外部能力的能力定义为企业动态能力[136]。Helfat 和 Raubitschek（2000）阐述了企业的产品开发与知识系统和学习系统的相互作用关系，并构建了一个知识、能力和产品共同演进的模型[137]。④基于知识的企业能力理论。该理论主要观点是：企业能力本身是具有知识专有属性的，因此对企业而言，其能力核心在于具备特异性的知识，而并非是获得有形资源的专有经济租金[122]。也有学者认为，企业之间绩效的差异实质是能力的差异，这种差异主要来源于企业对知识利用以及知识创造机理的不对称[123]。同时，较多的学者基于知识的动态能力也说明了其对企业绩效具有重要的影响（胡钢，2013[37]；汪秀婷，2014[39]；De Brentani 和 Kleinschmidt，2015[40]；倪自银，等，2016[42]；等）。

综上，在对企业相关能力理论的研究中，学者们将企业所拥有的资源、核心的能力、动态的能力以及基于知识的能力都归属于企业能力的范畴，说明了企业本身的核心能力、其所拥有的资源、动态能力以及知识资源是实现企业竞争优势的主要来源。由于作为实现竞争优势源泉的资源、知识、能力之间具有紧密关系[138]，那么如何对这些要素进行整合以发挥企业协同能力的最大效用从而促进企业绩效成为研究的重点。因此，协同整合相关资源和要素的协同理论成为提升企业绩效的重要理论基础。

### 2.1.4 协同理论

20 世纪 70 年代，德国物理学家哈肯（H. Haken）创立了协同理论。该理论的核心思想在于使原本无序的系统结构，通过协同运作形成有序的系统结构，使系统因协同而增加价值。即一个远离平衡态的开放系统，如何在内外部相关要素和系统的作用下，自发地由无序走向有序的过程[139]。其核心理论说明：任何组织系统都是由要素和子系统构成的，系统的特征主要通过状态变量（用于描述系统行为的变量）和控制变量（条件变量，是外部可控要素）来描述[140]。具体而言，协同理论主要研究的是协同系统如何在子系统的相互作用以及外参量的驱动下，以自组织的方式形成有序结构的条件、特点及其演化规律，从而产生协同效应[141]。

协同理论的应用比较广泛，比如生物学、物理学、社会学、管理学以及其他社会经济领域。我国学者胡晓瑾和解学梅（2010）认为，协同是指系统在外部条件的约束下，其内部各单元之间或者各部门之间通过相互作用、相互影响而产生的整体效应[142]。鉴于组织现象的复杂性，协同理论通常被用来去建立一个协调的组织系统。同时，为了有效解决组织中的复杂问题，系统内部各要素/子系统之间就必须相互协作、相互影响、相互促进，从而产生有序的结构，以实现组织的工作目标[143]。在管理学中，协同论理论主要用于解决组织内各部门/各要素/各单元之间以及不同组织之间的相互配合、协调，协作问题等，同时也被应用于系统中的相互干扰和制约以及企业与客户之间的协同合作等。

协同与创新之间具有密切的关系。如郑刚和梁欣（2006）基于全面创新管理（TIM）的理论视角，探讨了技术创新过程中战略、组织、制度、市场等各关键要素的协同问题，首次提出了各创新要素全面协同的思想[144]。同时，创新的相关研究认为，创新实践是由几个因素促成的：技术[145]、组织[146]、环境[147]、个人[148]以及组织间的合作行为[30]。根据资源依赖理论，因为组织是很少自给自足的，它们进入与其他组织的合作关系，与合作伙伴之间建立的合作关系构成了桥接战略，以获取关键资源[113]。企业往往很难发现它们之间必须拥有的东西，因此，它们必须在此期间取得一个平衡，或“源”，通过合作、伙伴关系、联盟企业等获取自己所需的创新资源[31]。对此，在创新已经成为公司持续发展的决定因素情况下，通过协同合作实现创新的做法日益显著。

在服务管理中，企业与客户协同合作与生产成为研究的主流。由于客户在共同生产/协同创造中与企业的创新活动方面可能发挥着重要的作用[90-92]，表现为客户在组织运作中发挥合作生产者、生产资源拥有者、使用者和购买者 4 类角色[149]，企业与客户协同创新开始进入学者的研究视野。Rothwell（1992）等指出，许多成功企业之所以能够获得对客户需求的深入理解，主要是通过在新产品开发过程中与潜在客户之间的持续互动实现的[150]，客户不仅会投入信息、知识、技能等资源，在合作生产中其可能提供问题的解决方案[151]。Ramani 和 Kumar（2008）强调，用企业对统一整体的市场需求分析传统市场的导向观已不合时宜，因为客户越来越期望企业能够不断定制产品或服务以满足其个性化需求，这迫切要求市场营销经理从一个市场整体层面转向个体层面来思考客户需求[152]。曹勇等（2016）认为，企业通过与客户互动，不断提炼关于异质性客户需求与偏好的知识，从而有效促进企业创新绩效[153]。Desyllas（2018）在研究中指出，为了更好地认识服务产品开发过程，企业必须与客户进行频繁互动与交流，了解客户的需求，并将客户作为企业的合作生产者，使其参与到整个服务开发过程中，以满足客户需求的多样性和企业创新的灵活性和程序性相结合[154]。由此可见，企业与客户的协同创新俨然已成为企业创新实践活动中获取、分享、吸收和应用客户知识以促进企业绩效的强有力的开放式创新模式。

综上，协同理论很好地解释了企业与客户协同创新的动态性及系统性特征，为深入分析企业与客户协同创新情境下企业协同能力对服务产品开发绩效的影响、关键路径等提供了重要的理论基础。借助协同理论，本书将从企业对客户知识的需求层面、企业与客户（组织间）的行为控制层面以及企业与客户的合作关系层面解析企业协同能力的构成，将 KIBS 企业协同能力划分为知识集聚能力、组织间协调能力以及关系调整能力。其中，知识集聚能力强调企业如何通过自发形成的合作网络对内外部客户关于环境、产品、市场、人才、技术等知识资源在空间进行搜索、获取、集中以及在时间上进行整合、积累、吸收等，反映出系统的自组织过程。组织间协调能力关注于企业内部要素之间（战略、组织、制度、文化等）以及企业与客户之间的行为及其控制，即强调双方之间对存在问题的互动、协调等行为控制方面，反映出系统的自适应特征。关系调整能力从企业与客户的合作关系层面，强调借助信任、合同、契约等手段，解决企业与客户在协同合作中的关系（信任、互惠、分歧、矛盾等），从而促使系统从无序向有序的方向发展，反映出系统的协同效应特征。

### 2.1.5　理论视角整合的必要性

综上所述，资源依赖理论核心强调企业获得的异质性资源对于提升企业竞争力的重要性，这为本书解释了企业如何获取、分享以及吸纳整合外部客户资源以提高服务产品开发绩效提供了重要的理论依据。企业知识观理论强调了知识的持续创造和运用是企业创新的来源。企业能力理论说明了企业的相关能力是提高企业自身竞争力的关键。协同理论主要阐释了企业作为协同系统，其系统内部各要素/各部门之间相互作用、相互影响，可以解决组织一些系统的复杂性问题。同时说明协同与创新之间具有密切关系，由于客户在协同产品创新活动方面可能发挥着重要的作用，企业的创新从以企业自身为主的封闭式创新模式，向以企业与客户协同创新为主的开放式创新模式转变。

另外，由于服务产品兼具无形和有形的特点，使得相较于一般有形产品，很难有单一理论和标准可以明晰 KIBS 企业的协同能力。而且，企业与客户的协同创新活动是包含了多个子要素和多个子系统在内的复杂的系统活动，任何一个单一理论都不能够全面地解释 KIBS 企业协同能力对服务产品开发绩效的影响机理。因此，有必要根据协同创新活动实践对多元化能力的需求，对相关理论进行整合，从“协同系统”角度构建 KIBS 企业协同能力构成模型，并研究其对服务产品开发绩效的影响。那么，在对资源依赖理论、企业知识观理论、企业能力理论以及协同理论等整合的基础上，如何从“协同系统”角度构建自身的协同能力，促进对客户知识的转化，从而有效提升服务产品开发绩效就成为重要的研究内容。基于此，结合前人研究，本书紧密围绕研究主题，在对相关理论综述的基础上，依次对企业协同能力、客户知识转化、协同治理机制以及服务产品开发绩效的相关研究进行综述。通过相关理论综述，深入分析和探讨 KIBS 企业协同能力对服务产品开发绩效的影响，从而丰富和拓展协同创新情境下服务产品开发的研究成果。

## 2.2　企业协同能力研究综述

### 2.2.1　企业协同能力的概念及内涵

1965 年，Ansoff 首次提出了协同的概念，他认为，协同的目的在于实现企业的整体价值大于各部分价值的总和，是指按照某种规则和约束机制，将各个相对独立的个体通过资源共享和协作形成一个总体[155]。《说文解字》中关于“协同”中的“协”表示“众之同和也”；“同”则表示“合会也”。而在英文表述中，与“协同”有关的词语表述较多，这些词语的联系与区别见表 2-1。

表 2-1 协同相关词语的联系与区别[156]

| 英文表达及词义 | 具体含义 |
|---|---|
| coordination，侧重表示“协调” | 表示协作调整，与协同意思相差较大（马婕等，2018）[156] |
| cooperation，侧重表达“合作” | “合作”指对成员进行分工，独立解决问题，最后将各自的结果汇总成为最终结果（Ravi Bapna，2010）[157] |
| collaboration，表述为“协同” | 表述为“协同”，指的是为达成共同目标和任务而与他人进行合作，强调各组员“共同工作”去创造一个基于参与者知识与经验的解决方案（Hanson，2017）[158] |
| Synergy，侧重表达“协同效应” | 表述为“协同”，但是侧重指“协同效应”，表示的是二者在共同工作时所产生的放大效应（Shah，2012）[159] |

表 2-1 对“协同”相关的英文词义和中文解释进行了表述和区分，有助于后续对企业协同能力的概念内涵进行系统的梳理，本书研究中的协同指的是“collaboration”。

在对协同相关词义进行解析的基础上，本书对学者从不同角度对协同能力的界定进行了归纳。Simatupang（2004）等在研究供应链协同能力时选择了从同步决策、产品交付及时可靠以及激励联盟 3 个维度来测量供应链运作过程中的协同能力水平[160]。陈晓红和解海涛（2006）从企业协同创新模式的主体出发，认为企业协同能力是企业与供应商、企业内部、与分销商以及与客户协同的能力综合[161]。邹志勇和武春友（2008）认为，协同能力是企业内部各要素按照一定的方式相互作用并协调配合和同步，从而产生主宰系统发展的序参量，以支配系统向有序和稳定的方向发展，最终使系统整体功能发生倍增或放大的协同效应的能力[162]。王啸峰和卞致瑞（2010）认为，产品开发中的协同能力是指在信息网络技术的支持下，通过并行、交互、协作等相关的开发活动方式，使企业能更快、更好地实现客户需求的一种产品开发模式[27]。Ordanini 等（2011）认为，协同能力是收集和使用客户（业务伙伴的）知识和技能的能力。汪延明（2012）认为，技术董事协同能力指的是技术董事发挥协调、人际、领导和技术等手段，实现技术董事个人功能的放大，产生 1+1>2 效果的能力[33]。Chung-Jen Chen et al.（2014）认为，企业协同能力是组织人员、程序、分配工作，共同完成组织目标的能力[28]。徐建中和徐莹莹（2015）认为，企业协同能力是指在企业技术创新过程中能够使供应商、客户、竞争企业、政府、研究组织和中介机构共同参与以获取信息资源、实现创新的多维度能力[34]。岳德洋（2017）认为，电商企业物流协同能力是指企业在物流业务活动中通过管理手段或者信息手段实现内部职能配合、外部协调运作和内外灵活运作，从而达成企业经营目标的能力[29]。

综上，国内外学者从不同角度对企业协同能力进行定义，主要侧重于对企业内部各要素或各部门间协同的探讨，这些研究极大地丰富了企业协同能力的研究视角和内容。目前学者对协同能力概念内涵的界定，主要包括两方面：第一，从协同的功能要素视角出发，认为企业协同能力系统是由若干功能子系统构成的，子系统之间相互作用、相互制约，使得系统有序发展，从而促进整个能力系统的全面协同发展；第二，从协同组织行为及其直接产出的角度出发，说明企业协同能力是组织的一些协同行为的集合。通过相互作用的协同行为产出相应的结果或成果，而且这些成果既可表现为原有成果项目的价值增加，也可体现为对新生成果项目的价值创造。

### 2.2.2　企业协同能力构成维度及测量

目前，学者从不同视角对企业协同能力的构成维度及测量进行了探索（表 2-2）。

表 2-2　企业协同能力构成维度及测量的研究

| 作者 | 企业协同能力的构成维度 |
|---|---|
| Day（1994）[17] | 企业对外部客户的相关知识和技能、关系导向能力；对内的流程整合、流程调整的管理能力 4 个维度测量 |
| Sarin 和 Mahajan（2001）[30] | 从广义角度出发，认为企业协同能力通过技术协同、组织协同、环境协同 3 个维度衡量 |
| Simatupang（2004）[160] | 供应链协同能力通过同步决策、产品交付及时可靠、激励联盟等维度衡量 |
| 陈晓红和解海涛（2006）[161] | 企业协同能力通过与供应商、与分销商、企业内部、与客户等的协同能力进行衡量 |
| 毛克宇，杜纲（2006）[25] | 制造业内部协同通过流程协同、资源协同、关系协同、知识协同、制度协同 5 个方面进行衡量 |
| 白巧兵（2008）[26] | 通过文化知识管理能力、协同能力、物流能力、关系协同能力和信息技术能力 6 个维度衡量协同商务环境下的企业协同能力 |
| 邹志勇，武春友（2008）[162] | 企业集团的协同能力主要由宏观协同能力（文化、战略）、中观协同能力（资源、组织、制度、信息）和微观协同能力（商务、流程、契约、创新）共 10 项子能力测量 |
| 王啸峰，卞致瑞（2010）[27] | 产品开发中的协同能力通过信息协同能力、过程协同能力、技术协同能力 3 个维度进行衡量 |
| 汪延明（2012）[33] | 技术董事的协同能力通过协作能力、交流能力、沟通能力 3 个维度衡量 |
| 贺灵（2013）[24] | 区域协同创新能力通过知识配置能力、资源保障能力、创新环境支撑能力 3 个维度衡量 |
| 罗桢妮（2014）[163] | 公立医疗机构的协同能力由宏观、中观、微观 3 个协同能力层面组成，共包括 10 个协同能力要素进行测量 |
| Chung-Jen Chen et al.,（2014）[28] | 从知识转移的角度认为企业协同能力由信任、沟通、协调等构成 |
| 徐建中和徐莹莹（2015）[34] | 从协同主体角度，认为企业协同能力由企业与供应商、客户、竞争企业、政府、研究组织及中介机构 6 个构成维度 |
| 岳德洋（2017）[29] | 电商企业物流协同能力由内部配合能力、外部协作能力和灵活运作能力 3 个维度衡量 |

注：本书作者整理

根据表 2-2 中学者的研究可知，国内外学者针对不同行业，从不同角度对企业协同能力构成维度的划分不同。首先，学者从不同视角以及不同行业和情境对协同能力进行定义，主要从企业协同功能要素或协同行为 2 个角度，对协同能力构成维度进行划分；其次，学者对于企业协同能力的构成维度的划分主要针对组织内部或企业集团内部协同能力，少有涉及组织间协同能力；再次，企业的协同能力构成维度既包括单维度的衡量，也包括多维度（二维及以上）衡量，其中，以三维度划分较多。研究涉及制造业协同，也有商务服务业、医疗业、电子服务业等多个行业。就协同能力构成维度的内容而言，学者除了通过协同主体，如客户、研究机构、供应商等表述企业的协同能力外，还有通过对协同客体的相关行为阐释企业协同能力的构成，如对知识、技术、信息等相关资源尤其是知识的收集、整合、配置、管理等，对企业战略、文化、制度、组织、环境等要素的互动、沟通、协调行为，以及企业与客户、供应商、竞争企业等主体之间合作关系的管理、灵活性运作等是企业协同能力所包含的主要方面。

### 2.2.3 企业协同能力与服务产品开发绩效关系的相关研究

随着知识经济时代的到来，知识对服务及产品开发的作用逐步凸显，如何有效地获取异质性客户知识资源成为服务产品开发的重要环节[164-165]。而协同能力是企业获得关键资源的重要推动力，是协同各种资源要素从而促进创新实践的综合能力[31-32]。

目前，学者关于服务创新/产品开发绩效的研究逐渐增多，也取得了丰富的研究成果。然而，目前从企业协同能力视角出发探讨其对服务产品开发绩效影响机理的研究较少。有较多学者研究了协同创新网络/协同合作/网络协同等对服务创新/新产品开发绩效的影响。如，解学梅（2010）的研究认为，企业协同创新网络对企业创新具有重要的影响作用，可通过知识溢出和技术转移实现企业技术创新水平的提高[142]；Ordanini 和 Parasuraman’s（2011）确定协同能力为收集和使用客户（业务伙伴的）知识和技能的能力，指出这两者对服务创新具有促进作用[31]；Jonathan（2013）认为，协同对于企业提高产品绩效是很重要的，协同合作是新产品、新知识和新工艺产生的重要途径[166]。任宗强（2012）研究认为，创新网络协同正向地影响企业创新绩效[167]。还有学者认为，企业处理与外部合作伙伴关系的能力对企业创新绩效具有显著的正向影响，这些研究主要从协同主体角度（企业与客户、供应商、竞争企业、研究组织、政府和中介机构等）方面的关系展开[168-170]。另外，还有一些研究，主要阐述了企业相关能力对企业相关绩效的重要影响作用。如洪茹燕（2012）分析了关系嵌入和吸收能力协同通过对知识搜寻的影响，从而提升了企业的自主创新能力[171]；徐建中和徐莹莹（2014）以企业资源观和社会网络理论为基础，论证了企业与供应商、客户、中介机构、研究所等的协同能力对企业技术创新绩效具有显著的正向影响[172]；郑胜华和池仁勇（2017）研究了核心企业合作能力通过创新网络的主动性行为，实现了创新网络的不断升级，促进了产业的可持续发展[173]；邵云飞等（2018）研究了 IT 能力视角下企业内部多要素协同与企业创新绩效的关系[174]；等等。

学者从知识整合、知识转移等知识管理过程以及环境、治理方式等视角研究了企业相关能力、客户参与/互动、顾客共同生产/协同合作等对服务产品开发/创新绩效的中介以或调节机理。如 Tsou（2012）通过实证研究说明了协同能力和伙伴匹配与知识整合机理呈正相关，并分析了知识整合机制在协同能力对电子服务产品创新绩效影响的中介作用[32]；王琳（2012）通过对知识密集型服务企业的研究，说明了 KIBS 企业-客户互动通过知识整合的中介作用对服务创新绩效产生影响，并说明了过程互依性和项目不确定性在企业-客户互动与知识整合之间具有调节作用[73]；李清政和徐朝霞（2014）通过对 KIBS 企业的实证研究，从客户知识转移视角说明了客户共同生产对服务创新绩效影响的中介作用机理[92]；解学梅等（2014）的研究说明了协同环境的 2 个维度（市场环境、宏观环境）在企业协同创新模式与协同创新效应关系中均起到正向调节作用[175]；白鸥，魏江等（2015）通过实证研究，考察了高技术服务企业契约治理机制和关系治理机制与知识获取、服务创新之间的关系，指出知识获取是高技术服务企业利用关系治理机制实现服务创新的中介机制[176]；岳德洋（2017）以网络关系为中介变量，实证研究了电商企业物流协同能力对企业运营绩效的影响[29]；王飞和刘丹（2019）通过实证研究说明了跨部门合作在客户合作与新产品创新度和新产品质量关系中起到的正向调节作用；等等。

综上所述，企业协同能力是获取创新资源并提升企业绩效的重要考量方面，对创新实践中企业决策及服务产品开发活动具有重要作用，能极大地推动创新理论的发展。特别是本书所选取的知识密集型服务业企业，其服务产品开发与客户之间具有强烈互动及协同合作的特征，因此，本书把现有的关于从协同功能/行为单一视角阐述企业内部部门/要素之间的协同，拓展到企业与客户之间的协同与合作，从更广的范围和边界提炼“企业协同能力”这一基本概念，有效地推进了企业协同能力与服务产品开发绩效关系的研究。目前，学者关于企业协同能力对服务创新/产品开发等相关绩效影响的研究仍有所欠缺，大多数研究侧重从知识整合/转移/获取/共享角度说明企业相关能力（动态/吸收/IT 能力等）、客户参与/互动、关系网络、顾客共同生产/客户协同创新/客户合作等对服务创新/产品开发绩效的影响。然而，知识转化作为新知识产生和创造的关键环节，缺乏从客户知识转化视角研究企业协同能力对服务产品开发绩效的影响问题。本书将在前人研究的基础上，通过对客户知识转化的概念及过程、影响因素及其作用进行综述，期望能够有助于企业把握客户知识转化的核心流程，明晰 KIBS 企业协同能力对服务产品开发绩效影响的作用路径。

## 2.3 客户知识转化相关研究综述

### 2.3.1 客户知识及其管理过程

企业知识观理论认为，知识是企业竞争优势的来源。在激烈的竞争环境下，企业如果不能及时地预测客户的行为动向以及消费模式，不能深入地了解客户的需求，将失去竞争的能力[121]。Sundbo（1998）强调客户是最重要的创新思想的来源，随着企业对创新性的需求增强，客户作为创新信息源的重要性也相应增强[95]。Gallouj（2001）指出顾客/用户作为“合作生产者”对于服务创新具有重要作用，可以触发大量服务创新[125]。LengnickHall（1996）认为，客户不仅可以获得企业生产与传递的产品或服务，而且可扮演知识资源提供者、共同生产者、使用者等角色[177]。姚山季和王永贵（2012）认为，客户除了提供相关的思想与信息，还会参与到企业的联合设计、率先测试、开发新产品，甚至使用新产品的过程中[78]。由此可知，目前关于客户知识及其管理过程的研究得到了普遍的关注。本节主要对客户知识、客户知识管理及其过程进行综述。

1）客户知识及其分类

关于客户知识及其分类的研究较多。如学者 Gordon（1993）等认为，客户知识是指通过企业对客户的理解和认识形成与客户相关的知识。杨毅（2005）认为，客户知识是客户与企业互动过程中所形成的经验、价值观以及洞察力的组合。关于客户知识的分类，从客户知识可表达的角度，学者 Polanyi（1966）将客户知识分为隐性知识和显性客户知识。其中，他认为“显性客户通过网络媒体、期刊、数据库等方法加以传播，知识容易被获取、体系化，可方便他人学习；隐性客户知识难以通过物质载体进行展示和传播，指存在于头脑中的经验、技巧、感悟等，主要采用人际互动方式来进行分享[178]”。从客户知识所包含的内容角度，Rowley（2002）将客户知识分为关于客户的知识以及客户拥有的知识两大类[179]。Gebert（2003）等通过研究均证实了客户知识由关于客户的、客户拥有的（或来自客户的）以及客户需要的知识 3 个方面组成[180]。在此基础上，HeatherA. Smith（2005）提出了另一个重要的客户内容——共同创造的知识，指企业与客户保持长期联系、进行相互学习和知识共享从而创造的知识，这类知识对服务创新具有重要的影响作用，是促进企业服务创新的重要知识来源[181]。Tanriverdi（2005）按照知识的内容将其分为市场管理知识或客户知识、技术知识和产品知识。Jie B. W.和 Bin G.（2013）认为，客户知识包括关于客户知识、客户拥有知识以及客户需要的知识 3 类，企业通过对客户知识的获取、整合和应用促进服务创新绩效[43]。岳英（2016）基于客户协同创新视角，认为客户知识是指在客户协同企业创新过程中，被传递、吸收、内化的客户信息和经验集合，并将其划分为客户知识的获取和客户知识的吸收应用[182]。从学者的研究中可知，目前根据客户知识内容及其管理角度划分类型较多。其中，关于客户的知识指的是关于客户的偏好以及购买记录等基本统计信息；而来自客户的知识主要是指客户对于产品和服务的反馈信息，企业通过与客户积极交流即可获取此类知识；客户需要的知识是指企业与客户互动的过程中需要满足客户需求的知识（如企业知识等），目的是方便客户作出购买决策；与客户共同创造的知识是指企业和客户共同参与产品和服务开发时创造的新知识。这 4 类知识在企业和客户间的互动作用如图 2-1 所示。

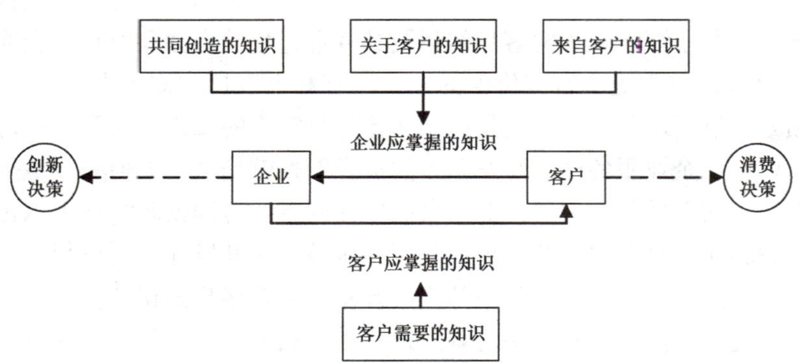


图 2-1 企业-客户间的知识交互过程（欧伟等，2008；岳英，2016）

2）客户知识管理及其过程

知识管理有效与否成为衡量新产品成功的重要标准[50]。目前，对于客户知识管理的研究较多。Nonaka 和 Takeuchi（1995）认为，知识管理指的是组织成员对于组织内外知识的获取和创造，是对知识的传播、整合和积累，通过这些阶段建立有效的知识资源优势，以创造价值，从而使企业获得最大利润[183]。Strambach（2001）提出了一个针对企业与客户之间知识的 3 阶段处理模型，即知识获取、知识共享以及知识扩散等[36]。Hanley（1999）认为，客户知识管理的核心在于潜在客户知识的发现、挖掘、共享以及利用等，主要针对隐含在客户大数据信息中的深层知识[184]。Storey 和 Kelly（2002）认为，客户知识管理包括知识的创造、转移和存储，是企业用于增加和创造价值的方法，通过这些阶段对服务创新产生影响[185]。Joshi 和 Sharma（2004）认为，客户知识管理即企业对客户偏好的理解，指在新产品开发过程中客户对产品创意、概念及产品原型等方面的知识管理，这些知识是新产品开发的重要来源[186]。Salomann（2005）和 Jie Bin, W. et al.（2013）等认为，客户知识管理就是对客户拥有的、需要的以及关于客户知识的有效管理[187, 43]。

关于客户知识的管理过程，Wayland R. E. 和 Cole P. M.（1997）认为，客户知识管理流程由计划、聚焦、引申、分享、应用和编辑 5 个环节组成。周晓宁（2005）认为，客户关系管理中包括知识集约、知识共享、知识应用和知识创新 4 个知识管理流程[188]。储节旺等（2007）等认为，客户知识的识别及产生、编码及存储、传播、利用及反馈这 5 个阶段是客户知识管理的主要流程[189]。JamesH. Love（2011）[182]等通过对 1 100 个 UK 服务企业的实证研究，将创新价值链中的知识管理划分为知识来源识别、知识转移和知识探索等。朱秀梅（2011）将知识管理过程划分为知识获取、知识整合、知识创造等[50]。YuhJen Chen（2012）等在对 KIBS 企业的研究中认为，客户知识管理主要是对经验知识的提取、验证、存储及共享的过程，通过客户知识的有效管理促进服务创新绩效[190]。Jie B. W. 和 Bin G.（2013）认为，客户知识管理通过对客户知识的获取、整合和应用促进服务创新绩效[43]。王小娟和万映红（2015）认为，客户知识管理过程包括了企业对客户知识的获取、共享以及应用 3 个主要环节[35]。郑作龙（2017）研究了客户共创环境下新产品开发前端的客户隐性知识的获取，认为服务产品开发前端的创意依赖于企业研发团队与客户的参与行为、实践行为、多维交互及特定情境，并阐述了主体间多维互动过程是新产品开发前端客户隐性知识获取的社会化路径。

综上，学者对客户知识及其管理进行了大量研究，从不同角度对客户知识及其管理过程进行了划分，有利于深入地理解客户知识及其管理过程的内涵和特点。企业通过健全的客户知识管理可以创造出更多富有价值的知识，有利于客户的知识贡献[191]，从而促进服务产品开发绩效。然而，关键的问题是：如何才能将客户的知识引入到企业内部从而创造出新的知识，以促进企业服务产品开发绩效的提升？也就是说，如何有效地把客户知识转化为企业内部实现的创新的知识？针对本书的研究问题：协同创新情境下 KIBS 企业如何把外部客户知识转化为企业内部新知识，从而为服务产品开发注入新思想、新思路，促进企业的服务创意的产生，以有效提升服务产品开发绩效？客户知识转化是本书中企业对客户知识管理的关键环节，因此有必要对客户知识转化相关研究进行深入探讨。

### 2.3.2 客户知识转化的概念及过程

1）知识转化

在知识管理的诸多过程中，知识转化占据着重要地位。有学者认为，知识转化是知识管理系统运营的枢纽，其在知识管理框架中居于主导地位[192]。学者野中郁次郎（Nonaka）（1995 年）在其著作《创造知识的企业》一书中提出了著名的知识创造螺旋（Spiral of Knowledge）模型，即著名的知识转化模型，SECI 模型（图 2-2）[193]。SECI 模型主要说明了显性知识和隐性知识之间相互转化，从而产生新知识和创造新知识的过程。其中，显性知识包括文章、报告、专利、手册和图片等，是容易用语言表达并传播、共享以及存储的知识；隐性知识不易表达，包括个人的主观领悟、知觉、个体经验技巧以及预感等，主要是一些难以用语言说明和规范，高度个人化、更不易传播与共享的知识。在知识转化过程中，企业的知识总量得到提高，质量得到改进，知识转化的过程是知识资本量的增长过程与质的优化过程的统一[194]。

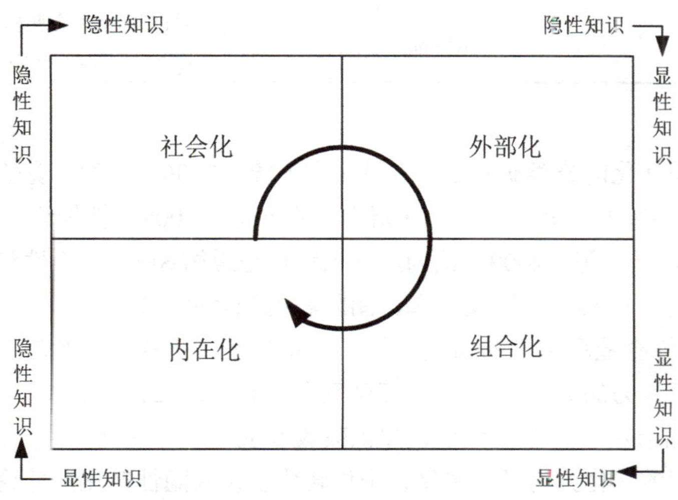


**图 2-2 Nonaka 的知识转化模式**

如图 2-2 所示，Nonaka 的 SECI 模型中反映的知识转化形式是目前知识管理研究领域所公认的知识转化模式，具有典型的代表性。他认为知识转化可分为社会化、外部化、组合化、内在化 4 种基本模式。同时，他认为，在知识转化的 4 种模式中，知识创新的关键环节是外部化过程。其中，社会化和内在化实现了知识在不同主体间的转移，社会化实现了隐性知识的转移，是隐性知识的学习过程，但是没有知识创新；而外部化实现了知识的创新，主要是在内部的学习过程中形成了新知识；组合化不存在知识创新，主要是对外部化中所产生新知识的处理、传播过程；而内在化是对隐性知识的进一步消化吸收和应用，实现了知识的创新和升华[195]。

由于知识转化过程比较复杂，结合学者的论述，本书将 SECI 模型中隐性知识和显性知识转化过程及特点总结如下（表 2-3）。

**表 2-3 SECI 模型知识转化的过程及特点[133-194]**

| SECI 模型 | 知识转化形式 | 转化范围 | 转化主体 | 转化方式 | 实现知识创新程度 |
|---|---|---|---|---|---|
| 社会化 | 隐性—隐性 | 组织内外 | 个人—个人 | 通过观察、感悟、对话、模仿和实践等学习实现知识互动、交流 | 无，侧重隐性知识学习 |

**续表**

| SECI 模型 | 知识转化形式 | 转化范围 | 转化主体 | 转化方式 | 实现知识创新程度 |
|---|---|---|---|---|---|
| 外部化 | 隐性—显性 | 组织内部 | 同一个体 | 通过比喻、类比、模型和图表等方式实现知识表达、分享 | 实现知识创新 |
| 组合化 | 显性—显性 | 组织内外 | 个人—组织 | 通过整理、分类、综合实现知识整合，加速从传播和共享 | 无，侧重知识处理和传播 |
| 内在化 | 显性—隐性 | 组织内部 | 组织—个人 | 通过阅读、聆听和练习实现知识的理解和吸收 | 实现知识创新和升华 |

注：本书作者整理

在关于知识转化的分类研究中，秦铁军和彭捷（2006）认为，竞争情报工作中的知识转化分为知识转移和知识吸收[196]。林昭文和张同健（2008）把知识转化划分为知识分享和知识吸收[197]。卫武等（2009）认为，知识转化是遵循 SECI 中隐性和线性知识的转化，可以起始于任何一种模式，涉及个人、团队和组织之间的知识转化[198]。张同健和蒲勇健（2009）把互惠性企业环境下的知识转化分为社会化、外显化、组合化和内隐化，并说明了其对技术创新能力的影响作用[199]。汪全莉和王嘉（2015）将高校 MOOC（慕课）平台知识转化分为知识获取、知识分享、知识吸收及应用[200]。程钧谟等（2015）认为，合作研发中技术知识的转化分为显性转化、个体转化和协同隐性转化，并论证了控制机制对技术知识转化的影响作用[201]。刘良灿等（2016）认为，知识社会化、知识外显化、知识内隐化和知识组合化是面向新产品开发集成创新中的知识转化过程[202]。

另外，知识转化与知识转移联系密切，但两者之间也存在一定差异。李文等（2015）认为，知识转化是知识管理系统运营的枢纽，在知识管理框架中居于主导地位。其中，知识转化是知识客体本身的形式变迁和自我更新。而知识转移包括知识转入方、转出方和转移内容，主要是指知识客体从一个知识主体向另一个的移动[192]。另外，张同健（2010）等认为，知识转化和知识转移是两种性质完全不同的知识活动，知识转化是指知识资本形态的演变，而知识转移是指知识在主体之间的运动[203-204]。知识转移一般伴随着技术转移，相比知识转移而言，知识转化的内涵更为灵活、内容更为丰富、形式更为多样（Teece，1977）。由此可见，知识转化在知识管理中更为重要。

2）客户知识转化及其过程

在 SECI 模型的基础上，学者对客户知识转化及其相关概念进行了较多的研究。如学者 Den Hertog（2000）认为，企业与客户的交互过程是显性知识和隐性知识的持续连接，混合、重塑、交换以及不断丰富[205]。May（2000）提出了客户知识循环的 3 阶段模型，包括获取、共享和应用[206]。张庆普和李志超（2003）研究了企业隐性知识的主要内涵，较全面地分析了企业内部与企业外部之间、企业内部不同层次的知识主体之间隐性知识的流动，认为知识转化不仅包括企业内部员工与组织之间的交流，同时还包括企业与外部主体之间知识的交流和转化[207]。金燕（2005）认为，客户知识流动是一个双方的知识流的转移转化过程，主要在企业与客户之间实现了产品和服务需要的新知识[208]。秦铁辉和彭捷（2006）认为，知识转化既包括知识在不同主体之间的转移，也包括知识被主体的理解和吸收，是知识在转化主体间的交流和学习过程[196]。

目前，关于客户知识转化过程的研究较多。学者赵文军（2008）提出了客户知识转化转移过程的改进模型，该模型将知识转移的过程分为成文化、内部化、延伸和凝聚 4 个步骤，涉及组织、团队、个人、客户 4 个主体[209]。刘小军和蒙大斌（2009）主要针对知识密集型服务企业，分析了服务创新体系中知识流动的 4 种基本途径：企业—市场（客户）；企业—企业—市场（客户）；大学、科研机构—企业—市场（客户）；大学、科研机构—中介部门企业—市场（客户）的过程[210]。张庆来和苏云（2013）基于 SECI 模型将图书馆客户知识管理划分为社会化、外化、整合以及内化的过程[211]。蔡宁伟等（2015）认为，企业知识转化主要包括企业内部知识转化（主要在个体、群体和企业 3 个层次内以及它们之间转化）以及企业外部的知识转化（主要在个体间、企业间、企业与客户之间、行业协会等群体之间进行转化）[212]。丁志慧和刘伟（2016）在其研究中认为，社区成员对显性知识分析、选择以及补充，同时对知识进行组合，使得显性知识与隐性知识在社区中相互作用与转换，最终形成新的显性知识的过程[213]。陈晓芳和黄文才（2017）在其研究中认为，银行内部个体的知识转化有 3 个阶段：①“社会化”，即“个人—个人”的知识转化；②知识的“外化”，是“个人—群体”的知识转化；③知识的“组合化”，是“群体—组织”的知识转化；④知识的“内化”，形成了组织特有的创新知识。同时，将商业银行内部知识转化过程划分为知识的获取、共享、整合以及存储 4 个维度[214]。

综上，学者基于不同的视角和行业背景对客户知识转化及其过程进行了研究，根据学者的研究可以得到关于客户知识转化及其过程的一些共同特征。首先，客户知识转化需要通过客户与企业间频繁的交互作用来实现，是跨越组织边界的知识流动过程，发生在组织内外。其次，客户知识转化通常是双向的过程，是企业与客户之间显性知识和隐性知识的转化。在企业与客户之间协同进行新产品开发实践过程，也是技术与市场、客户、供应商、组织、战略、协作伙伴合作创新的过程，在此过程中，知识的相互转化推进着新产品开发进程并影响其开发结果。企业与客户协同进行服务产品开发的过程不断呈现着知识的更新和超越，通过双方协同合作不断促进知识快速转化，从而确保服务产品开发的成功实现。

### 2.3.3 客户知识转化的影响因素

客户知识转化的影响因素与知识转化的影响因素相同，只是具体的转化对象是客户。目前，学者对知识/客户知识转化影响因素的研究主要包括以下几个方面[195]，具体见表 2-4。

根据表 2-4 可知，知识/客户知识转化的影响因素主要如下。①知识转化的主体和受体，这主要与主体意愿、素质、能力等性质密切相关；②知识转化的客体，多元化的知识，知识显性、隐性、知识的复杂性、可表达性、嵌入性以及知识的黏性等均会影响知识转化；③知识转化的过程，比如知识获取、共享、整合和存储，消化和吸收，以及社会化、外在化、组合化和内部化等不同的转化流程也会影响客户知识的转化；④知识转化的情境因素，目前关于知识转化情境因素研究较少，学者主要研究了企业与客户之间的关系，企业间的文化距离、企业的氛围、创新导向以及治理机制/方式、信任等情境因素对知识获取/整合/转移等的影响。

**表 2-4　客户知识转化的影响因素**

| 影响因素 | 具体因素 | 来源 |
|---|---|---|
| 知识转化的主体与受体——企业与个体（客户） | 战略导向：客户导向和学习导向 | 王伟（2010）[215] |
| | 企业能力：动态能力 | 胡钢（2013）[37] |
| | 主体管理行为 | 刘海鑫（2015）[191] |
| | 沟通能力、表达能力 | 王学东和赵文军（2008）[218] |
| | 主体意愿和素质 | Hansen（1999）[219] |
| 知识转化的客体：多元化知识 | 知识的复杂性和内隐性 | Simonin（1999）[216] |
| | 知识的模糊性 | Coff（2006）[217] |
| | 知识的可表达性、嵌入性 | 岳英（2016）[182] |
| | 客户知识的存量 | 王学东和赵文军（2008）[218] |
| | 内部学习和外部学习 | Kogut（1992）[123] |
| | 社会化、外在化、组合化和内部化 | Nonaka（1995）[193] |
| 知识的转化过程——交流和学习 | 知识转移和知识吸收 | 秦铁辉和彭捷（2006）[196] |
| | 知识分享和知识吸收 | 林昭文和张同健（2008）[197] |
| | 知识的获取、分享、吸收以及应用 | 汪全莉和王嘉（2015）[200] |
| | 知识的获取、共享、整合和存储 | 晓芳和黄文才（2017）[214] |
| | 社会化、外在化、组合化和内部化 | 张鹏等（2017）[219] |
| | 合作伙伴之间关系的亲密程度，强联系对知识转移的影响 | Hansen（1990）[219] |
| | 信任对知识转移影响 | Lane（2001） |
| 知识转化的情境因素 | 企业—客户互动对知识内外部整合影响 | 王琳（2012）[73] |
| | 过程互依性和项目不确定性对知识整合调节 | 王琳（2012）[73] |
| | 创新导向对知识转移调节作用 | 李清政和徐朝霞（2014）[92] |
| | 关系治理方式对知识获取的调节作用 | 王鸥等（2015）[175] |

注：本书作者整理。

### 2.3.4　客户知识转化的作用

关于客户知识转化作用的相关研究主要有以下内容。Nonaka（1996）认为，SECI 的模型中，4 种知识转化有利于保证企业内部知识的持续更新，进而实现企业的持续创新[194]。Gaines 和 Shaw（1985）认为企业与客户之间的互动是非常重要的，双方之间的互动有利于提供一些补充性的知识（包括客户技术知识在内），这些知识有利于增进企业对客户行为的理解，有助于企业在性能和成本之间取得平衡，更好地实现客户的需求目标，从而有利于提高企业对解决方案接受的可能性[220]。Leiponen（2006）的研究说明了客户作为服务产品开发过程中的重要参与者，通过知识共享和知识创造，可提高服务产品开发绩效[164]。朱秀梅等（2011）通过实证研究说明了知识获取以及知识整合对新产品开发绩效具有显著的正向影响，而知识创造的影响并不显著[50]。陈璟菁（2014）的研究认为，客户作为参与企业创新实践活动的关键主体，其与企业之间的知识获取、共享及新知识应用等活动对服务产品的开发具有重要作用[48]。李文等（2015）认为知识转化对集成创新具有内在的促进作用[192]。刘良灿等（2016）通过结构方程模型揭示了在集成创新模式下知识转化（社会化、外显化、组合化以及内隐化）对新产品竞争力的促进机理[202]。陈晓芳和黄文才（2017）通过实证研究说明了商业银行内部个体员工可通过知识的获取、共享、整合和存储4个知识转化过程有效地促进个体服务创新[214]。

综上可知，客户知识转化及其过程等对于服务产品开发绩效具有重要作用。由于知识转化受到多种因素的影响，如知识转化主体和受体、知识客体、知识转化过程、知识转化的情境因素等。企业协同能力是企业知识转化的主体，因此其可能对客户知识转化具有一定的影响作用。同时，协同治理是相关情境因素，学者研究发现其对知识获取/知识分享以及创意的产生具有重要影响，那么，作为保障协同活动开展的重要情境因素，协同治理机制对客户知识转化可能也存在一定影响作用。既然，企业协同能力对客户知识转化以及服务产品开发绩效均具有重要作用，那么，围绕本书主题，KIBS企业协同能力是否以及如何通过对客户知识转化的作用从而影响服务产品开发绩效？协同治理机制在KIBS企业协同能力与客户知识转化关系中起到了什么作用？在前面相关文献综述的基础上，需要进一步对协同治理机制的相关研究进行综述，以明确变量间的作用关系。

## 2.4 协同治理机制相关研究综述

### 2.4.1 协同治理机制的提出

20世纪80年代末90年代初，随着治理概念的提出，国内外有较多学者对治理相关问题展开了研究。近年来，随着协同以及治理的相关研究逐渐深入，一些学者把“协同”与“治理”结合起来，集协同与治理于一体探讨政府管理创新以及企业服务的形态/范式（刘涛，2019）。协同创新作为极具发展潜力与应用前景的开放创新模式，有力地促进了企业与客户等异质主体之间跨学科、跨部门、跨组织的深度合作与协同，为后金融危机时代企业实现产业升级提供了有效途径[221]。在协同创新情境下，企业与客户之间的合作与交流日益频繁，然而，客户作为资源提供者或是合作生产者，并不能必然地带来所期望的知识创造与整合[222]，也有学者认为将客户纳入创新过程中来并不是必需的[223]，即企业与客户的协同创新同样会为企业带来不确定的风险。在企业与客户协同创新实践中，为了完成共同目标，双方需要不断地投入资金、人力、技术等，如果协同中的保障因素/相关机制不到位，可能会造成企业与客户协同合作的失败，那将会给企业带来不小的损失，不仅会使企业对客户知识的获取、共享和转化以及应用等受阻，也影响企业绩效的提升。

在相关情境因素的研究中，学者研究了多种情境因素对知识/客户知识的获取、共享、转移等知识管理过程的调节作用。如有学者研究了知识特性（复杂性、嵌入性、隐性等）对知识获取、共享、应用等的调节作用[82,182]；也有学者研究了环境包容性、动态性以及项目不确定性等在知识整合/管理以及企业创新等关系中的调节作用[73,82]以及创新导向在客户共同生产与客户知识转移中的调节作用[92]；等等。然而，在协同创新过程中，除了知识本身的特性、环境的因素以及组织内部等情境因素的影响外，协同治理机制成为保障双方合作顺利进行并促进知识管理及其相关过程的重要情境保障因素，部分学者也对此展开研究，说明了治理机制对知识管理相关过程具有重要的影响作用[175]。

对知识密集型服务企业而言，由于其具有高知识性和高互动性特点，知识密集型服务业发展面临着一些新的挑战：如产品知识基础的复杂化、知识生产的专业化[224]。因此，与其他行业相比，知识密集型服务企业与客户的高互动性和高知识性的特点使其更加注重客户关系管理和协同秩序的构建[225]。对此，在企业与客户协同进行服务产品开发的过程中，为了保障KIBS企业有效地对客户知识获取、共享、转移、转化等，以促进服务产品开发等实践创新活动，就必须引入保障协同合作秩序构建的机制——协同治理机制。基于此，本书认为，在KIBS企业与客户协同创新过程中，相应的协同治理机制会影响企业协同能力对客户知识转化的效率和效果，其可能在企业协同能力对客户知识转化的过程中起到一定的调节作用。

### 2.4.2 协同治理机制的内涵及维度

在实践中，有效的协同合作在两者或多者之间的社会交易活动中具有重要作用。由于本节涉及的是协同治理机制，首先对其概念和内涵进行综述。何水（2008）认为，为了实现最大化的治理效能，达到最大限度地维护与增进公共利益的目的，社会多元主体要素（政府组织、企业、公民个人等）在互联网技术等的支持下，相互之间互动协调、合作治理并管理公共事务就是协同治理[226]。学术界对协同治理机制的内涵研究大多从契约、企业与伙伴之间关系、信任及其相互作用以及正式契约等方面展开讨论。如，Day和Taylor（2004）等认为协同治理机制是指企业与合作伙伴之间关系的治理[227]。黄劲松（2015）利用社会交易理论，在对企业方和学研方通过信任和契约开展合作的机制，以及该双边治理模式的外部约束条件进行探讨的基础上，讨论了政府介入产学研双边治理模式的路径[228]。邢青松（2016）等则从知识的多维属性特征角度出发，认为协同治理机制就是协同创新异质主体为达成知识产权交易而选择某种治理模式来协调和控制彼此的行为[229]。

其次，关于协同治理机制的维度研究。目前学者将协同治理机制划分为二维结构和三维结构的较多。如Luo（2007）认为，在服务创新网络中，关系治理主要包括关系规范和信任，由于专用性投资投入深度嵌入在社会关系中，企业间合作关系的建立往往主要基于高管团队的人际关系[230]。Roath et al.（2002）根据企业之间的合作治理结构将合作治理分为关系治理和契约治理[231]。也有学者认为，与契约治理机制相比，基于社会规范和信任的关系治理机制能更好地应对服务创新网络中的合作关系[232-233]。同样，Yikuan Lee et al.（2006）通过对联盟治理结构进行研究，同样将联盟治理分为契约治理和关系治理2种类型[234]。Lumineau和Henderson（2012）将正式契约分为契约协调和契约控制两个维度，研究它们与信任及其信任的替代/互补关系对社会交易效果的影响[235]。邢青松（2016）等从知识的多维属性特征出发，将协同创新知识共享模式分为契约治理模式、章程治理和关系治理[229]。

综上，协同治理机制是构建协同合作秩序的有效手段，是促进企业与合作者之间双方交易行为顺利进行的重要的情境保障因素，对其维度的划分也不尽相同。大多学者将其划分为关系治理机制、契约治理机制。其中，关系治理机制以交易双方彼此之间的诚实和信任为基础，是一种非正式的合作机制；契约治理机制以市场契约为基础，其强调借助具有法律约束效力的协议或者合同治理双方的合作关系，是一种高强制性的、正式的合作机制。

### 2.4.3 协同治理机制的作用

目前，关于协同治理机制中的关系治理机制和契约治理机制作用的研究逐渐增多。如有学者认为，关系治理和契约治理并不是两个孤立的治理方式，二者均是协调伙伴之间的协同合作关系的有效手段[102-105]。关系治理机制是一种非正式的合作方式，以诚实和信任为基础[234]，合作双方的信任表现在双方的正面期望（双方相信合作获得的收益能够被公平地划分）和接受意外损失的意愿，减少企业与客户合作事前的专用性投资问题，而不需要花大量时间、费用去制定详尽的契约条款[235]。然而，关系治理更多地依赖合作双方的诚信和道德约束，因此，可能会导致出现较大的信任风险[236-237]。而契约治理机制是一种高强制性的、正式的合作机制，强调采用具有法律约束效力的契约、协议等。合作双方签订契约就意味着在双方协同进行服务产品开发的过程中，如果有一方违背所签契约则会受到惩罚，这样在一定程度上减少了双方出现矛盾和冲突的机会，能够确保合作任务的完成以及合作目标的实现[175]。

另外，不同的协同治理机制对企业与客户之间协同合作水平或企业绩效可能会产生不同的影响。Poppo 和 Zenger（2002）等的研究证实了不同的治理方式对绩效和风险的影响作用存在差异[102]。Ness 和 Haugland（2005）提出企业间相互信赖的基础在于信任和控制并存的治理方式[238]。Zahcer 和 Venkatraman（1995）[239]认为，关系治理机制和契约治理机制都对企业间的合作具有积极的影响，两者是互为补充的，共同促进企业目标的实现；然而，相对于契约治理机制，关系治理机制能够更加灵活地处理企业间发生的冲突，提高合作的弹性，从而促进合作水平的提高。Kale（2000）则得出相反结论，其认为通过合同监督或者法律约束的契约治理机制更有效，为知识的共享与转移提供了良好的环境，避免了机会主义行为的发生[240]。Luo（2002）认为，关系治理机制对企业绩效重要性的影响始终保持不变，契约治理机制对绩效的影响程度呈下降趋势[230]。Yikuan et al.（2006）认为，契约治理机制和关系治理机制都会对联盟绩效产生积极的影响，然而相对契约治理而言，关系治理对联盟绩效的影响更为显著[109]。白鸥和魏江等（2015）的研究说明了关系治理对客户知识获取具有显著的正向影响，而契约治理对客户知识获取具有显著的负向影响[175]。邢青松等（2016）从知识多维属性特征出发，认为协同治理机制主要针对知识的外部属性和商品属性，通过契约、股权、内部宪章以及信任、互惠等方式来促进知识共享[229]。

综上，协同治理机制的提出为企业与客户以及合作伙伴之间的协同创新活动提供了可参考的依据。作为协同创新活动的重要情境保障因素，不同的协同治理机制对客户知识管理（知识获取、共享、转移、转化等）以及企业绩效的影响不同，具有一定的差异性。不同的协同治理机制可能对企业协同能力与客户知识转化关系具有一定的调节作用，然而，目前学术界鲜有涉及针对此方面的研究。因此，关于协同治理机制对 KIBS 企业协同能力与客户知识转化关系具有什么样的影响及其影响的差异性有待进一步深入研究。

## 2.5 服务产品开发绩效研究综述

### 2.5.1 服务产品开发及其绩效的概念内涵

随着客户需求多元化且个性化需求的增加、服务产品的生命周期日益缩短等，如何促进新产品开发绩效提升已成为企业竞争的关键。新产品开发能够满足消费者日益增长的需求，巩固并拓展现有市场甚至引导消费者发现新的需求，从而提升企业竞争力[241]。同样，对于知识密集型服务（KIBS）企业而言，如何有效提高服务产品开发绩效已成为 KIBS 企业获取竞争优势的关键。

目前，学者对服务产品开发（Service Product Development）及其绩效进行了较多的研究。其中，在关于新产品开发的定义及分类的研究中，一部分学者从产品开发的程度出发，认为新产品开发是开发真正全新的产品，类似于产品的根本性创新，另一类则认为新产品开发是改良的新产品，即渐进性的创新[242]。Lee 和 Wong（2011）将新产品分为低创新性产品、相对创新性产品和高创新性产品 3 种类型[243]。Trott（2008）认为产品由多维度组成（价格、技术、包装等），只要改变当中任何一项，都可以称为新产品[244]。王世良（2002）认为新产品是指在产品材质、技术性、结构等方面或其中一方面具有独创性或优于老产品的产品[245]。另一部分学者从产品开发的过程和效果出发对其进行界定。如 Larry J. Met al.（2002）认为服务产品开发是指在服务产品开发以及对知识的组建过程中，企业通过互联网技术配置开发或提供一个新的服务产品，从而服务产品被开发或被创造以满足不同客户群体的需求[10]。蔺雷和吴贵生（2005）认为，企业通过执行可行的开发策略，向新客户、现有客户或是其他客户提供新颖程度各不相同的新服务及其创新开发活动，同时根据客户需要、市场需求等的推动，从而实现了企业服务产品的价值增值[246]。Colvin（2009）在研究中认为，对工业部门的新产品开发是企业进行原始开发、改进现有产品性能或者开发出全新品牌的活动[247]。王琳和魏江（2009）认为，新服务开发就是企业与客户频繁互动的“合作生产过程”，与制造业有形产品的创新相比，知识密集型服务企业对客户参与过程的要求更强烈，对新服务开发过程定制化程度更高[16]。王娟（2011）认为，新产品开发是产品从设计研发到产品的生产制造以及将产品推向市场进行销售的一系列过程[248]。李俊（2011）认为，新产品开发是通过产品核心层、产品有形层、产品延伸层 3 个层次的改革，使产品发生变化，产生了新的功能、新的结构、新的用途等，并能够满足客户新的需求，这样的产品就是新产品[68]。吴伟伟等（2013）认为，新产品开发包括前期市场调研、产品研发、产品制造以及成品的销售与服务等多环节的复杂过程[249]。

产品开发绩效是衡量企业创新能力和新产品开发效果的一个重要结果变量，目前学者从单维/多维角度对新服务/产品开发绩效进行了界定。Cooper 和 Kleinschmidt（1987）认为，新产品开发绩效包括对新产品对企业销售的贡献、客户对新产品的满意度、新产品的市场占有率等方面的评价，这些是企业衡量新产品开发效果成功与否的指标[250]。Voss（1992）认为新服务开发绩效包括关注开发活动的实施，以效率为核心的过程绩效以及关注开发活动的目标，以效果为核心的结果绩效[251]。Cooper（1994）在研究中认为，新产品开发绩效可看作新产品在规划阶段、发展与测试阶段以及商品化阶段中进行的效率和效果及其评价[252]。Trott（2008）则认为新产品开发绩效涵盖两方面的内容，分别是成果积累和效益评价[244]。刘顺忠（2009）通过新服务利润、投资回收期、投资回报率以及销售增长率等评价了新服务开发绩效[49]。姚山季和王永贵（2012）将时间绩效和创新绩效用于评价新产品开发绩效[78]。陈璟菁（2013）将新服务开发绩效分为 2 个方面：内隐绩效（面世速度和创新程度）和外显绩效（市场绩效和竞争优势）[48]。范钧等（2013）认为，客户参与对新服务开发绩效具有重要作用，企业可通过客户参与服务的生产、产地和消费过程获取满足自身需求的新服务，提高服务开发绩效[253]。李清政和徐朝霞（2014）认为，知识密集型服务企业的服务创新绩效通过内部运营绩效、财务绩效、客户绩效 3 个维度进行测量[92]。黄秋波（2015）将新服务开发绩效分为开发效率和开发质量 2 个维度，其中，开发效率表征新服务开发的顺畅度与开发速度；质量绩效表示新服务开发在客户感知、开发成本以及概念实现等方面的效果。岳英（2016）在其研究中，将服务创新绩效分为过程绩效和结果绩效 2 个维度[182]。

根据以上定义可知，学者从不同的角度，针对不同的开发要求，面对不同的企业、客户、市场等，对于新服务/产品开发及其绩效的定义会有所不同。本书研究的是知识密集型服务企业的服务产品开发绩效，其服务产品兼具无形和有形的特点，因此，其服务产品兼具新服务和新产品开发的特点，因此对服务开发绩效和产品开发绩效不作严格区分，统称为服务产品开发绩效。而且，知识密集型服务产品开发主要是以非根本性创新为主进行的产品开发，主要关注点在于以效率为核心的过程绩效和以效果为核心的结果绩效。

### 2.5.2 服务产品开发过程

目前，国内外对于服务产品开发过程的研究较多。学者 Bowers（1989）提出服务创新包括制定企业战略、制定新产品战略到商品化的 8 个阶段[254]。Sundbo（1998）提出了采用“客户化”“模块化”的生产性服务企业的 3 阶段创新过程模式，包括概念阶段、发展阶段和保护阶段[95]。Cooper（1994）[252]通过对新产品的实证研究认为，在服务创新开发过程中企业应关注市场研究、初步筛选活动、初步市场评估这 3 个阶段。Johnson 等（2000）认为新服务开发过程是集设计、分析、发展和全面推广于一体的往复过程[255]。韩智慧（2006）在研究中认为，新产品开发流程包括新产品的战略规划阶段、新产品的概念开发与验证阶段、新产品的原型设计与测试阶段以及新产品的生产与上市阶段。王琳和魏江（2009）将 KIB 企业服务开发过程划分为创意概念阶段、设计阶段和交付跟踪阶段 3 大阶段[16]。李飞（2010）等通过北京当代商城的案例研究，把服务创新的过程分为设计、分析、发展和推广 4 个阶段[256]。王萍和魏江等（2010）认为金融服务创新过程包括概念、发展以及引入 3 个阶段[257]。Hoyer（2010）认为创新的程度、可能性及能够发挥的作用在产品创新的前期阶段，即产品创意识别、产品创意筛选、产品概念开发和产品概念测试 4 个阶段在服务创新中的表现尤为明显。陶颜（2011）认为金融服务业服务创新过程包括概念开发，架构设计、模块设计以及交付完善 4 个阶段[258]。企业可以在产品的商业分析、产品设计、商业化以及检测评价阶段，通过自身的知识、产品使用经验和需求对新产品进行评价和提出改进建议，以起到反馈和修正的作用[259]。刘良灿等（2016）从知识管理视角研究新产品开发过程，认为新产品开发一般包括概念生成、性能描述、外观设计、样品试制、性能检测、系统功能测试及改进、产品制造、服务结构设计等环节[202]。

综上可知，目前学者关于服务创新/产品开发的研究较多。大多数学者认为新服务创新/产品开发主要划分为 3 个阶段或 4 个阶段，行业主要涉及知识密集型服务业以及制造业等。由于本书的研究对象是知识密集型服务企业，结合知识密集型服务企业的概念及特征，本书认为，Johnson 的“循环模型”以及王琳和魏江（2009）、王萍和魏江等（2010）的“三阶段”模型能够深入并详尽地说明知识密集型服务企业的服务产品开发过程。因此，本书将协同创新情境下 KIBS 企业服务产品开发过程归纳为：创意概念阶段（包括目标的形成、客户需求分析以及概念产生、方案筛选）、设计分析阶段（包括服务内容与流程等的设计、可行性分析、外部检验等）以及商业推广（包括招聘和培训员工、服务方案交付、市场宣传投放、跟踪改进）3 个阶段[257]。

### 2.5.3　服务产品开发绩效的维度及测量

基于本书研究目的，结合服务产品开发绩效兼具新服务开发以及新产品开发的要求和特点，为了更好地对知识密集型服务产品开发绩效进行准确的测量，以深入反映知识密集型服务产品开发绩效的主要内容，作者对前人关于新服务开发绩效和新产品开发绩效维度及测量的相关研究进行汇总（表 2-5），以更好地把握服务产品开发绩效的维度及其测量问题。

从表 2-5 可知，目前较多学者主要通过二维和三维维度对新服务/产品开发绩效进行测量。另外，还有少量学者采用五维及六维度测量新服务/产品开发绩效，如 Li，Bing 和 Umphress（2007）使用了新产品的销售回报率、投资回报率、取得销售额、市场份额目标、边际利润等 5 个指标测量了新产品市场绩效[268]。Sherman et al.（2005）采用 6 个指标测量了新产品开发绩效，即产品模具开发能力、产品开发周期时间、产品上市能力、市场预测准确度、设计变更频率和技术核心能力适配度。除此之外，还有众多学者通过单维度进行测量，但是涉及的测量项目包括产品创新速度、顾客满意、财务绩效、产品新颖度、开发周期、市场占有率、销售增长率等 3～10 项测量指标不等。总体而言，学者根据各自的研究目的，用不同维度对新服务/产品开发绩效进行了衡量，但是产品的开发速度、开发周期等关于产品开发的过程绩效，以及客户满意度，运营、市场、财务、技术等结果绩效是学者们主要考虑的方面。

表 2-5 新服务/产品开发绩效的维度及测量相关研究

| 维度数量 | 构成维度及测量 | 代表学者 |
| --- | --- | --- |
| 二维 | 新服务开发绩效划分为过程绩效与结果绩效 | Voss（1992）[251] |
| | 新服务开发绩效分划分为由供应商视角和客户视角的服务开发绩效 | 王琳和魏江（2009）[16] |
| | 新服务开发绩效划分为运营结果和市场结果 | Carbonell（2009）[260] |
| | 新产品开发绩效用项目绩效和市场绩效衡量 | Jayaram 和 Malhotra（2010）[261] |
| | 新服务开发绩效包括时间绩效和创新绩效两个维度 | 姚山季和王永贵（2012）[78] |
| | 新服务开发绩效分为内隐绩效（面世速度和创新程度）和外显绩效（市场绩效和竞争优势） | 陈瀠菁（2013）[48] |
| | 服务创新绩效包括过程绩效和结果绩效两个维度 | 岳英（2016）[182] |
| | 新产品开发绩效包括产品创新程度和创新质量两个维度 | 王飞，刘丹（2019）[262] |
| 三维 | 新产品开发绩效通过新产品成功的比率、对企业的影响和整体绩效衡量 | Cooper（1987）[250] |
| | 金融服务业新服务开发绩效通过市场开发、财务绩效及关系强度 3 个维度 14 个题目测量 | Cooper 等（1994）[252] |
| | 新产品开发绩效通过生产力、品质及创新 3 个指标测量 | 张伊威（2004）[263] |
| | 新产品开发绩效通过财务绩效、技术绩效、客户接受 3 个维度衡量 | 祝玥伟（2007）[241] |
| | 新服务开发绩效通过财务绩效、竞争力及品质关系 3 个维度衡量 | 王春（2007）[264] |
| | 新服务开发绩效包括新服务开发时间绩效、创新绩效、财务绩效 3 个维度 | 黄永春，王永贵（2010）[265] |
| | KIBS 服务创新绩效通过内部运营绩效、财务绩效、顾客绩效衡量 | 李清政和徐朝霞（2014）[92] |
| 四维 | 新产品开发绩效通过产品开发周期、产品开发成本、长期合作能力、制造商技术能力 4 个指标衡量 | 王姗姗（2010）[266] |
| | 新产品开发绩效通过新产品占所有产品销售比重、新产品相关销售增长、市场占有率的增长率以及资产收益率测量 | Chang，Lin 和 Chen（2010）[267] |
| | 新服务开发绩效通过新服务相对竞争对手创新性、市场占有率、投入回报率和顾客满意度测量 | 范钧等（2013）[253] |

注：本书作者整理。

### 2.5.4 服务产品开发绩效的影响因素

关于服务产品开发绩效影响因素的研究对有效提高服务产品开发绩效具有重要意义。目前，学者们从多个视角对服务/产品开发绩效的影响因素进行了研究。具体如下。

1）企业相关能力对服务产品开发绩效的影响

在企业相关能力对服务产品开发绩效的影响研究中，学者 Strambach（1997）认为有效地管理客户知识的能力（知识获取、知识共享以及知识扩散等能力）可以使企业进行迅速创新，最终成为竞争的优胜者[36]。Ordanini 和 Parasuraman's（2011）确定协同能力为收集和使用客户（业务伙伴的）知识和技能的能力，这两者对服务创新具有促进作用[31]。洪茹燕（2012）分析了关系嵌入和吸收能力协同会影响各自的知识搜寻，从而对自主创新能力提升产生重要影响[171]。胡钢（2013）通过实证研究说明了企业动态能力对企业多元化及其绩效的影响[37]。吴伟伟等（2013）的研究说明了动态能力以及技术管理能力对新产品开发绩效的影响[38]。Brentani 和 Kleinschmidt（2015）通过纵向案例的研究方法，论证了企业资源和能力对新产品开发绩效的影响[40]。弋亚群等（2018）通过实证阐明了技术能力和营销能力通过学习方式对新产品开发绩效的影响[49]。邵云飞等（2018）研究了 IT 能力视角下企业内部多要素协同与企业创新绩效的关系[173]。

2）组织学习对服务产品开发绩效影响

在组织学习对服务产品开发绩效影响研究中，Stevens 和 Dimitriadis（2004）通过纵向的案例研究分析了组织学习对新产品开发的积极影响作用[45]。吴隆增和简兆权（2008）通过实证研究表明组织学习对企业的知识创造以及对企业的新产品开发绩效都有正向影响[46]。彭新敏（2011）将组织学习分为探索性学习和利用性学习，研究了其与新产品研发绩效之间的正向影响关系[47]。陈璟菁（2013）以组织学习为中介变量，实证研究了客户参与对新服务开发绩效的影响[48]。盛伟忠和陈劲（2018）以 331 家中小制造业企业为样本验证了企业互动学习对企业创新的显著影响，即企业与外部组织通过对知识的互动学习，借助于吸收能力的中介作用，提升了企业创新能力[59]。弋亚群等（2018）的研究说明了学习方式对新产品开发绩效的影响[49]。

3）知识管理及其相关过程对服务产品开发绩效的影响

关于知识管理及其相关因素对服务创新/产品开发的影响的研究，主要从知识的整合、共享、吸收、转移等角度展开。如 Montoya-Weiss（2001）的研究表明，搜集与引入外部知识使新产品开发人员更好地掌握市场需求，以促进知识的整合和运用，有利于提高新产品开发的效果[52]。陈力和宣国良（2006）通过理论分析和案例研究说明，为促进新产品开发绩效，企业应该在不同的条件下选择恰当的客户，从而对知识进行整合[53]。吴家喜和吴贵生（2008）通过对制造业的实证研究，说明了企业间关系、外部知识吸收和内部知识整合对新产品开发的影响[54]。朱秀梅（2011）通过实证研究分析了知识管理过程中知识获取、知识整合对新产品开发绩效具有显著的正向影响[67]。李俊（2011）的研究论证了知识管理在企业网络和新产品开发绩效中起到的中介作用[68]。周健明（2014）的研究说明了外部知识整合和内部知识整合均对新产品开发绩效具有显著的正向影响[69]。Wu J, Guo B, Shi Y（2013）通过案例研究说明了客户知识和 IT 能力对创新的影响[91]。王小娟和万映红（2015）通过案例研究论证了客户知识获取、知识共享以及知识应用对服务产品开发绩效的影响[35]。王婷和杨建君（2018）构建了“组织间控制—合作伙伴知识转移—新产品创造力”的作用路径，提出组织控制协同可通过促进合作伙伴显性和隐性知识转移这一中介机制提升新产品创造力[65]。

4）客户参与/互动等对服务产品开发/创新绩效的影响

目前，有较多学者从客户参与/互动角度说明了客户的相关行为对服务产品开发/创新绩效的影响。Kelley 和 Donnelly（2000）的研究说明了客户参与在服务生产和服务产品开发中的重要作用[71]。蔺雷和吴贵生（2005）认为，客户对企业服务的看法和评价意见可以促进服务的商业化进程[246]。张若勇和刘新梅等（2007）从知识转移的视角，说明了客户参与对服务创新绩效的影响机理[72]。王琳（2008）通过探索性案例研究和实证研究，说明了企业-客户互动通过知识外部整合和内部整合 2 种路径促进服务创新绩效的提升[73]。汪涛和郭锐（2010）从知识分享的角度，分析客户参与通过关系涉入影响客户与新产品开发企业的知识分享，进而改善新过程绩效[74]。Poh Kiat（2010）等用定量的方法研究了半导体制造业中供应商、客户、员工的参与对项目绩效的影响[75]。卢俊义和王永贵（2011）从客户知识转移视角构建了客户参与服务创新对创新绩效的影响关系[76]。Ja-Shen Chen（2011）通过 IT 企业的实证研究表明，与客户的共同生产活动积极影响了企业的服务创新[89]。张红琪和鲁若愚（2014）通过实证研究，说明了员工、客户、供应商等多主体参与对客户满意度的影响，从而促进了服务创新绩效[77]。范钧（2016）通过对浙江省内样本新产品开发项目的问卷调查数据分析，发现了企业-客户在线互动的信息导向和任务导向互动通过对外向型、内向型知识共创对新产品开发绩效均有显著正向影响[86]。

5）从关系/合作网络的角度，说明其对服务产品开发/创新绩效的影响

针对此方面的研究，学者 Andersson、Forsgren 和 Holm（2002）探讨了外部网络中关系嵌入作为跨国公司（MNCS）绩效和能力发展的战略资源的重要性，通过使用 97 个瑞典跨国公司子公司的数据，表明了技术嵌入性对子公司的预期绩效及其在跨国公司产品和生产过程开发中产生的积极影响，并分析了通过外部技术嵌入，外部业务嵌入也影响了产品和流程开发[79]。McEvily 和 Marcus（2005）通过实证说明了嵌入性对组织知识溢出、组织学习、组织绩效的影响[80]。应洪斌（2010）通过实证研究，论证了关系嵌入性通过技术嵌入性的中介作用促进了企业创新绩效[82]。王家宝、陈继祥（2011）基于多案例的探索性研究，构造了关系嵌入、组织学习能力与服务创新绩效研究的概念模型，说明了创新网络中关系嵌入与学习能力对服务创新绩效的影响机理[83]。姚山季、王永贵（2012）通过运用中国企业的实证数据，揭示了客户参与各维度通过关系嵌入对新产品开发绩效的影响机制[78]。袁喜娜和薛佳丽（2016）利用 205 家制造企业数据，采用层级回归模型，通过实证说明了商业关系和社会关系对新产品开发绩效的正向影响[85]。胡保亮（2013）通过实证研究，阐释了网络位置通过知识搜索影响创新绩效的机理[87]。俞园园和梅强（2018）通过实证说明了新创企业商业关系和产业集群政治关系嵌入对创业绩效的正向影响[81]。

6）客户共同生产/客户协同创新/客户合作对服务产品开发绩效的影响

目前，学者关于客户共同生产/合作对服务创新/产品开发绩效影响的研究也逐渐增多。如学者 Hunt et al.（2012）通过探索性研究表明，客户（消费者）共同生产和行为参与与服务产品相关的活动呈正相关，影响客户对服务产品的满意度[90]。Jiebing Wu 和 Bin Guo（2013）研究了客户知识管理在服务产品开发中具有的重要作用，说明客户具有判断与处理的权力，企业通过与客户的合作，可以向客户寻求服务产品开发方案，在满足客户的需求和创意的基础上，提升了服务产品开发效率[91]；李清政和徐朝霞（2014）通过对 B2B（企业-企业）情境下知识密集型服务企业的实证研究，验证了客户知识转移在客户共同生产服务对创新绩效的中介作用[92]。岳英（2016）通过实证研究，分析并论证了客

户协同创新通过客户知识转移对服务创新绩效的影响机理[182]。姚山季等（2017）的研究说明了客户协同产品创新通过转化式学习对新产品开发绩效的影响关系。王飞和刘丹（2019）通过实证分析说明了客户合作对制造业企业新产品开发绩效的影响，并论证了跨部门合作在两者关系中的调节作用[262]。

除此之外，还有学者通过对制度、市场、技术、知识特性等相关情境因素的分析探讨了其对服务产品开发绩效的作用。如 Cooper（1987）的研究说明了影响新产品开发战略的 4 大因素：目标市场的特征、开发过程的导向、采用技术以及新产品的特征[250]。在新产品开发过程中，清晰准确的战略目标能够对新产品开发的成功产生积极影响（Griffin，1997）。同时，市场营销与开发部门的协同与合作将有利于新产品开发的成功（Sherman 和 Berkowitz，2005）。应洪斌（2010）通过实证研究说明了环境动态性对新产品开发绩效的调节作用[82]。王辉（2012）通过分析企业网络能力与吸收能力之间的互动对产品创新价值链的影响研究，说明了合作治理方式对服务创意的调节效应。王琳（2012）通过实证分析，说明了项目特性在企业-客户互动与知识整合关系的调节效应[73]。陈培祯等（2018）采用中国汽车产业 534 家企业的专利数据和新产品数据，研究了技术多元化对新产品开发绩效的影响，并探讨了知识一致性在两者之间的调节作用[269]。

综上，学者从企业相关能力，组织学习、知识管理及其相关过程、客户参与/互动、关系嵌入/合作网络、客户共同生产/客户协同创新/客户合作等多个角度，研究了其对服务创新/产品开发绩效的影响。从中可以看出，大部分研究主要从知识获取/共享/整合/转移等角度说明动态/IT/吸收能力，客户参与/互动、客户协同/合作创新/顾客共同生产等对服务产品开发/服务创新绩效产生影响。根据学者们的研究可知，企业相关能力（动态/吸收/IT 能力等）对服务产品开发绩效具有重要影响，然而，协同能力是企业协同创新实践中获取客户资源以提升服务产品开发绩效的多元化综合能力，目前鲜有从企业协同能力视角研究其对服务产品开发绩效的影响问题。同时，客户知识是客户知识管理的关键和枢纽，然而，缺乏从客户知识转化视角研究企业协同能力对服务产品开发绩效的影响问题。

## 2.6 现有研究评述与启示

总体而言，资源依赖理论、企业知识观理论、企业能力理论以及协同理论说明了在企业与客户协同进行产品开发的过程中，客户知识资源、企业能力等对服务产品开发的重要作用。目前国内外关于企业相关能力对服务产品开发绩效影响的研究已经有一定的进展，这为本书探索 KIBS 企业协同能力对服务产品开发绩效的影响机理提供了良好的理论支持。同时，学者对企业协同能力、客户知识转化、协同治理以及服务产品开发绩效均有一定的研究。然而，在企业与客户协同创新情境下，鲜有关于 KIBS 企业协同能力对服务产品开发绩效的影响的研究，目前，这一领域亟待解决的问题如下。

（1）缺乏 KIBS 企业协同能力的概念内涵及其构成的研究，在一定程度上阻碍了对企业协同能力相关主题的深入研究和实践活动的开展。现有研究大多认识到企业协同能力在协同创新实践活动中的重要性，但鲜有针对 KIBS 企业协同能力概念内涵及其构成的相关研究。目前学者关于协同的研究侧重于企业内部要素/部门之间的协同，从协同功能/协同行为角度对企业协同能力的概念进行界定，但结论不一，对 KIBS 企业协同能力的概念和内涵、具体构成维度、各维度的准确界定以及各维度所包含的基本要素等问题上，鲜有进行深入探索；同时，缺乏相应的测量量表。这些不足在一定程度上阻碍了企业协同能力相关研究及其理论的发展。因此，根据 KIBS 企业与客户协同进行服务产品开发的过程及特征研究，深入探索 KIBS 企业协同能力的概念和内涵，并探索其构成维度及测量问题，是 KIBS 企业与客户协同创新实践中提升服务产品开发绩效的重要方面。

（2）缺乏 KIBS 企业协同能力对服务产品开发绩效直接影响的研究。目前，有较多学者从企业动态/IT/吸收能力、组织学习、知识管理、关系网络、客户参与/互动、客户共同生产/客户合作等角度研究了服务产品开发绩效的影响前因。由于客户介入服务产品开发的过程较难管控，在企业与客户协同创新的情境下，企业需要具备什么样的协同能力以促进服务产品开发绩效？企业协同能力各维度对服务产品开发绩效具有什么样的影响？已有研究主要沿袭传统产品技术创新中“客户参与”以及“客户共同生产/客户合作”的分析范式，忽视了知识密集型服务产品开发过程中企业与客户之间的复杂协同关系、知识和信息流转的差异性及协同环境的多样性等特性。因此，迫切需要从企业与客户协同开发的实际出发，深入探讨 KIBS 企业协同能力各维度对服务产品开发绩效的影响以及影响差异。

（3）缺乏从客户知识转化视角研究 KIBS 企业协同能力对服务产品开发绩效的中介作用。客户知识资源对服务创新/产品开发绩效具有重要作用，目前，有较多研究通过实证或案例，主要从知识获取/共享/整合/转移/管理等角度说明了其在企业动态/IT/吸收能力、组织学习、关系网络、客户互动/参与以及客户共同生产/客户合作等对服务产品开发/创新绩效影响的中介作用（王琳和魏江，2009；Hung Tai Tsou，2012；王琳，2012；Jiebing Wu 和 Bin Guo，2013；李清政和徐朝霞，2014；王小娟和万映红，2015；王飞和刘丹，2019；等）；少量学者研究了客户知识转化的不同过程对服务创新的影响（刘良灿等，2016；陈晓芳和黄文才，2017）。然而，知识转化作为新知识产生和知识创造的关键，目前对客户知识的显/隐性特点以及知识创造的关键过程缺乏考虑，缺乏探索从客户知识转化视角探讨企业协同能力各维度如何影响服务产品开发绩效的作用路径。客户知识转化是否在企业协同能力对服务产品开发绩效影响中起到中介作用？具体的作用机理是怎样的？这些问题有待分析和实证验证。

（4）缺乏协同治理机制调节作用的研究。现有的研究大多数关注环境动态性（李俊，2011；解学梅，2014；）、知识特性（应洪斌，2011）、项目特性（王琳，2012）、创新导向（徐朝霞，2014）、技术能力（徐建中和徐莹莹，2015）等对企业动态能力/IT 能力/吸收能力、组织学习、关系网络、客户参与/互动、客户共同生产与知识共享/整合/转移等关系的调节作用；少量探讨了协同治理对知识获取/共享等调节作用，但结论不一（张辉，2012；白鸥和魏江，2015；等）。缺乏协同治理机制对 KIBS 企业协同能力与客户知识转化关系调节作用的研究。在协同创新过程中，为了维持企业的竞争优势，企业与客户间的互动/交流与合作日益频繁，然而，在此过程中同样会给企业带来不确定性的风险，比如成本的增加、知识的冗余、合作过程的阻力等等。选择什么样的协同治理机制以减少企业与客户协同创新过程中这些问题的产生？如何保障服务产品开发活动的顺利进行以提升产品成功开发的效率？现有研究忽视了在企业与客户协同创新中从情境保障因素出发的探索，从而无法把握在不同的治理机制下，什么样的协同能力组合模式能够促进客户知识的转化，从而更好地提高服务产品开发绩效。对此，有必要对不同类型的协同治理机制对 KIBS 企业协同能力与客户知识转化关系的调节作用进行深入的研究。

（5）缺乏相关理论整合的研究。现有研究主要运用资源依赖理论、企业知识观理论、企业能力理论与协同理论中的一种或两种理论，从企业动态能力/IT 能力/吸收能力、组织学习、关系网络、客户参与/互动、客户共同生产/客户合作等探讨企业绩效的影响前因。但综合来看，这些理论都不够全面，不能深入地明晰协同创新情境下 KIBS 企业协同能力对服务产品开发绩效的影响机理。因此，有必要针对协同创新活动要求，从多元化综合能力需求角度，综合运用资源依赖理论、企业知识观理论、企业能力理论以及协同理论，从“协同系统”角度出发，构建 KIBS 企业协同能力，探讨其对服务产品开发绩效的影响机理，为 KIBS 企业借助其协同能力，通过不同维度促进客户知识转化，进而提升服务产品开发绩效实践提供参考。

基于此，本书将紧密围绕“知识密集型服务企业协同能力对服务产品开发绩效的影响”这一核心问题，解决以下 4 个最基本的问题。①KIBS 企业协同能力的构成维度是什么？②KIBS 企业协同能力各维度是如何影响服务产品开发绩效的？③KIBS 企业协同能力影响服务产品开发绩效的路径及作用机理是什么？④协同治理机制对 KIBS 企业协同能力与客户知识转化关系会产生什么样的影响？针对以上问题，在后续的章节安排上，首先，通过理论分析和探索性案例分析，构建 KIBS 企业协同能力对服务产品开发绩效影响的概念模型，并通过理论分析提出研究假设，说明 KIBS 企业协同能力构成维度及其对服务产品开发绩效的直接作用假设、客户知识转化的中介作用假设以及协同治理机制在 KIBS 企业协同能力与客户知识转化关系中的调节作用假设；其次，针对本书的主题，进行研究设计和方法阐述，主要是问卷设计、变量测量、样本选择和数据收集以及研究方法介绍；再次，采用信度分析、效度分析、探索性以及验证性因子分析、结构方程模型、回归分析等方法，对 KIBS 企业协同能力构成维度以及本书提出的研究假设进行实证检验，并进行结果讨论，给出研究启示；最后，给出研究结论与展望。希望研究结论为 KIBS 企业协同能力、客户知识转化以及协同治理机制和服务产品开发的相关研究提供有益补充，也为 KIBS 企业在创新实践中通过其协同能力提升服务产品开发绩效的实践活动提供建议和参考。

# 3 模型构建与研究假设

由第 2 章的综述可知，KIBS 企业协同能力对服务产品开发绩效具有重要影响。然而，目前关于 KIBS 企业协同能力对服务产品开发绩效的影响机理尚未澄清。本章在第 2 章相关理论与研究综述的基础上，首先对研究中的相关概念进行界定，并提出了理论预设模型；其次，通过对 5 个知识密集型服务企业的探索性案例研究，探究了协同创新情境下 KIBS 企业协同能力"是什么"以及"怎样"影响了服务产品开发绩效，并得出相应概念模型；在此基础上，通过进一步的理论分析，提出 KIBS 企业协同能力对服务产品开发绩效影响的研究假设。

## 3.1 相关概念界定与理论预设

### 3.1.1 相关概念界定

相关概念的界定是清晰地把握研究问题的前提，因此，本节首先对研究中的相关概念进行进一步的归纳和总结。

1）KIBS 企业协同能力的概念及维度

根据第 2 章关于企业协同能力相关研究综述可知，现有研究主要从协同功能要素/协同行为视角对企业协同能力进行界定。前人的研究结论为本书探索 KIBS 企业协同能力的本质提供了良好的基础，然而，由于研究视角及行业的不同，企业协同能力的界定也会有所不同。国内大多数学者的关注点在于企业协同能力的内涵及评价研究[6, 25]，针对企业协同能力构成维度和测量问题并没有深入的研究，更鲜有针对 KIBS 企业协同能力的概念内涵、构成维度及其基本要素和测量问题的探索。由于本书研究的是知识密集型服务（KIBS）企业的协同能力，对 KIBS 企业而言，知识是其重要投入，服务产品开发高度依赖于专业技能/知识以及企业与客户之间的互动[71-73]。虽然 KIBS 企业服务产品开发过程与制造业产品开发过程具有一定的相似性，但二者之间也存在着较大的差异，它既不同于提供可编码化的制造业，也不同于提供非知识密集型产品的普通服务业[257]。同时，由于不同行业的产品开发过程及特征不同，知识密集型服务企业的协同能力与非知识密集型服务企业的协同能力相比应具有不同的能力需求，其协同能力内涵、构成维度及其测量问题与前人的研究之间就存在一定差异。因此，有必要根据协同创新情境下 KIBS 企业服务产品开发的过程及特征，深入挖掘 KIBS 企业协同能力的构成维度及其基本要素，并对其测量问题进行深入分析与实证研究，以指导企业服务产品开发的管理实践。

首先，由于协同与创新之间具有密切关系，国内外学者从不同视角对协同创新及其过程进行了阐释。如 Kahn（1996）认为企业在创新中只重视"互动"而不重视相互之间的"合作"，往往不会取得较好的创新绩效，并进一步将协同创新区分为互动、合作和跨职能协调 3 种类型[270]。赫尔曼（2005）从知识创新的角度出发，认为协同创新是创新资源在系统内的无障碍流动以及各个创新要素的整合，是以知识增值为核心，实现知识的探索和寻找、知识的检索和提取、知识的开发和利用，通过互动过程，挖掘和转化知识，在此基础上，最终形成较强的规模效应和范围效应[139]。陈光（2005）认为，企业内部的协同创新主要包括 3 个层次：第一层次是通过上下环节之间的时间反馈循环以及不同层次之间的跨时空和跨层次协同整合；第二个层次是实现从员工个人到组织整体之间的协调和配合；第三个层次是各种要素（如组织、战略、管理、制度等）组合的协同创新[18]。郑刚（2006）提出了 5 阶段全面协同过程模型，认为全面协同创新过程包括了“沟通—竞争—冲突—合作—整合—协同”的协同创新过程模式，并以海尔集团产品创新项目为例对该模型进行了验证[144]。熊励等（2011）认为，KIBS 企业协同创新系统包括内部子系统和外部子系统，内部子系统主要指企业内部组织、技术和人力资源等要素，外部子系统主要指 KIBS 企业与供应商、客户、大学和科研机构、竞争者等主体所具备的知识资源，通过内外子系统相互配合与协调，实现“2+2>5”的协同创新效应[272]。陈劲和阳银娟（2012）认为，协同创新包括“沟通—协调—合作—协同”的过程，具有整体性和动态性的特点；同时，从整合（包括知识、资源、行动、绩效）以及互动（创新主体之间的互惠知识分享、资源优化配置、行动的最优同步、系统的匹配度）2 个维度对协同创新进行划分[273]。王进富等（2013）认为，产学研协同创新行为包括 3 个阶段，分别为酝酿期、接洽期和运行期。其中，在酝酿期，主要是识别市场机遇以及技术需求分析，寻找合作伙伴；在接洽期，针对合作各方对路径的协调认识不当，企业需要确定合作方式，并签订合作契约；在运行期，针对合作各方对合作创新的关系协调本质，如认识不清，应该进行文化融合、知识创造、监督协调[274]。蔡启明和赵建（2017）研究了基于流程的产学研协同创新机制，说明了高校和科研院所的协同创新可分为协同创新联盟建立、协同创新运行及运行过程风险监控 3 个模块。

从上述的研究中我们可以提炼出一些关于协同创新情境下企业协同能力的关键方面。根据第 2 章关于企业协同能力的相关研究综述可知，前人主要从协同功能要素/协同行为角度对企业协同能力进行界定。本节中学者关于协同创新及其过程的研究进一步说明：协同不仅包括企业对外部相关资源（市场、技术、环境等）的需求，还包括企业（组织）内部要素（组织、战略、管理、人员、制度等）/部门/层级之间以及企业与外部主体（客户、供应商、竞争者、大学和科研机构等）之间的互动、沟通、协调等行为，以及协同创新过程中各方所形成的合作关系，从而可以促进企业相关绩效的提升。由于本书研究的是企业与客户协同创新情境下 KIBS 企业的协同能力，在企业与客户协同创新中知识是其主要的需求资源，而且企业与客户之间的协同是一种复杂的行为过程，如何对双方的行为进行控制，以保证协同创新活动顺利开展是非常重要的，在此基础上，促进了双方的合作关系的形成，实现了协同效应。因此，结合前人的研究，本书从企业对客户知识的需求层面、组织之间（企业内部要素以及企业与客户之间）的行为控制层面以及双方的合作关系层面对 KIBS 企业协同能力的概念内涵及构成维度进行了探索。

另外，根据本节协同创新过程以及第 2 章中关于 KIBS 企业服务产品开发过程的表述可知，企业与客户协同进行服务产品开发会经历服务产品开发的创意概念阶段、设计分析阶段以及商业推广阶段 3 个主要阶段。在这 3 个阶段中，KIBS 企业对其协同能力的需求特征如下。

（1）创意概念阶段，主要包括目标形成、市场需求分析、概念产生及方案筛选4个主要环节[16,257]。首先，目标客户的形成、对市场需求的分析等，离不开企业对大量的隐性和显性客户知识的搜索、获取、整合、积累、集聚等；其次，概念产生阶段主要是在锁定目标客户和市场需求分析的基础上，企业通过与客户的大量互动与协调，对搜集的客户关于产品、市场、环境等方面知识进行吸纳整合，促使创意产生；进入方案筛选阶段，则需要企业与客户进行不断互动、交流、沟通与协调，对客户知识进行合理配置和运用，拟订服务产品的实施方案并进行筛选[16,257]，从而维护、保持、改善、调整企业与客户合作关系。即在创意概念阶段，通过对客户知识的搜索、整合、集聚等，对企业与客户之间的互动、沟通、调整等行为进行控制；通过对合作关系的维护、保持、调整等，促进目标形成，进行需求分析、概念产生以及方案筛选，从而提升服务产品开发绩效。

（2）设计分析阶段，主要包括服务内容、过程、流程等设计，服务可行性分析、外部检验[257]。在此阶段，无论是对服务内容、过程、流程等设计，还是服务可行性分析以及外部检验，都需要企业对客户隐性和显性知识进行搜索、获取、整合、积累等，以了解客户的需求；在此基础上，通过对企业与外部客户的互动、沟通、匹配、协调等行为及其控制过程进行服务内容、过程、流程等设计和测试，通过与客户的沟通交流对产品可行性进行分析，并对企业与客户合作中的各项功能要素进行合理配置与协调，设计开发出令客户满意的服务产品[16]，以此维护、完善与调整企业与客户的合作关系，从而提高服务产品开发绩效。

（3）商业推广阶段，主要包括招聘和培训员工、服务方案交付、市场宣传投放、跟踪[257]。在此阶段，企业同样需要搜集、获取、整合、集聚客户的显性和隐性知识，了解客户对服务及产品的偏好；通过企业与外部客户的互动、沟通、协调等行为及其控制过程，招聘和培训满足企业需求的员工，解决服务方案中存在的问题；同时，通过企业与客户之间的合作关系，进行有针对性的产品宣传和投放，投入一定的人力、物力对客户进行专业化指导，并通过客户跟踪及时解决企业与客户合作中存在的问题，以便灵活地调整与客户关系，满足客户的真实需求[257]，以提高企业的服务产品开发绩效。

综上，在协同创新情境下，KIBS 企业与客户协同进行服务产品开发过程，是以企业为创新主体，融合了企业对客户知识的搜索、获取、整合、积累、集聚等知识需求，企业内部要素（制度、技术、战略、人员、组织等）之间以及企业与外部客户之间的互动、沟通、协调等行为控制，企业与客户之间的契约、合同、方案、章程等合作关系的保持、维护、改善、调整等一系列复杂的集协同的功能、行为以及关系于一体的动态过程集合。由此，得到 KIBS 企业与客户协同进行服务产品开发的过程及特征（图 3-1）。

由图 3-1 可知，在协同创新情境下，KIBS 企业与客户协同进行服务产品开发过程，是以企业为创新主体，融合了企业对客户的知识需求层面、行为控制层面以及合作关系层面的内容。具体地，在创意概念阶段，企业根据组织目标和需求，需要全面深入地挖掘客户的显性及隐性需求与知识，同时需要企业与客户之间相互配合与协调，以及进行双方关系的调整，以促进企业对客户显性和隐性知识的挖掘、搜索、整合、集聚等，这代表了 KIBS 企业协同能力对知识需求层面的内容。在设计分析阶段，在对客户显/隐性知识进行挖掘、获取、整合、集聚等的基础上，需要组织之间（企业内部各要素之间以及企业与客户之间）进行大量的互动、交流、沟通、协调等，同时需要进一步强化与客户的关系，解决企业与客户之间对产品开发的要求、理解以及匹配问题，共同完成服务设计及分析任务，这代表了企业协同能力对行为控制层面的内容；在商业推广过程中，企业根据所集聚的客户知识资源以及与客户的互动、沟通、协调等，对产品出现的一些问题进行修改、完善，以确保服务产品开发的顺利实施，保持、维护、改善调整与客户的合作关系，同时对后续合作问题进行及时回应和处理，促进双方进一步合作关系的实现，这代表了企业协同能力对合作关系层面的内容。

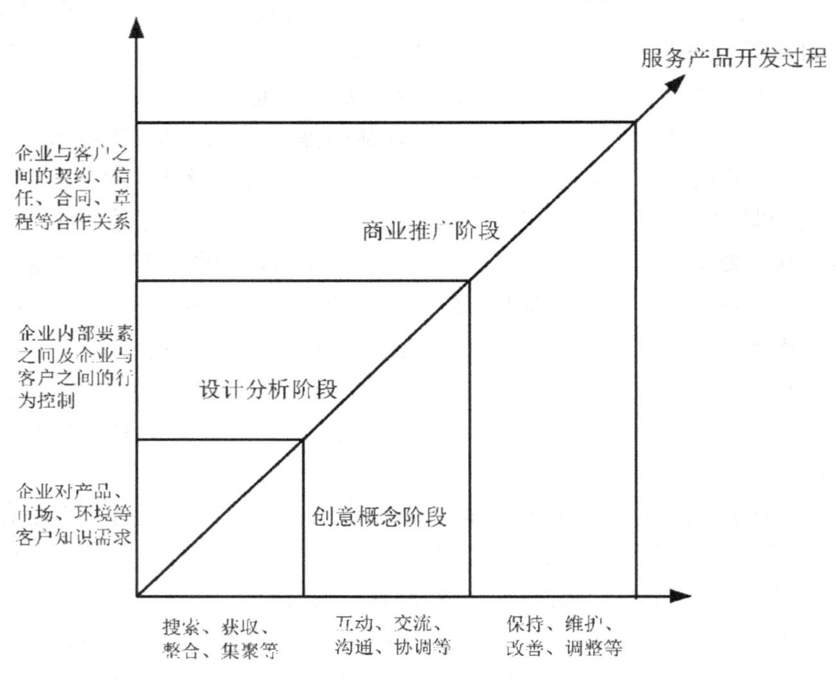


**图 3-1　KIBS 企业与客户协同进行服务产品开发过程及特征**

同时，综合资源依赖理论、企业知识观理论以及企业能力理论和协同理论可知，协同系统中存在正式或非正式的组织形式，也存在信息、技术、知识等各种资源形式，首先，企业与客户通过观察对方的目标和需求，自发地进行知识资源的搜索、获取、整合、积累、集聚等，即企业对知识的集聚能力（包括知识的搜索、获取、整合、积累等能力[275-277]）呈现出自组织特征[140]。其次，为了实现全局的系统目标，协同系统中的多行为主体通过互动、沟通、交流、协调等行为控制（序参量）协调矛盾、冲突等问题，从而支配企业与客户之间的合作行为有序发展[141]，在此过程中企业内部要素之间以及企业与客户之间的相关行为控制能力，即组织之间的协调能力（不仅涉及互动、交流、沟通等行为，而且包括对行为的控制能力[278-279]）呈现出自适应的特征。再次，根据协同理论，组织内部和外部协同子系统之间通过对双方合作关系的保持、维护、改善、调整等，能够产生整个系统的统一作用，促进协同效应的形成[142]，即企业与客户之间合作关系的调整能力[143-144]（包括合作关系的保持、维护、改善等能力[280-283]），促使双方合作交易关系达成，表现为企业与客户协同效应的实现。最后，形成由知识集聚能力、组织间协调能力与关系调整能力 3 个维度构成的 KIBS 企业协同能力，在协同能力子系统的相互作用下，形成能力螺旋，促进协同能力的提升[140, 142]。因此，本书关于 KIBS 企业协同能力构成维度及其关系模型如图 3-2 所示。

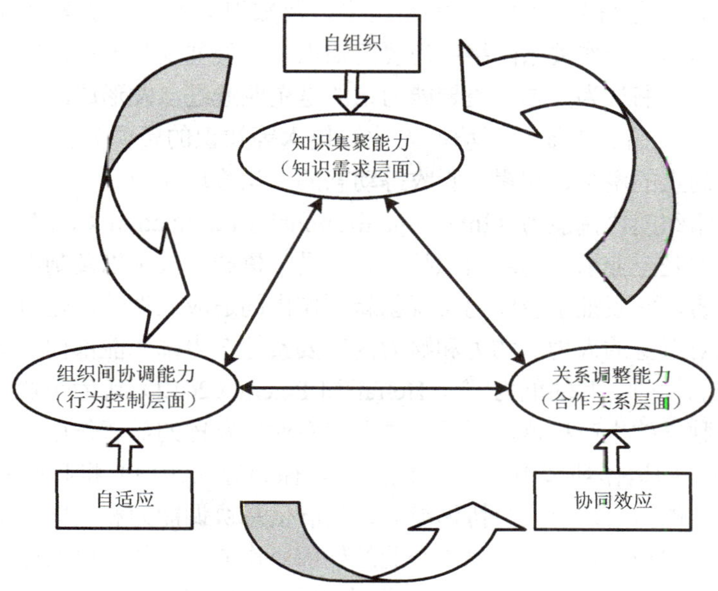


**图 3-2 KIBS 协同能力构成维度及其关系模型**

综上，在协同创新情境下，本书认为 KIBS 企业协同能力是企业获得关键知识资源（客户关于产品、市场、环境等方面的知识资源）的重要推力，是通过企业对客户知识的搜索、整合、集聚等，企业内部要素之间以及企业与客户之间的互动、沟通、协调等，以及企业对客户合作关系的保持、维护、改善、调整等，提升企业绩效的一种综合能力。即通过企业对客户知识的集聚，企业内部要素之间以及企业与客户之间的协调，以及企业对内外部客户合作关系的调整，提升企业绩效的综合能力，包括知识集聚能力、组织间协调能力及关系调整能力。

首先，关于知识集聚能力（Knowledge Aggregation Capability，KAC）的定义。前人关于知识的集聚主要从所集聚的知识类型、知识集聚过程以及方式角度对其进行定义。如张钢和王宇峰（2010）以区域创新理论为基础，构建了知识集聚与区域创新的关系模型，从人才资源、投入、成果产出和成果运用 4 个维度对知识集聚进行了实证研究。李金生、杨云涵（2015）根据企业自主创新过程及其各阶段的特点，分析了各阶段知识集聚的类型，其中，创新构思形成阶段涉及伦理道德知识集聚、技术知识集聚以及市场知识集聚；实验原型形成阶段涉及市场知识集聚和技术知识集聚；工业原型开发阶段涉及生产工艺知识集聚和组织管理知识集聚；商业化阶段涉及产品推广知识集聚和投放时机选择知识集聚。倪自银和熊伟（2016）认为，与知识集聚紧密相关的企业外部知识的搜索能力是指企业与外部组织建立联系，以维持与关键知识源的关系，从而获取网络中的异质性知识，并经过组织内部消化吸收，最终服务于创新过程[42]。于旭和郑子龙（2017）的研究认为，知识集聚是知识在空间上的集中和时间上的积累[275]。Hervas-Oliver 等（2017）认为，知识集聚并非简单地将知识会集在一起，而是对临近关系或地理上的临近或者是社会关系的知识的集聚过程[276]。王新华等（2018）认为，知识积累是组织成员对现有知识进行再认知和沉淀的过程，包括知识的更新和扩散，而知识集聚主要包括人才式集聚、知识积累式集聚、知识传播式集聚 3 个方面[277]。综合以上学者的研究，在协同创新情境下为提升服务产品开发绩效，企业与客户的合作关系网络以及知识集聚类型及其过程都很重要，因此，本书从企业与客户合作关系网络中需要的知识集聚类型及其过程角度对知识集聚能力进行界定。据此，本书认为，知识集聚能力指的是企业通过自发形成的合作网络对客户知识资源（客户关于产品、市场、环境、人才、技术等知识的资源）在空间上的搜索、获取、集中以及时间上的整合、积累、吸收等动态的知识管理能力。

其次，关于组织间协调能力（Inter-organizational Coordination Capability，ICC）的定义。协调能力主要是企业承担起对组织战略、人员、资金、技术以及制度等内部要素的协调相关工作与职责，它表征了企业为实现创新所作出的适应性调整，也可以指在协同创新具体环节中企业对自身的人力、物力和财力内部要素等在内部职能部门之间进行沟通、协调、协作等以增加横向交互的能力[278]。Helfat 和 Petera（2012）认为企业在现代经济活动中不可能是一个独立的生产机器，强调了协调在企业中发挥的显著作用，说明了在规模效应下企业必定是协同运作环节中的一个节点[279]。徐婷婷（2013）将政府协调能力结构区分为政府制度协调能力、政府人员协调能力、政府信息协调能力和政府资源协调能力等 4 大部分。岳德洋（2017）认为电商物流企业的外部协作能力指的是电商企业与其供应链中紧密合作的物流伙伴之间充分交流、通力配合以达成共同目标的能力[29]。综合前人的研究，本书认为，组织间的协调能力指的是企业内部要素（战略、组织、人员、资金、技术、制度等）之间以及企业与客户之间通过互动、沟通、交流达到内外部要素以及主体资源的合理配置并使其协调发展的能力。

再次，关于关系调整能力（Relationship Adjustment Capability，RAC）的定义。Dyer（1998）认为，关系调整能力是指企业与客户合作中处理和调整合作关系的能力[280]。Nelson（1989）认为，合作关系是指合作双方的沟通方式、友谊、互惠以及接触的频率[281]，是通过对企业的影响，开发和治理伙伴关系的能力[282]。张文贤（2006）认为，合作关系可用合作频率、关系持续时间以及合作强度来衡量[283]。Zhang Q（2006）认为合作关系是指企业对于合作伙伴沟通和客户需求之间快速的反应速度、企业运作的灵活性以及内部协作能力。Anderson J C（2010）认为，在供应链中物流渠道商、供应方和制造方之间的合作关系表现为彼此之间充分的沟通交流和彼此之间的信任。徐朝霞（2013）在研究企业与客户关系的过程中，认为适应性调整表示客户主动适应企业的要求和制度，协调冲突，努力维持合作关系[92]。Roden 和 Lawson（2014）认为，关系调整能力是企业为了响应合作环境的变化，在合作过程中修改和完善合作关系的组织惯例和过程。张峰（2016）认为，关系调整能力反映的是企业为了适应外部环境的变化，在合作过程中修改和调整合作关系的能力。综合前人研究，本书认为，关系调整能力是指企业与客户在服务产品协同开发过程中充分发挥企业的资源优势，以保持、维护、改善以及调整双方合作关系的能力。

关系调整能力是指企业与客户在服务产品协同开发过程中充分发挥企业的资源优势以保持、维护、改善以及调整双方合作关系的能力。其基本要素包括保持信任能力、快速响应能力、合作应变能力。

2）客户知识转化的概念及维度

客户知识转化是客户知识管理中的重要环节。秦铁辉和彭捷（2006）认为，知识转化一方面包括知识在不同主体之间的转移，另一方面包括知识被主体理解和吸收，是知识在转化主体之间的交流和学习的过程[195]。蔡宁伟等（2015）认为，企业知识转化主要包括企业内部知识转化（主要在个体、群体和企业3个层次内及其之间转化）以及企业外部知识转化（主要在企业之间转化，或在企业层次与客户等个体、行业协会等群体之间转化）[212]。Nonaka 和 Takeuchi（1995）将其分为社会化、外部化、组合化和内部化 4 个阶段，认为显性知识和隐性知识通过这 4 个阶段的交互运作，来不断地转换与重组，进而实现知识创造的循环往复过程[183]。Nonaka 和 Takeuchi（1996）在其研究中强调了隐性知识和知识情境对于知识创新和知识共享的重要性，说明了组织可以通过相互学习来创造知识，从而实现了企业知识的进化过程[194]。丁志慧和刘伟（2016）研究认为，社区客户知识创新过程就是显性知识与隐性知识在社区中的相互作用与转换的过程，社区成员可以对已获得的不同的显性知识进行组合，对显性知识进行分析、选择和补充，最终形成新的显性知识[213]。陈晓芳和黄文才（2017）在其研究中认为，商业银行内部知识转化过程划分为知识获取、知识共享、知识整合和知识存储 4 个维度[214]。

在前人研究的基础上，针对企业与客户协同创新情境，本书从客户知识的显隐性特点及知识创造（产生新知识）的关键环节出发，认为客户知识转化是企业对外部客户知识转化的过程，是企业与客户跨越组织边界的知识流动的过程，发生在组织内和组织外，包括隐性知识和显性知识之间的转化，主要通过企业对客户知识的分享和理解、吸收实现。因此，本书将企业对客户知识转化过程划分为客户知识的显性化分享（主要是从社会化到外部化，包括从隐性知识到隐性知识以及从隐性知识到显性知识的转化，实现了知识创新）和客户知识隐性化吸收（主要是从组合化到内在化，包括从显性知识到隐性知识，以及从隐性知识到隐性知识的转化，实现了知识的创新和升华）。因此，本书中，客户知识的显性化分享是企业将客户的隐性知识（想法、信息、经验和技能等）转化为企业员工的隐性知识，再从企业员工的隐性知识转化为员工的显性知识，通过与客户表达、沟通、交流，从而分享客户的显性知识，以达到知识创新的过程；客户知识的隐性化吸收是指企业员工将客户的显性知识经过分析与理解，从而进行重新编码和抽象以形成组织显性知识，再用这些知识与企业内部原有的知识进行融合吸收形成企业创新性的知识（从显性知识到隐性知识的转化），实现知识升华，从而应用到服务产品开发活动过程。

3）协同治理机制的概念及维度

关于协同治理机制的研究大多从企业与伙伴之间的关系、契约、信任以及正式契约与信任的相互作用等方面展开讨论。如 Day 和 Taylor（2004）认为协同治理机制是指企业与合作伙伴之间关系的治理类型[227]。何水（2008）认为，协同治理机制是指政府、非政府组织、企业、公民、个人等社会多元主体要素，为维护与增进公共利益，在信息技术、互联网技术以及科技知识的支持下，经过主体间的相互协调以及合作治理公共事务，以追求最大化的治理效能。Yikuan Lee et al.（2006）通过对企业间合作治理结构的细致研究，将合作治理分为关系治理和契约治理 2 种类型[234]。Lumineau 和 Henderson（2012）将正式契约分为契约协调和契约控制 2 个维度，研究其与信任以及与信任的替代或者互补关系对社会交易效果的影响[235]。黄劲松（2015）利用社会交易理论探讨了企业方和学研方通过信任和契约开展合作的机制及该双边治理模式的外部约束条件，并讨论了政府介入产学研双边治理模式的路径[228]。邢青松（2016）等从知识多维属性特征的角度出发，将协同治理机制分为契约治理机制、章程治理和关系治理机制[229]。

在前人研究的基础上，本书认为，在企业与客户协同创新情境下，协同治理机制是指企业与客户在信息技术、互联网技术以及科学技术的支持下，有效治理两者之间的合作事务，从而实现最大限度地维护与增进两者利益的治理手段。并根据前人的研究，将协同治理机制划分为关系治理机制和契约治理机制 2 种类型（Roath et al.，2002；Yikuan Lee et al.，2006）。其中，关系治理机制是以交易双方彼此间的诚信和信任为基础的，是一种非正式的治理机制；契约治理机制是以契约为基础的，通过具有法律约束效力的协议或者合同治理双方合作关系，强调使用高强制性的一种正式的治理机制。

4）服务产品开发绩效的概念及维度

服务产品开发是指企业通过一定的技术，配置、开发或提供一个新的服务产品[246]。服务产品开发属于创新活动的范畴，是对创新观点的新需求以及对原始模型的新挑战[247]。Larry J. M. 等人（2002）的研究表明：在服务产品开发及组建知识的过程中，服务产品的知识通过利用互联网技术组装和合成，从而服务产品被创造以支持各种客户群的需求[10]。为开发新的产品，企业需要整合丰富的外部新知识，利用客户的创造性以及其潜在的创新能力获得新的服务产品或实现流程的创新，以实现组织的目标[246, 248]。关于新服务/产品开发绩效的研究中，Cooper（1987，1994）通过新产品成功的比率、对企业的影响以及整体绩效这 3 个维度来衡量新产品开发绩效[250, 252]。Voss（1992）认为新服务开发绩效包括关注开发活动的实施、以效率为核心的过程绩效以及关注开发活动的目标、以效果为核心的结果绩效[251]。祝明伟（2007）从财务绩效、技术绩效、客户接受 3 个衡量指标对新产品开发绩效进行测度[241]。Carbonell（2009）将新服务开发绩效分为包括技术质量与创新速度 2 个维度的运营结果和包括竞争优势与销售绩效 2 个维度的市场结果这 2 个组成部分[260]。黄永春和王永贵（2010）将新服务开发绩效分为 3 个维度——新服务开发时间绩效、创新绩效、财务绩效[265]。姚山季和王永贵（2012）认为服务产品开发绩效可通过时间绩效和创新绩效测量[78]。李清政和徐朝霞（2013）通过内部运营绩效、财务绩效、客户绩效测量 KIBS 企业的服务创新绩效[78]。岳英（2016）通过过程绩效和结果绩效衡量知识密集型服务企业的服务创新绩效[182]。王飞和刘丹（2019）通过产品创新程度和创新质量测量新产品开发绩效[262]。

结合前人的研究可知，学者关于新服务/产品开发绩效的研究较为丰富。在协同创新情境下，基于服务产品的独特性，决定了服务产品开发对于客户知识资源的强依赖性，这就需要企业借助其协同能力对客户知识进行转移及转化，使决策由无序向有序发展，其协同效应体现在开发过程的效率提高和开发结果的效益提升。同时，基于 KIBS 企业服务产品开发项目背景，服务产品开发的过程和结果绩效均会影响服务产品开发项目的有效完成，从而真实地反映企业与客户协同合作促进服务产品开发的共同目标。因此，本书把 KIBS 企业服务产品开发绩效划分为过程绩效和结果绩效，包括服务产品开发时间、服务产品开发速度、服务产品开发过程质量、服务产品开发新颖度、客户对产品满意度以及市场竞争力等构成要素。

### 3.1.2　理论预设

随着知识经济时代的到来，知识对服务及产品开发的作用逐步凸显，尤其对知识密集型服务业企业而言，客户知识资源对提高服务产品开发具有重要作用[119-120]。客户作为参与企业创新实践活动的关键主体，其与企业之间的异质性知识获取、转化及应用等知识管理活动能有效提升产品开发绩效[50-51]。知识转化是新知识产生和知识创造的关键环节，企业如何有效地将客户知识转化为企业自身的知识，成为服务产品开发的关键[192-195]。同时，由于企业客户知识资源需求、相关协同行为以及合作关系等具有复杂性，企业需要协同各方面的资源以促进绩效[275-283]。近年来，协同能力作为一种获取资源以及促进创新实践的能力引起了学者的广泛注意[15-16]。根据资源依赖理论，协同能力是企业有效获得知识资源的基础，对促进知识获取、转移、吸收以及提升服务产品开发绩效具有重要作用。那么，KIBS 企业如何通过其协同能力有效转化客户知识，从而提高 KIBS 服务产品开发绩效成为研究重点。

目前，国内外有关服务产品开发/创新绩效的研究主要涉及：从动态/吸收/IT 能力[36-44]、组织学习[41-49]、知识管理及其过程[50-59]、客户参与/互动[71-78]、关系嵌入/合作网络[79-84]、客户共同生产/共同创造/合作生产[88-92]等角度研究服务产品开发绩效的前因，部分研究也涉及客户知识管理对服务产品开发的影响[50，213]。随着开放式创新概念的提出，协同创新作为开放式创新的发展，部分学者探讨了协同创新或者产学研合作对服务创新/产品开发绩效的影响，而且，大多数学者探讨的是知识整合/知识转移在其中的中介作用[72-74]。企业是协同创新活动主体，其协同能力对提高服务产品开发绩效尤为重要。然而，目前关于协同能力对服务产品开发绩效影响的研究较为缺乏，鲜有通过实证研究探讨 KIBS 企业协同能力对服务产品开发绩效的影响机理。

由协同创新情境下 KIBS 企业与客户协同创新的过程及特征以及对协同系统分析可知，在协同创新的情境下，KIBS 企业的协同能力包括知识集聚能力、组织间协调能力和关系调整能力。企业与客户协同创新，使得企业面对更多的新知识、理念、信息以及机会，企业也会从外部或合作伙伴那里获得相应的竞争能力[10]，这些资源可以降低企业自身服务生产与创新的不确定性[13]。同时，KIBS 企业协同能力中的知识集聚能力、组织间协调能力和关系调整能力实现了对客户知识的集聚，同时，对企业内部要素以及企业与客户资源的协调以及内外部合作关系的调整，大大提高了合作双方间沟通与反馈的效率，有效促进了服务产品的开发绩效[30-32]。因此，KIBS 企业的协同能力对企业服务产品开发绩效具有重要作用。

与此同时，知识转化在知识管理框架中居于主导地位，是知识管理系统运营的枢纽[192]，相对于知识转移/整合等而言，知识转化的内容更为丰富，并且实现了知识的创新和升华[193-194]，对服务创新/产品开发的意义更为重大（Teece，1977）。目前大部分学者发现知识获取/共享/整合/转移在企业协同/客户参与/协同创新/共同生产对服务创新/产品开发绩效影响中起到的一定的中介作用[32，35，92]，也有学者研究了商业银行内部知识转化（获取、共享、整合等）对个体服务创新行为的影响[214]。而且，知识转化会受到知识转化主体——企业相关能力的影响[195]。那么，有理由认为，作为知识创造关键环节的客户知识转化在 KIBS 企业协同能力对服务产品开发绩效的影响中可能起到一定的中介作用。对此，KIBS 企业协同能力可能通过对客户知识的有效转化促进知识的创新和升华，从而降低误差并减少服务开发时间，增加开发质量，最终促进服务产品开发绩效[192-194]。

另外，面对复杂多变的竞争环境，有较多学者研究了知识的特性（复杂性、隐性等）[95-97]，环境动态性[98-99]、项目特性[100-101]等权变情境因素对服务开发/创新过程中知识管理相关过程的调节效应。结合相关学者研究可知，协同合作是企业维持竞争优势的重要因素，企业与客户之间需要不断加强协同合作与知识交流，增强企业竞争力。但是随着协同合作关系的逐渐深入，企业与客户的协同创新同样会为企业带来一定的风险，如果企业与客户协同合作失败，将会给企业造成不小的损失，进而影响企业的创新/开发绩效。而协同治理机制就是在协同创新中通过约束、控制彼此的行为促成异质主体达成合作而选择的治理机制，可以减少和降低协同过程中的风险和阻力[174-175]，为协同创新过程中企业协同能力的发挥以及提高客户知识转化的效率提供了重要保障。而且，Kale（2000）[240]、王辉（2012）[93]、白鸥和魏江（2015）[175]等基于其各自的研究目的也说明了协同治理机制对知识获取/知识分享的调节作用。因此，本书认为协同治理机制在 KIBS 企业协同能力与客户知识转化的关系中可能具有一定的调节作用。

综上分析，围绕“知识密集型服务（KIBS）企业协同能力对服务产品开发绩效的影响”这一主题，本书提出的理论预设模型如图 3-3 所示。该理论预设模型主要考察 KIBS 企业协同能力对服务产品开发绩效是否具有显著影响，以及是否通过作用于客户知识转化进而影响服务产品开发绩效，同时验证了协同治理机制对 KIBS 企业协同能力与客户知识转化关系是否具有调节作用。

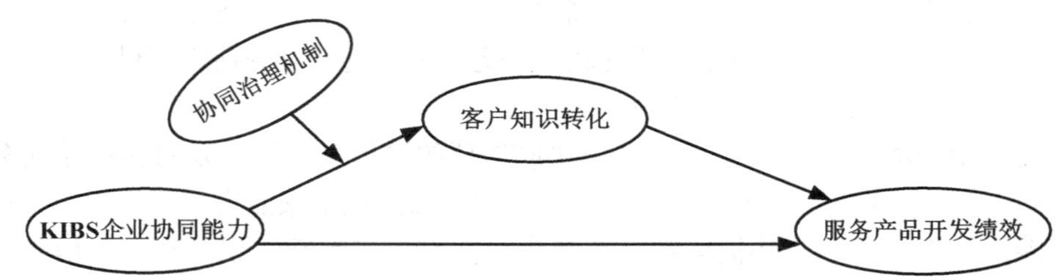


图 3-3　理论预设模型

在理论预设模型的基础上，借助探索性案例研究提出了本书的概念模型，并进一步通过理论分析提出了 KIBS 企业协同能力各维度对服务产品开发绩效的作用假设、客户知识转化在 KIBS 企业协同能力对服务产品开发绩效影响的中介作用假设，以及不同类型的协同治理机制对 KIBS 企业协同能力与客户知识转化关系的调节作用假设。

## 3.2　探索性案例研究

### 3.2.1　案例研究设计

1）案例研究方法

根据 Yin（2003）和 Eisenhardt（1989）的研究可知，案例研究是广泛应用于社会学、心理学、经济学、政治学等领域的一种非常重要的研究方法[291-292]。与社会科学其他研究方法相比，案例研究更适合应用于社会研究领域，主要用于构建新的理论框架[293]。

案例研究分为单案例研究和多案例研究 2 种[292]。单案例研究能够深入地揭示案例所对应的经济现象的背景，除了用作分析一个极端、独特和罕见的管理情境外，其主要作用在于通过深入分析证实或证伪已有理论假设的某一个特定方面的问题，从而保证案例研究的可信度[291]。但是，单一案例研究通常不适用于系统构建新的理论框架，而多案例研究通过多个案例中收集数据方法，获取多个实体（人、集体或组织）的信息，以解释社会环境的某种现象[293]。Eisenhardt（1989）认为，相对于单一案例研究对于现实的解释力而言，多案例研究能够更全面、更好地反映案例背景的不同方面，提供更强的现实基础，故而其解释力更强[292]。

由于本书研究的是协同创新情境下 KIBS 企业协同能力对服务产品开发绩效的影响机理，需要在现有研究的基础上进行扩展与补充，存在理论构建的性质，因此，根据 Eisenhardt（1989）[292]的建议，本书选择多案例研究方法构建 KIBS 企业协同能力影响服务产品开发绩效的理论框架。

另外，关于案例研究的步骤阐述如下。Eisenhardt（1989）提出了案例研究八步骤论，分别是："案例开始—案例选择—案例的测量工具与访谈提纲—进入案例现场—分析数据—形成理论假设—文献展开—案例结束"[292]。Yin（2003）认为案例研究包括 5 个步骤，分别为："案例方案设计—收集数据准备—收集数据—分析数据—撰写研究报告"[291]。比较可知，Eisenhardt（1989）和 Yin（2003）提出的案例研究步骤存在很大的一致性。

综合 Eisenhardt（1989）和 Yin（2003）的研究，本书在研究构思，即形成理论预设的基础上，通过"案例选择—数据收集—案例内分析—案例间分析"这几个主要的案例进行研究过程，得出 KIBS 企业协同能力对服务产品开发绩效影响的理论框架（概念模型），在此基础上，通过进一步的理论分析提出了研究假设。

2）案例选择

根据 Eisenhardt（1989）对于案例研究的建议，一般选择 4～10 个案例进行案例分析是比较理想的[292]。在本书中，选择了 5 家知识密集型服务业（KIBS）企业作为案例研究的对象。

根据前面的界定可知：KIBS 企业是指那些具有较明显的客户互动特征的商业性公司或组织，这种公司或组织依赖新兴技术与专业知识，具有高知识度、高互动度、高技术度和高创新度的特征[4,16]。学术界关于知识密集型服务企业的分类较多，从技术视角（Miles，1995）、服务生产方式视角（魏江，2007）、知识视角（Howells，2001；金雪金，2002）以及投入产出视角划分为 4 大类。其中，大多数学者主要参考魏江（2007）的研究，将其划分为 4 大类 14 小类。在综合国内外研究的基础上，结合中国实际，本书以魏江（2007）的研究中的分类方法对知识密集型服务企业进行划分，将其分为科技服务业、信息与通信类服务业、金融服务业以及商务服务业。另外，本书选择的 KIBS 企业案例符合以下标准。

首先，为了避免行业之间的差异以及减少外部变异[292-293]，将所选案例限定在知识密集型服务；同时，为了保证案例研究的代表性以及行业分散度，所选取的案例企业所在行业及部门包括保险业、银行业、证券业，邮电设计院以及研究院，涉及金融服务、科技服务、信息与通信服务以及商务服务。

其次，由于所选择的案例企业涉及知识密集型服务企业的 4 大类，其中，既有运营情况较好的企业，也有较差的企业，兼顾了企业的代表性以及信息的丰满度。

再次，所选取的知识密集型服务企业成立已有相当长的一段时间，企业经营比较稳定；并且，其中每个案例管理者都与研究者具有较为密切的关系往来，从而保证相关数据能够获得。

最后，所选取的 KIBS 企业的协同能力、客户知识转化以及服务产品开发绩效等各主要指标在现实中的表现具有一定的差异性，能够达到多重检验的效果。

3）案例数据收集

本书的数据收集主要采用一手和二手资料收集两种收集方法。一手资料主要通过对每个案例企业的研发部、产品开发项目部、客户管理岗位的相关管理者进行半结构化深度访谈获得（见附录 A：访谈提纲），每次访谈时间为 1～2 个小时。首先，为了确保所访谈的对象对企业相关领域有较为全面深刻的了解，选择的每位访谈者均应在该企业任职 3 年以上。其次，通过研发部、产品开发项目部以及客户经理的介绍与其总经理及各个部门的经理进行座谈，座谈内容为客户知识转化以及服务产品研发的理念与实践，并在被访者的允许下对访谈全程进行了记录和录音，访谈结束后，及时对访谈内容进行整理和汇总。随后，为了进一步对信息的记录进行整理、核对以及补充所需信息，通过电话、E-mail、QQ、微信、MSN 等在线工具以及再次会面等形式与被访谈人员作进一步交流。由此建立案例研究的资料库，并对案例研究资料进行分类和编码。

二手资料的收集包括：①通过人脉关系直接从案例企业获得撰写的关于案例企业的书籍和文章、内部报刊、发表的演说以及企业其他文件等材料；②所有有关案例企业的主要文章以及从行业或专题材料中选取的文章等；③年度报告、分析家报告和其他有关公司的材料。

4）案例分析方法

根据多案例理论构建的步骤和建议以及分析性推演逻辑[291-292]，多案例分析主要有两个步骤：案例内分析和案例间分析。

案例内分析（Within-case Analysis）是把每个案例看成独立的整体进行全面描述性分析，能够帮助研究者分析和处理案例研究前期所面临的大量冗余数据信息[292]。其遵循的原则如下[291]：第一，在访谈结束的 24 小时内完成对访谈案例内容资料的详细记录；第二，不区分访谈信息体现的重要程度，尽量将所有信息都包纳进来。在此基础上，本书对每个单一案例中关于企业协同能力、客户知识转化、服务产品开发绩效等主要变量进行编码，并分析和理清这些主要变量之间的关系，为案例间数据分析做好准备工作。

案例间分析（Cross-case Analysis）是对案例内分析的变量进行统一比较、抽象、归纳和总结，进而提炼出理论研究框架[293]。在本书中，首先对第一个案例中建立的变量间逻辑关系与初始理论预设模型进行比对，看两者是否吻合；随后，对涉及的相关变量及其影响关系进行深化、修改，完善初始模型，或者提出新模型。此后，将完善后或者提出的新模型用于第二个案例的分析，依次类推，直至到达理论的饱和度，从而得到一个相对普适的结论。

在以上方法和步骤的指引下，本书采用内容分析方法对所收集的数据进行编码。首先通过案例内分析，将所有数据按照完善后的模型进行归类，包括案例企业基本信息，案例中涉及的主要变量（本书中的主要变量包括企业协同能力、客户知识转化、协同治理机制、服务产品开发绩效等）的分析，识别各个案例的变量涉及的内容和特征，并对主要变量的子类数据进行编码；其次，对编码后的数据进行案例间的对比分析和印证（采用三角验证的方法，分析性归纳方法），探索案例企业中的变量（协同能力、客户知识转化、协同治理机制、服务产品开发绩效）及其子类的相关性与因果关系，从而为本书的概念模型及研究假设的提出奠定基础。

### 3.2.2 案例企业简介

在本书中，探索性案例研究涉及的 5 个知识密集型服务企业的基本概况见表 3-1。基于案例研究的一般惯例，为了保护案例企业的商业信息，本书隐去了知识密集型服务产品开发中服务商的具体名称（Yan，Gray，1994），以下将对案例企业逐一进行简要介绍。

**表 3-1 案例企业基本信息**

| | A 保险公司 | B 证券公司 | C 银行西安分行 | D 邮电设计院 | E 研究院 |
|---|---|---|---|---|---|
| 成立年份 | 1929 | 1992 | 2001 | 1963 | 不到 10 年 |
| 员工总数 | 1 000 人以上 | 1 000 人以上 | 750 多人 | 2 000 多人 | 100 人以下 |
| 总资产 | 1 600 亿元以上 | 158 亿元以上 | 800 亿元以上 | 6 000 万元以上 | |
| 提供的服务产品 | 为个人和团体提供多种寿险、车险以及金融服务等 | 理财产品及投资产品，业务涉及经纪业务与投资银行业务等 | 向企业客户以及个人客户提供理财、融资、消费信贷等全方位金融产品 | 技术咨询、管理咨询、通信工程勘察设计、建筑工程勘察设计、网络规划与研究、通信工程等 | 技术开发、转让、咨询、服务、培训、企业孵化等 |
| 行业中所处位置 | 行业中上游 | 在同行中处于中上游 | 行业中上游 | 全国同行业前列 | 行业中下游 |
| 产品市场 | 国内 28 个省、自治区和直辖市，服务网络基本覆盖全国，同时拥有海外寿险业务 | 在北京、上海、苏州、昆山、常熟、张家港、吴江、太仓等地拥有 12 个分公司，拥有 120 多家证券营业网点 | 18 家支行，宝鸡、渭南、咸阳分行，22 家自助银行、业务覆盖陕西省省内 | 业务遍布国内外 | 西安、咸阳、宝鸡、延安、榆林等陕西省省内 |

注：表中数据通过访谈以及企业官网获得。

1）A 保险公司

A 保险公司历史悠久，1929 年始创于上海，是我国第六家全国性寿险公司，也是现今中国保险市场上品牌历史最悠久以及经营时间最长的中资寿险公司之一。公司注册资本金 62.3 亿元人民币，目前，A 保险公司对外投资 46 家公司，具有 1 208 处三、四级分支机构，对外服务网络基本覆盖全国。自公司成立以来，业务收入逐年显著增长，2017 年公司的营业收入 1 700 多亿元。作为典型的商务类知识密集型服务业企业，A 保险公司拥有国内寿险公司最完善的产品线，主要业务涉及为个人和团体提供全面、专业的寿险金融服务，保险业务的再保险业务，经中国银保监会批准的资金运用业务，经中国银保监会批准的其他业务[220]。公司始终坚持以“诚信、专业、价值”为核心的企业文化理念，以及“专业化经营、体系化运作”的经营思路，建立了领先的运营服务体系；不断强化以“创新”为特色的核心竞争优势，奠定和巩固了公司持续健康成长的内在基因[294]。

2）B 证券公司

1993 年 B 证券公司成立，同年 8 月 3 日正式对外营业。2002 年，公司更名为 B 证券有限责任公司，注册资本增至 10 亿元；2011 年 12 月，在上海证券交易所挂牌上市交易。2016 年，公司完成上市以来的第二次非公开发行，募得资金总额 35.4 亿元，注册资本增加至 30 亿元。目前，在全国有 12 个分公司，120 个以上营业网点。作为金融类知识密集型服务业企业，公司拥有以资产管理、证券经纪、投资服务、投资银行服务等为基本架构的专业证券服务体系。主要涉及个人金融、机构金融和企业金融三大业务领域。公司始终坚持“根据地”战略与“走出去”战略相结合，始终坚持人才要素与资本要素相结合，坚持业务创新与风险控制相结合。除此之外，B 证券公司不断加强管理团队建设和自身专业团队建设，始终致力于为客户创造价值并提供优质服务[295]。

3）C 银行西安分行

C 银行西安分行成立于 2001 年 8 月，全行有 750 余名员工。目前，形成了由分行营业部、18 家支行、22 家自助银行、110 多台 ATM（自助机）网点组成的分布合理、服务一流、风格统一、辐射能力强、覆盖面广的业务经营网络。秉承“效益、质量、规模协调发展”的经营管理理念，着力服务地方经济建设。作为金融类知识密集型服务业，其致力于通过专业的知识以及优质的服务向企业客户提供国际业务、资金资本市场业务、公司银行业务、小企业金融业务等综合金融等业务；同时，向个人客户提供个人理财、私人银行、信用卡、消费信贷等全方位的金融产品。2005 年至 2009 年连续五年荣获全国系统优秀分行称号，并荣获“陕西经济发展强省单位”“陕西十大创富品牌企业”“陕西优秀金融单位”“陕西地区最佳理财银行”“陕西地区最具竞争力银行”“陕西十大诚信企业”“陕西省银行业文明规范服务示范单位”等百余项荣誉[296]。

4）D 邮电设计院

D 邮电设计院（有限责任公司）始建于 1963 年，总部位于南京，公司主要业务涉及通信、电力、建筑、信息化、咨询、节能环保的设计等，综合实力居行业前列[297]。作为信息与通信类的知识密集型服务业企业，其多年来始终关注市场动态、行业动态以及技术发展动态，逐步积累了卓越的技术和业务优势，培育专家，探索创新，拓展业务。始终坚持“以客户为关注焦点”的服务理念，把满足并超越客户的期望作为其努力的方向，将达到客户满意作为其追求的目标。业务范围遍布国内外，主要以中国通服智慧城市工程院为载体，其中，智慧城市总承包建设能力处于国内领先地位。其服务对象包括国家发改委、工信部、公安部等政府部门；中国移动、中国联通、中国电信等行业与企业客户。海外市场业务覆盖欧洲、非洲、南美洲、东南亚等区域，主持或参与多个国家通信信息网络工程的咨询、设计和实施[297]。

5）E 研究院

E 研究院在陕西省政府主要领导的倡导下，由陕西省某大学、陕西省科学技术厅及西安、咸阳、宝鸡、延安、榆林五个市的市政府以及陕西汽车集团有限责任公司、西电集团公司等 5 个大型国有企业共同出资组建的非营利、具有独立事业法人资格的研究开发机构。E 研究院主要由政府推动、市场引导，大学、企业、科研院所共同参与，面向陕西地区经济发展，从事产业技术开发和转移。作为科技类的知识密集型服务业企业，其业务主要以技术开发、转让、咨询、企业孵化等方式开展，涉及对工业技术前沿信息的分析和整理，对工业经济发展趋势的判断和把握，对现有各类技术成果的集成创新，对国外先进技术在引进、消化、吸收的基础上进行再创新。E 研究院项目选择范围包括推进产业技术升级和结构调整，产学研联合，重大技术装备的研制和重点新产品开发及产业化项目，以及符合国家产业政策和省、市产业结构调整方向的其他重点项目[298]。

### 3.2.3 案例内数据分析及信息编码

本节将对各案例企业进行初步分析，通过收集和编码后的定量数据对企业的协同能力、客户知识转化、协同治理机制、服务产品开发绩效等关键研究构面的构成维度及其子类的表现进行分析，以揭示变量之间的关系。

1）企业协同能力

通过访谈对案例企业协同能力水平的引用语举例，见表 3-2。

**表 3-2 案例企业协同能力水平的引用语举例**

| | 知识集聚能力 | 组织间协调能力 | 关系调整能力 |
|---|---|---|---|
| A 保险公司 | 能够积极地与客户进行沟通，从周围环境快速地搜索、获取、吸收、整合并运用新信息和知识 | 能够与其他公司以及客户建立良好的互动协作关系，获得人身险、健康险及车险等的知识和信息 | 经常拜访知识层次高、有较高影响力及较多人脉的客户，举办相关讲座，培养、发展客户，一般灵活性较大 |
| B 证券公司 | 善于利用行业信息以及客户知识，能够搜索、获取、识别、整合、利用客户的知识，增强业务量 | 与银行以及其他证券公司有相关联系，构建相应的知识交流和沟通平台 | 通过宣传、举办理财投资等知识讲座以及沙龙活动等多种方式培养、调整和管理客户 |
| C 银行西安分行 | 通过国家相关政策以及同行的业务发展情况，获取、整合、积累和利用对本公司发展有用的知识 | 积极与证券公司、保险公司以及其他潜在的企事业单位和个人建立知识交流的接口，以获得有用的知识及信息 | 注重培养、调整和管理客户资源，尤其是快速响应有一定资金背景及人脉的客户，与客户联系比较频繁 |
| D 邮电设计院 | 主要通过招投标以及客户对服务的反馈，获取、整合、积累和利用知识，知识集聚能力较强 | 与公司客户进行密切的知识沟通与交流，经常通过面谈或发邮件的方式建立知识或信息交流，以完善方案 | 在培养、调整和管理合作伙伴上表现一般，通常都是做完一个项目之后，通过客户之间的口碑效应赢得客户 |
| E 研究院 | 通过与政府机构、大学、科研机构的合作获取、整合、积累和利用新信息以及知识，知识集聚能力较差 | 通过政府机构较强的支撑，可以较快地获得大学以及其他科研机构和公司的支持，但是协调能力一般 | 与客户互动交流频率太低，谈不上培养、调整客户关系，关系资源来自产学研合作以及政府机构支持 |

2）客户知识转化

通过访谈总结归纳案例企业的客户知识转化水平的引用语见表 3-3。

**表 3-3　案例企业客户知识转化水平的引用语举例**

| | 客户知识的显性化分享 | 客户知识的隐性化吸收 |
|---|---|---|
| A 保险公司 | 通过拜访客户以及举办相关讲座，比较容易将客户的购买意愿、性格、偏好等隐性知识转化为企业员工的隐性知识，经常通过早会上的交流沟通使其表达出来 | 能够快速地将客户的显性知识理解和吸收并及时根据不同客户进行营销方案以及技巧的设计和规划，为客户提供适合的保险产品以及理赔方案等 |
| B 证券公司 | 通过经常与客户对话交流、把客户理财及投资需求等隐性知识转化为员工的隐性知识，员工之间通过经验分析、交流实现快速分享 | 能够较快地对客户的需求整理分析，快速吸收并应用于具体的投资和理财业务中，并可以较快地根据客户的需求设计定制化的理财产品和流程 |
| C 银行西安分行 | 能够快速根据客户的储蓄、理财等愿望比较容易地把客户的隐性知识转化为员工的隐性知识，通过会议及员工之间的交流、分析实现对客户知识的分享 | 能够较好地把客户知识显性知识进行整理、分类，并整合吸纳于日常服务中，同时根据客户投资或融资的需求，设计与研发相应的服务产品，但效果不显著 |
| D 邮电设计院 | 比较容易通过招投标方式获得客户信息的相关隐性知识，同时员工通过沟通交流以及书面的模型、图表等方式使隐性知识实现显性化共享 | 能够较快地根据客户表达的显性需求知识内容，分析归纳并改动相关设计方案，知识的应用较为快速 |
| E 研究院 | 通过产学研合作以及政府机构的支持获取客户的隐性知识，同时经过企业员工的沟通交流、模型图表等方式使客户相关隐性知识显性化，促进客户知识共享，然而客户隐性知识的显性化效果不理想 | 通过专利注册、技术文档资料归档使客户知识显性化，同时根据吸纳的客户需求改变研发以及设计方案，但应用效果与研究院运营能力、技术能力以及资金运营能力紧密相关，知识吸收应用速度较慢 |

3）协同治理机制

本书中的协同治理机制是指企业与客户之间合作关系的治理机制，主要要分为契约治理机制和关系治理机制 2 种[234]。其中，契约治理机制是以市场契约为基础，强调通过具有法律约束力的协议或合同治理约束企业之间合作关系的一种正式的治理机制；关系治理机制是以信任为基础，强调通过企业之间彼此的诚信和道德约束治理企业之间合作关系的一种非正式治理机制（Roath et al.，2002；Yikuan Lee et al.，2006）。通过案例企业的分析，本书归纳的企业协同治理机制水平引用语见表 3-4。

**表 3-4　案例企业协同治理机制水平的引用语举例**

| 案例企业 | 契约治理机制 | 关系治理机制 |
|---|---|---|
| A 保险公司 | 企业员工与客户在保险业务的购买以及办理方面，主要通过合同契约来实现，其中，会考虑客户的教育背景、收入、工作等信息 | 通过经常不断以及持续地拜访客户，同时通过已有的关系解决客户需求，并与客户之间建立人脉关系，信任关系，以获得更多知识 |

续表

| 案例企业 | 契约治理机制 | 关系治理机制 |
| --- | --- | --- |
| B 证券公司 | 在证券规范操作中参考客户的理财及投资需求信息；最终，会结合客户的教育背景、收入、工作、资金积累等信息签订合同契约，以约束企业与客户的行为 | 通过大量的宣传以及举办投资理财理念的大型讲座等投入，与客户之间建立人脉关系、信任关系，从而获得客户投资、理财需求 |
| C 银行西安分行 | 无论客户是办理银行卡还是储蓄以及理财，刚开始都需要跟客户签订合同和契约，以保证后续合作交易关系的公开和透明 | 通过不断与客户交流沟通，建立信任关系，进一步获取客户在银行储蓄、投资、理财等方面的要求 |
| D 邮电设计院 | 通过招投标方式与客户进行知识沟通交流，两者之间合作关系的建立需要通过合同和契约约束彼此行为 | 通过以往合作经历和企业在业内的诚信与客户进行更多的交流，以获取客户信息以及项目信息 |
| E 研究院 | 通过产学研合作以及政府机构的支持获取相关信息以及客户的知识，在建立合作关系时需要合同和契约的约束 | 依靠产学研合作以及政府推广等与客户建立人脉关系以及信任关系，以获取更多客户知识、项目等资源 |

4）服务产品开发绩效

服务产品开发绩效是指企业采用新技术或新方法，提高产品开发时间、速度、质量以及满足客户需求等方面的绩效[248]。在协同创新情境下，本书将 KIBS 企业服务产品开发绩效分为过程绩效和结果绩效，包括服务产品开发的时间、开发的速度、开发的过程质量、开发的新颖度以及客户对产品的满意度和市场竞争力等方面的内容。通过案例企业调研和访谈可知，案例企业的服务产品开发绩效水平见表 3-5。

**表 3-5 案例企业的服务产品开发绩效水平的引用语举例**

|  | 过程绩效 | 结果绩效 |
| --- | --- | --- |
| A 保险公司 | 在服务产品开发方面一直处于领先地位，能够快速响应客户需求，开发新服务产品，服务产品数量多，性能和质量较好 | 主要在产品推广时根据客户的需要定制相适应的产品，大多数属于客户定制化产品，客户满意度较高 |
| B 证券公司 | 能够较好地根据客户需求开发新的投资及理财产品，产品品质较高，在同行业中处于中上水平 | 根据客户的投资理财需求进行产品推广，客户满意度较高，而且大部分都是长期合作项目 |
| C 银行西安分行 | 根据客户的需求以及银行自身业务需要开发新产品，服务产品开发速度和数量在同行中处于中等水平 | 通过市场考察推出新的投资或理财产品，然而产品的客户满意度和接受度一般 |
| D 邮电设计院 | 有较强的服务产品开发能力，产品开发周期短，新服务产品数量较多，质量较高，在同行中处于中上水平 | 客户对服务产品比较满意，而且与客户的合作项目一般维持时间都较长，客户对合作项目满意度较高 |
| E 研究院 | 主要根据客户需求以及产学研合作开发新服务产品，由于技术能力、运营能力、资金能力、社会影响力均较低，导致产品开发速度和质量处于一般水平 | 开发产品的水平一般，所以客户的满意度不是很高，但是由于政府的支持与客户的合作项目目前比较稳定，总体上客户对项目满意度一般 |

5）案例内数据信息编码

在相关概念界定以及理论预设的基础上，通过案例内分析方法对本书涉及的变量以及子类进行引用语的分析与归纳，说明了案例企业的协同能力水平、客户知识转化水平、协同治理机制水平以及服务产品开发绩效水平。在此基础上，访谈人员及专家对案例企业中涉及的 4 个变量及其子类进行评判打分，以便清晰地反映案例分析的最终结果，也有利于归纳各变量之间的关系。所有变量的各指标衡量指标用“很差、较差、一般、较好、很好”5 个等级进行评价。最终，5 个案例企业关于企业协同能力、客户知识转化、协同治理机制及服务产品开发绩效的定性比较数据结果见表 3-6。

**表 3-6　案例企业的协同能力、客户知识转化、协同治理机制及服务产品开发绩效水平的定性比较**

| 案例企业 | 企业协同能力 | | | 客户知识转化 | | 协同治理机制 | | 服务产品开发绩效 | |
|---|---|---|---|---|---|---|---|---|---|
| | 知识集聚能力 | 组织间协调能力 | 关系调整能力 | 显性化知识分享 | 隐性化知识吸收 | 契约治理机制 | 关系治理机制 | 过程绩效 | 结果绩效 |
| A 保险公司 | 很好 | 很好 | 很好 | 很好 | 较好 | 较好 | 较好 | 很好 | 较好 |
| B 证券公司 | 很好 | 较好 | 很好 | 较好 | 很好 | 较好 | 较好 | 较好 | 较好 |
| C 银行西安分行 | 较好 | 一般 | 较好 | 较好 | 一般 | 很好 | 较好 | 一般 | 一般 |
| D 邮电设计院 | 较好 | 较好 | 一般 | 较好 | 很好 | 较好 | 较好 | 较好 | 较好 |
| E 研究院 | 较差 | 一般 | 一般 | 一般 | 较差 | 较好 | 一般 | 一般 | 一般 |

本节根据案例内分析得出关于 5 个知识密集型服务（KIBS）企业的协同能力、客户知识转化、协同治理机制及服务产品开发绩效水平的定性比较结果，为随后案例间详细分析各变量之间关系奠定了基础。

### 3.2.4　案例间数据分析

本节主要对案例间数据进行分析，以便详细地把握变量之间的因果关系，为后续提出 KIBS 企业协同能力对服务产品开发绩效影响的概念模型以及研究假设作铺垫。

1）企业协同能力与服务产品开发绩效的关系

在本书的理论预设模型中，提出协同创新情境下 KIBS 企业协同能力对服务产品开发绩效具有积极影响。从表 3-6 案例企业数据的定性比较结果可知，企业协同能力中的知识集聚能力、组织间协调能力以及关系调整能力均有利于服务产品开发绩效的提升。

首先，由案例内数据可知，知识集聚能力能够显著提升服务产品开发绩效。如在服务概念设计、服务需求分析与发展以及商业推广等环节中要求企业充分发挥其知识集聚能力的作用，对客户资源进行搜索、获取、整合、积累等，从而获得企业自身需要的客户资源，并且通过对客户资源的分享和反馈以及利用并采纳有用的建议等，使得服务产品开发的过程更加有效。通过表 3-6 可知，A 保险公司，B 证券公司、D 邮电设计院均具有较好的知识集聚能力，其过程绩效和结果绩效较好，E 研究院知识集聚能力一般，其过程绩效和结果绩效也一般。

其次，根据案例内的数据可知，组织间的协调能力能够显著提升服务产品的开发绩效。在协同创新情境下，产品开发任务的分工协作促使企业对技术、战略、人员、组织等内部要素协调与配合，并一起解决企业与客户在协同开发中遇到的问题，对不匹配要素作出相应的调整，从而减少开发时间，提升组织创新效率，最终提升服务产品开发绩效[123]。另外，企业的技术、制度、人员等内部要素以及企业与客户之间的互动、协调能力能够提高服务产品开发的质量[32, 51]。在协同创新的环境下，客户是协同开发中一分子，企业内部要素/部门之间以及企业与客户之间分担着相互关联的、特定领域的任务并承担相应责任，这就要求企业项目成员与客户不能只关注与自我利益和自我立场相关的问题，而要积极地为产品开发项目的成功与提升客户满意度而共同努力并协作[29, 34]。在此过程中，企业与客户双方成员之间对不同观点、冲突、矛盾等的理解、接纳以及包容力均会显著提升，从而促成使双方都满意的、更具有创意的服务产品解决方案产生。通过表 3-6 也可知，A 保险公司、B 证券公司、D 邮电设计院均具有较好的组织间协调能力，其企业的服务过程绩效和结果绩效较好，而 C 银行和 E 研究院组织间协调能力一般，其过程绩效和结果绩效也一般。

再次，关系调整能力能够显著提升服务产品的开发绩效。关系调整能力能够促使企业在与客户协同服务产品开发的过程中改善企业与客户的关系，通过与客户之间彼此的信任，促进对客户知识的搜索和获取等，并促进客户知识在价值链中的有效传递与整合，以及时发现市场中存在的机会和威胁，从而快速响应客户的多样化需求，采取有效措施应对各种变化。而且，利用彼此的合作关系，企业不仅可以挖掘客户的隐性需求，也可以通过对整合和积累吸收的客户快速形成调整方案，从而在更好地满足客户需求的同时，提高服务产品开发绩效（王雪原，等，2017）。通过表 3-6 可知，A 保险公司、B 证券公司均具有较好的关系调整能力，其服务过程绩效和结果绩效较好，而 E 研究院知识集聚能力一般，其过程绩效和结果绩效也一般。

综合案例间数据分析可知，具有较强协同能力的 A 保险公司、B 证券公司、D 邮电设计院均具有较好的服务产品开发绩效；而 E 研究院的知识集聚能力、组织间协调能力以及关系调整能力较弱，其服务产品开发绩效处于一般水平。从这些案例数据分析可知，企业协同能力对服务产品开发绩效具有一定的积极影响，即企业的知识集聚能力、组织间协调能力、关系调整能力均对服务产品开发绩效具有正向影响。

2）企业协同能力、客户知识转化与服务产品开发绩效的关系

（1）企业协同能力与客户知识转化的关系。

首先，知识集聚能力对客户知识转化具有积极的影响作用。企业的知识集聚能力是提升客户知识转化效率的重要前提，是增强知识利用效率从而促进服务产品开发绩效的关键因素[275]。案例数据结果较好地支持了这一观点（表 3-6）。例如 A 保险公司能够积极与客户进行沟通，从周围环境快速地搜索、识别以及整合新信息和知识，其知识积累途径不仅包括公司客户，还包括个人客户，保险公司的业务人员可以随时根据周围环境及人员适时地推荐其产品和服务，由于其知识集聚能力强，因此可以较好地获得、共享相关客户的知识，并应用到其产品开发中。D 邮电设计院主要通过招投标以及客户对服务的反馈搜索、获取、整合和积累信息，知识集聚能力较强，一旦双方建立合作业务，合作企业就会借助自身的知识集聚能力快速获取以及共享彼此所需知识，快速地进行吸收和应用，并且可根据客户需求改动方案，从而满足客户需要。

其次，组织间协调能力对客户知识的显性化分享及隐性化吸收具有正向影响，表 3-6 的案例数据结果较好地支持了这一观点。如 B 证券公司与银行以及其他证券公司及企事业单位客户有相关联系，构建了相应的知识交流和沟通平台，能够较容易且快速地通过客户的理财及投资需求和公司客户的业务需求获取客户对产品的信息及隐性知识。同时，可以很容易地根据客户的投资理财需求，分享客户知识及信息（显性化过程），而且能够较快地把客户的需求偏好等吸收并应用到具体的业务中，从而根据客户的需求设计定制化的理财产品和流程（隐性化过程）。如 E 研究院的组织间协调能力主要表现在：主要通过政府机构与大学以及其他科研机构合作，知识交流状况较好，但是知识获取途径较为单一，能够获得相关隐性知识；其对客户知识的显性化分享主要是在业务已经建立的情况下，在研发过程中，通过专利注册、技术文档资料归档等方式分享彼此的显性化信息和知识；而且，对于客户知识的吸收较为快速，能够根据客户的需求改动研发以及设计方案，满足客户需要，然而由于其资金、技术、运营等方面的问题，知识运用效果并不理想。

再次，关系调整能力对客户知识显性化分享及隐性化吸收具有正向影响，案例分析的结果也说明了这一点（表 3-6）。如对于 A 保险公司和 B 证券公司以及 C 银行来说，企业的关系调整能力对客户知识的显性化分享及隐性化吸收均具有显著的正向影响。然而，对于 D 邮电设计院以及 E 研究院来说，情况有所不同。D 邮电设计院在培养、发展和管理合作伙伴上表现一般，通常都是做完一个项目之后，通过客户良好的反映以及推荐和公司声誉赢得客户，因此其关系调整能力水平一般，其主要通过招投标方式以及客户的业务需求获得隐性的客户知识；其与客户之间知识的共享是在业务已建立的情况下，通过业务需要共享显性化的相关知识；在知识吸收和应用方面主要根据客户的需求，改动相关设计方案，知识的吸收和应用较为快速。E 研究院的管理人员认为他们企业与客户的互动交流频率太低，根本谈不上培养、发展以及管理客户；其对客户知识的显性化分享主要表现在业务已经建立的情况下，在研发过程中，与客户共享彼此的知识，而且通过专利注册、技术文档资料归档的方式来完成；但由于运营模式、资金条件以及内部管理等原因，其客户知识的吸收应用较慢，因此，对客户的需求改动研发以及设计方案的效率较低。

综合以上案例间数据分析可知，企业协同能力中的知识集聚能力、组织间协调能力和关系调整能力分别对客户知识显性化分享和客户知识隐性化吸收具有正向影响。

（2）客户知识转化与服务产品开发绩效的关系。

首先，关于客户知识显性化分享与客户知识隐性化吸收关系的探讨。客户知识转化中的显性化分享与隐性化吸收之间具有一定的相互影响作用，通过本书的案例分析也验证了这一点。在访谈中得知，A 保险公司通过宣传、拜访客户以及举办相关讲座获得客户的属性以及购买意愿、性格、偏好等大量的隐性客户信息和知识，从而进行显性化共享并能够快速隐性化吸收并应用于企业实际，逐渐推意外险、重疾险、保障险、少儿教育年金、养老险、分红险、万能险等服务产品，最大限度地满足了客户需要。D 设计院通过招投标以及同行推荐等多途径获取了隐性客户知识，然而一旦获取了客户的隐性知识就可以在项目组成员之间迅速显性化共享知识资源，并进行隐性化吸收，同时应用于企业实践，所以大多数情况下与客户的合作关系比较融洽，也容易获得客户的认可。而 E 研究所由于对隐性客户知识获取的途径单一，而且企业自身内部对于客户知识的显性化分享效果并不明显，因此，对于客户知识的吸收应用效果相对就差些，因此大多数情况下只能完成客户基本需求，高一层次的需求则需要外包来完成。因此可以推测，客户知识显性化分享对隐性化吸收具有正向影响，而客户知识的隐性化吸收对客户知识的显性化分享具有正向影响。

其次，客户知识显性化分享对服务产品开发绩效具有积极影响。一方面，案例分析的数据结果较好地支持了客户知识显性化分享对服务产品开发绩效具有正向影响这一观点（表 3-6）。如 A 保险公司以及 D 邮电设计院通过客户知识的共享，其所共享到的客户的相关知识就对服务产品开发绩效具有显著的正向影响；然而对于 B 证券公司、C 银行以及 E 研究院而言，其客户知识共享对服务产品开发绩效的影响作用并不显著。尤其是对于 E 研究院来说，虽然在业务建立后，其与客户之间具有良好的知识共享，但是由于技术能力、运营能力、资金能力、社会影响力均较低，导致服务产品水平较低。在案例企业中，A 保险公司通过宣传、拜访客户以及举办相关讲座获得客户的属性以及购买意愿、性格、偏好等大量的客户的隐性化知识，并通过早会以及交流对这些隐性客户知识进行分享，率先创建“全国通”服务体系，首家在银行销售全方位综合保障产品，突破了数年来银行保险“重收益、轻保障”的单一产品模式，首家在银行柜台推出涵盖养老、健康、医疗、意外等保障全面的保险产品，满足了客户的多样化需求。而客户知识来源于政府以及科研机构的 E 研究院，由于无法分享得到更多的客户知识，虽然具有高端的人才储备，但是由于业务的众多限制，其服务产品开发过程绩效以及结果绩效则始终表现一般。

另一方面，客户隐性化吸收对服务产品开发绩效具有积极影响。从表 3-6 案例编码结果可知，企业对客户知识的隐性化吸收对服务产品开发绩效具有正向影响。如在案例企业中，对客户知识的隐性化吸收表现良好的 A 保险公司、B 证券公司以及 D 邮电设计院，均具有良好的过程绩效和结果绩效。对于 E 研究院，其客户知识的隐性化吸收较快，能够根据客户的需求完善研发以及设计方案，但是由于研究院运营能力及技术能力有限等，导致服务产品开发效率处于一般水平。对于 C 银行，虽能够较好地转化客户显性知识，但是对于客户隐性知识应用于服务中的水平一般，一般根据客户投资或融资的需求，设计与研发相应的产品，但是知识应用效果不明显，导致服务产品开发的过程绩效和结果绩效水平一般。

综合以上案例间数据分析可知，企业协同能力中的知识集聚能力、组织间协调能力和关系调整能力分别对客户知识的显性化分享和隐性化吸收具有正向影响，客户知识的显性化分享和隐性化吸收分别对服务产品开发的过程绩效和结果绩效具有正向的影响，也即说明了客户知识转化（客户知识显性化分享与隐性化吸收）在企业协同能力与服务产品开发绩效关系中起到了一定的中介作用。

3）协同治理机制对企业协同能力与客户知识转化关系的影响

首先，案例数据在一定程度上说明了关系治理机制对企业协同能力与客户知识显性化分享关系具有正向调节作用。如具有较高协同能力的 B 证券公司，关系治理机制一般，主要和证券行业相对较低的信任有关，但是一旦具有了良好的信任基础，其会获得较大的客户知识回报。具有较低协同能力的 E 研究所，其关系治理机制来源于产学研合作和政府推动，自身关系治理机制水平一般，由于自身的协同能力较低，对客户知识的分享一般。如 B 证券公司一位产品项目开发经理表示：“我们公司在最初发展的阶段，处于国家对证券业大力支持的阶段，业绩迅速上升，尤其是公司发展的前 5 个年头……，这几年发展需要通过不断的宣传、产品推广等措施与客户建立信任和人脉关系，付出的成本较多，发展还算比较平稳……。”D 邮电设计院则认为：“我和我的合伙人最初由于彼此信任度较高，被业界认为是业内最强组合，前几年绩效特别好，但是，后来关系紧密程度有所降低，新业务的拓展就慢下来……”

其次，案例数据也说明了契约治理机制对企业协同能力与客户隐性化吸收的正向调节作用。表 3-6 的案例分析结果也说明了这一点，如对于 A 保险公司、B 证券公司以及 D 邮电设计院而言，其契约治理机制贯彻较好，在较高的协同能力下，客户知识的隐性化吸收较好。通过访谈得知，A 保险公司认为：“作为保险公司发展的项目开发人员，在最初发展的阶段，由于客户信任度不高，想发展很艰难，尤其是前 3 个年头，是最艰难的时候，后来经过员工不断拜访客户、与客户搞好关系等，不断分享客户显性知识和挖掘客户隐性知识，签保客户越来越多；而且，后期客户资源的保持也需要契约、合同等强制性机制进行保障，有利于客户持续对于其隐性的信息、知识资源的共享，促进企业对于相关客户资源的吸收……”因此，本书认为，在协同创新过程中，契约治理机制有利于企业协同能力对客户知识转化效率的发挥，尤其是对客户知识隐性化吸收的发挥。

根据以上案例间数据分析可知，协同治理机制（关系治理机制和契约治理机制）对企业协同能力与客户知识转化的关系具有一定的调节作用。具体而言，关系治理机制和契约治理机制分别有利于促进企业协同能力对客户知识的显性化分享和客户知识的隐性化吸收。

## 3.3　概念模型

综合以上案例研究可知，对于 A 保险公司而言，企业协同能力较好（知识集聚能力很好、组织间协调能力很好、关系调整能力很好），客户知识转化较好（显性化知识分享很好、隐性化知识吸收较好），服务产品开发绩效很好（企业过程绩效很好、结果绩效较好）。对于 E 研究院而言，企业协同能力一般（知识集聚能力较差、组织间协调能力一般、关系调整能力一般），客户知识转化一般（显性化知识分享一般、隐性化知识吸收较差），服务产品开发绩效也一般（过程绩效一般、结果绩效一般）。因此，企业协同能力三维度（知识集聚能力、组织间协调能力、关系调整能力）对服务产品绩效（过程绩效、结果绩效）具有正向影响；企业协同能力三维度（知识集聚能力、组织间协调能力、关系调整能力）对客户知识转化核心流程（客户知识显性化分享、客户知识隐性化吸收）具有正向影响；客户知识转化核心流程（客户知识显性化分享、客户知识隐性化吸收）对服务产品开发绩效（过程绩效、结果绩效）具有正向影响，即说明客户知识转化在企业协同能力对服务产品开发绩效的影响中起到了中介作用。

同时，协同治理机制越好的企业，企业协同能力越有利于客户知识转化，如 A 保险公司、B 证券公司的协同治理机制较好，企业协同能力则有利于促进企业对客户知识的转化；而 E 研究院，协同治理机制一般，企业协同能力对客户知识转化的影响也一般。因此，协同治理机制对企业协同能力（知识集聚能力、组织间协调能力、关系调整能力）与客户知识转化（客户知识显性化分享、客户知识隐性化吸收）的关系具有正向调节作用。

据此，本书提出了 KIBS 企业协同能力对服务产品开发绩效影响的概念模型（图 3-

4）。其中，KIBS 企业协同能力（知识集聚能力、组织间协调能力和关系调整能力）对服务产品开发绩效具有正向影响，而客户知识转化（客户知识显性化分享、客户知识隐性化吸收）是企业协同能力提升服务产品开发绩效的关键中介路径，协同治理机制（契约治理机制、关系治理机制）对企业协同能力与客户知识转化关系具有正向调节作用。

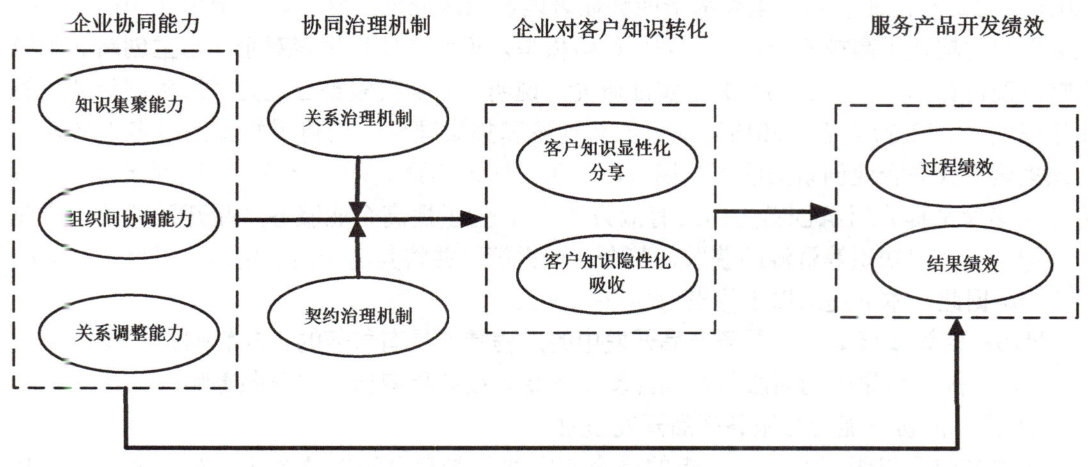


图 3-4 KIBS 企业协同能力对服务产品开发绩效影响的概念模型

## 3.4 研究假设

在探索性案例研究的基础上，本节主要通过理论分析提出 KIBS 企业协同能力对服务产品开发绩效的直接作用假设、客户知识转化的中介作用假设以及协同治理机制的调节作用假设。

### 3.4.1 KIBS 企业协同能力对服务产品开发绩效的直接作用假设

在协同创新情境下，本书认为 KIBS 企业协同能力由知识集聚能力、组织间协调能力和关系调整能力 3 个维度构成。本节分别说明 KIBS 企业协同能力 3 维度（知识集聚能力、组织间协调能力和关系调整能力）对服务产品开发绩效的直接作用假设。

1）知识集聚能力与服务产品开发绩效

在本书中，知识集聚能力指的是企业通过自发形成的合作网络，对客户知识资源（产品、市场、环境、人才、技术等）在空间上的搜索、获取、集中等以及在时间上的整合、积累、吸收等动态的知识管理能力。由资源依赖理论可知，企业竞争力的提升依赖于企业获取客户异质性资源的多寡，因此作为企业竞争力体现的服务产品开发的速度以及质量与企业对客户等外界资源的获取、整合、吸收的程度密切相关[113]。通过双方之间大量的沟通与反馈的效率，减少了矛盾、冲突以及沟通与决策的数量，促进服务产品开发速度和质量的提升[111]。Cohen 和 Levinthal（1990）等认为企业通过获取、创造和整合知识资源，通过对知识的开发和利用，适应快速变化的环境，从而使企业获取和保持竞争优势[275-276]。另外，由于企业所开发的服务产品在开发前一直是抽象的、不具体的，尤其是开发中知识的复杂性以及隐性特点，更大大增加了其服务产品开发的不确定性程度[14-16]，而在服务产品开发的过程中，企业对客户知识、信息、技术等众多资源的有效吸收与整合表征了双方的沟通互动以及对知识的获取、分享、整合、积累等，这些集聚的知识有助于减少企业服务产品开发的不确定性，并将服务产品开发控制在适当的程度[111]。学者张钢和王宇峰（2010）的研究论证了知识集聚水平能够显著地影响区域创新水平。李金生（2015）从知识集聚视角构建了高技术企业自主创新风险模型，说明了知识集聚对企业自主创新的积极影响。倪自银和熊伟（2016）通过实证研究，说明了企业搜索整合能力对服务创新绩效的显著影响[42]。王新华等（2018）基于创新理论和集聚理论，构建了知识网络多维嵌入、知识集聚方式与企业创新力的概念模型，说明了知识集聚最有利于提升组织创新力，知识传播式集聚是提升组织创新力的最有效方式[277]。为了提高企业服务产品开发绩效，企业必须加强对客户知识等资源的获取、整合、积累等，并将其用于商业用途，以促进企业绩效[30, 32]。据此，本书提出以下假设。

**H1a：知识集聚能力对服务产品开发中的过程绩效具有显著的正向影响。**

**H1b：知识集聚能力对服务产品开发中的结果绩效具有显著的正向影响。**

2）组织间协调能力与服务产品开发绩效

在本书中，组织间协调能力指的是企业内部各要素之间以及企业与客户之间通过互动、沟通、交流实现内外部要素以及主体的合理配置并使其协调发展的能力。这种能力除了需要企业协调相关信息，更需要一定的技术支撑以完成知识密集型接口的建立，其强弱直接决定了企业创新程度[279]。组织间协调能力从互动交流、制度协调以及技术的角度反映了企业协同能力的高低，为企业与合作伙伴之间的协同创新提供了强大的制度、技术等支持，为企业与客户之间的对话接口提供了保障，从而有利于提升企业的服务产品开发绩效[32]。在企业与客户协同创新的环境下，组织间协调能力意味着在服务产品开发的具体环节中，企业与客户需要承担与合作紧密相关的工作与职责，并需要双方具备解决问题与攻克难关的能力，体现了企业为实现服务产品开发所作出的适应性调整过程[92]。组织间协调能力能够促进组织内外成员的相互沟通、交流、配合与协作，共同解决服务产品开发过程中遇到的问题并攻克难关，减少服务产品开发的时间，从而提高组织效率[112]。Preffer 等认为，在新产品开发中，企业需要与客户进行有效互动、交流与沟通，以调整双方对于新产品的理解，同时解决分歧、达成共识，有利于企业降低对新产品认知的偏差，从而对产品服务质量进行控制[111, 262]。Koufteros 等（2005）认为，企业与客户之间的沟通、互动和协调能够帮助企业及时获取客户反馈，有利于将信息、知识等及时传达到企业内部，从而快速并有效地对产品进行调整改进，从而提高了产品质量和客户满意度[262]。Chung-Jen Chen et al.（2014）认为，由信任、沟通、协调等构成的企业协同能力能够促进组织目标的完成[28]。彭学兵等（2016）通过 233 家新创企业的研究，说明了权威协调和信任协调对创业资源整合与新创企业绩效正向关系的正向调节效应。岳德洋（2017）认为企业外部协调运作和内外灵活运作能够促进电商企业的运营绩效[29]。因此，本书提出以下假设。

**H2a：组织间协调能力对服务产品开发的过程绩效具有显著的正向影响。**

**H2b：组织间协调能力对服务产品开发的结果绩效具有显著的正向影响。**

3）关系调整能力与服务产品开发绩效

关系调整能力是指企业与客户在服务产品协同开发过程中充分发挥企业的资源优势，以维护、改善以及调整双方合作关系的能力。关系调整能力的核心在于企业与合作伙伴实现信任乃至关系协同，其基础是双方之间的“信任”[281,283]。关系调整能力能给企业带来可获得的、可利用的、难以模仿的战略性资源[25]，这种资源可以使企业获取关系租金，从而促进企业的服务产品开发绩效的提升[280]。在协同创新环境下，企业要想在产品开发中做到卓越，必须与合作伙伴建立密切关系，并与价值链上的合作伙伴进行亲密的合作，以实现价值链之间的竞争[32]。企业如果想与合作伙伴进行无障碍的沟通和合作，必须建立良好关系，从而有效降低企业与合作伙伴的交易成本，进而提高企业的持续竞争能力[280]。同时，在服务产品开发活动中，企业必须掌握不同客户的技术和市场的异质性知识，更广泛、深入地开发和利用外部资源[11-13]，而企业内外部关系网络是企业整合利用外部资源的关键，也是企业进行服务产品开发以保持竞争优势的重要源泉[84-85]。Hung Tai Tsou（2012）通过实证研究，说明了企业与合作伙伴的关系能够促进电子服务产品的渐进创新和突变创新[32]。徐建中和徐莹莹（2015）认为，企业与供应商、客户、竞争企业、政府、研究组织和中介机构的协同合作能够提升技术创新绩效[34]。张峰（2016）通过实证研究说明了关系构建能力和关系调整能力对新产品开发绩效具有显著的正向影响。岳德洋（2017）研究了电商物流企业协同能力、网络关系与企业运营绩效的关系，说明了网络关系对企业运营绩效具有显著的正向影响[29]。据此，本书提出以下假设。

**H3a：关系调整能力对服务产品开发的过程绩效具有显著的正向影响。**

**H3b：关系调整能力对服务产品开发的结果绩效具有显著的正向影响。**

综合上述理论分析，本书得到了企业协同能力3维度（知识集聚能力、组织间协调能力、关系调整能力）对服务产品开发绩效（过程绩效和结果绩效）直接影响的作用机理模型，如图3-5所示。

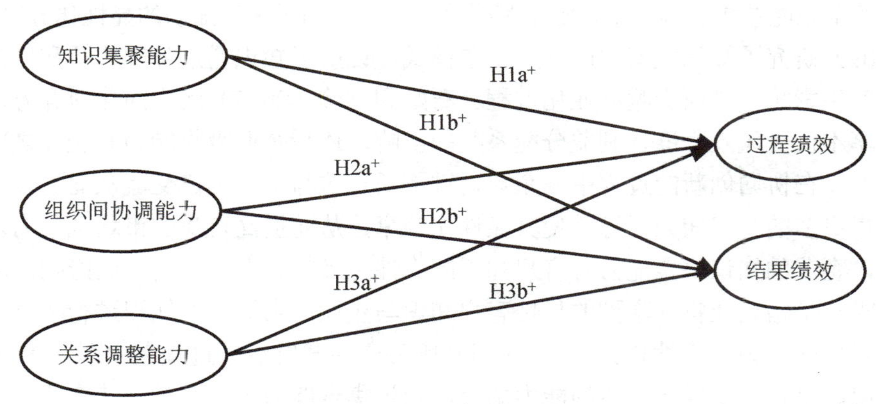


**图3-5 KIBS企业协同能力对服务产品开发绩效影响的理论模型**

### 3.4.2 客户知识转化的中介作用假设

关于客户知识转化的中介作用假设分别通过以下3个方面阐述：首先是关于企业协同能力对客户知识转化的作用假设；其次是关于客户知识转化对服务产品开发绩效的作用假

设；再次是关于客户知识转化在企业协同能力对服务产品开发绩效影响的中介作用假设。

1）企业协同能力与客户知识转化

本节主要探索企业协同能力中的知识集聚能力、组织间协调能力、关系调整能力对客户知识转化 2 个核心流程（客户知识显性化分享、客户知识隐性化吸收）的作用假设。

（1）知识集聚能力与客户知识转化。

知识集聚能力对客户知识转化具有重要影响。在本书中，知识集聚能力指的是企业通过自发形成的合作网络对客户知识资源（包括产品、市场、环境、人才、技术等）在空间上的搜索、获取、集中等以及在时间上的整合、积累、吸收等动态的知识管理能力。也是企业获取、创造和整合知识资源，通过知识的开发和利用适应快速变化的环境，增强企业获取和保持竞争优势的能力（Martin，1999；ZaoLiang；2008）。本书认为，企业知识集聚能力对客户知识的显性化分享和隐性化吸收具有显著的正向影响[50-51]。

首先，企业的知识集聚能力对客户知识显性化分享具有显著正向影响。客户知识的显性化分享是企业将客户的隐性知识（想法、信息、经验和技能等）转化为企业员工的隐性知识，再将企业员工的隐性知识转化为员工的显性知识，通过与客户表达、沟通、交流，从而分享客户的显性知识，以实现知识创新的过程。随着知识经济以及互联网技术的不断发展，人们收集信息的方式和途径更加多样灵活，以至每天都会有大量的知识产生，企业如果不懂得对客户知识进行搜集、传播与整合等，就难以满足客户的需要，而知识集聚能力为企业对客户知识的分享提供了可能[42, 213]。同时，知识转化受到知识主体的意愿、素质、能力等因素的影响（秦铁辉和彭捷，2006）。针对不同的企业，其知识集聚能力也有所不同，拥有高知识集聚能力的企业可以更好地使外部客户知识资源显性化，以克服自身知识资源的约束，从而促使企业发现创新机会并引入新思想，扩展其知识和技能基础[192-194]。知识集聚能力对新产品开发中所涉及的客户知识具有较大的作用，因为新服务产品开发所需的知识涉及工程、营销、制造、融资等多个职能领域，企业的知识集聚能力使得具有不同背景的各个职能领域的客户知识汇集和碰撞，进而有利于客户知识的显性化分享[199, 204]。陈劲（2009）研究了知识集聚的产学研联盟模式，说明了知识通过外部传播和内部集聚对知识转化产生影响，进而影响产业化过程。石娟和刘珍（2017）运用演化博弈方法，说明了知识共享不仅受风险程度、利益分配系数的影响，还受企业吸收能力和企业之间技术接近度的影响。在协同创新的过程中，企业通过不断拜访与主要客户交流从而搜集、获取、整合和积累更多的客户知识资源并使其显性化分享，从而提高自身的市场竞争力。

其次，企业的知识集聚能力对客户知识的隐性化吸收具有显著的正向影响。客户知识的隐性化吸收是指企业将共享到的显性客户知识与企业内部原有的知识进行融合，吸收形成企业创新性的知识（隐性化），从而应用到服务产品开发活动过程之中[270]。作为一种集搜索、获取、整合、积累于一体的能力集合，知识集聚能力可以有效地使企业与外部客户建立联系，维持与关键知识源的关系以吸收外部客户知识，并经过内部的消化吸收，最终服务于创新/产品开发的过程[275]。在协同创新的过程中，为了更好地满足客户的个性化需求，企业需要吸收新思想、工具和技巧等，以提高智力资本的效率[170]，而知识集聚能力通过对外部资源的搜索、获取、整合、积累等，为客户知识的吸收和应用提供了新思想、新方法，是成功进行客户知识隐性化吸收的必要前提[32, 276]。同时，相关学者的研究也说明了知识集聚能力对知识吸收的正向影响。岳意定和卢澎湖（2014）在研究中说明了企业对技术知识搜索和市场知识搜索对潜在吸收能力和现实吸收能力的正向影响作用[299]。刘春艳（2016）的研究说明了知识吸收能力对创意团队隐性知识转移转化[300]的影响。曹勇等（2017）的研究认为外部知识搜索对企业知识的吸收具有显著的正向影响[301]。

根据以上分析，当企业具有较好的知识集聚能力时，往往能够从环境中快速地获取和分享客户显性化知识资源，并对客户知识进行隐性化吸收。因此，本书提出以下假设。

**H4a：知识集聚能力对客户知识显性化分享具有显著的正向影响。**

**H4b：知识集聚能力对客户知识隐性化吸收具有显著的正向影响。**

（2）组织间协调能力与客户知识转化。

在本书中，组织间协调能力指的是在服务产品开发过程中企业内部要素之间以及企业与客户之间通过互动交流实现内外部相关要素以及主体资源的合理配置并使其协调发展的能力。也指企业协调内部人员、资金、技术等要素，与其他组织建立知识密集型接口的能力以及使企业在功能和内容领域横向交互的能力[280]。组织间协调能力从技术的角度反映了企业协同能力的高低，为企业与合作伙伴之间的协同创新提供了强大的技术支持，为知识密集型接口建立提供了保障，能够有效地促进企业对客户知识显性化分享和隐性化吸收[32,212]。

首先，在协同创新情境下，组织间协调能力对客户知识显性化分享具有显著的正向影响。由资源依赖理论可知，目前客户异质性知识资源已成为企业与竞争对手之间产生差异的重要因素[79-80]，企业竞争优势在于具备稀缺的、有价值的、不可替代和不可模仿的异质性知识资源[112,128]，而组织间协调能力则为有效获取客户知识提供了有效的衔接，是获取客户知识的保证[199,204]。即组织间协调能力对有效识别和获取客户知识起到了积极作用，其可以帮助企业快速解决诸如客户是否愿意提供知识？提供哪些知识？哪些是对企业有用的？在提供知识过程中会存在哪些顾虑等问题。在获取客户知识的基础上，组织间协调能力进一步促进了客户知识资源的显性化共享。在企业与客户协同创新的过程中，组织间协调能力为组织内部以及外部知识的共享提供了有效保障，使企业现有知识源与新知识源主体之间进行互动、交流和协调配合，从而不断适应新产品开发的需求，即企业通过组织间协调能力为促进客户异质性知识资源的显性化共享提供了必要保证[26]。企业借助自身的组织间协调能力可以有效解决知识共享渠道的通畅性，以及哪些知识资源更具有异质性等问题[27,29]。

其次，组织间协调能力对客户知识隐性化吸收具有显著的正向影响。客户知识的隐性化吸收是指企业员工将客户的显性知识经过分析与理解，进行重新编码和抽象以形成组织的显性知识，这些知识与企业内部原有的知识融合，形成企业创新性的知识（显性知识到隐性知识的转化），实现知识升华，从而应用到服务产品开发活动过程。在企业与客户协同创新的过程中，为了解决企业协同创新实践问题，需要企业项目成员之间/部门之间以及与客户之间进行多次互动交流与协调配合，促进复杂嵌入类的隐性知识的获取，从而进一步促进企业对客户知识的吸收及应用[28,30]。即企业可以借助其组织间协调能力有效解决诸如需要吸收的客户知识包括哪些？采用哪些理念、方式或方法把客户知识应用到服务或产品开发中？如何应用可以使得成本最小等问题。学者卫武等（2009）的研究认为，信息沟通渠道对隐性知识和显性知识的转化起到了积极的促进作用[198]。张同健和蒲勇健（2010）基于研发团队的数据说明了互动协调关系中的互惠性偏好对知识社会化、外显化和内隐化具有显著影响[199]。周荣等（2015）的研究认为，动态关系协调有利于高科技成果的转化并分析了它们之间的共轭关系[302]。在协同创新的过程中，离不开企业与客户的互动协调行为，其两者之间的协调程度越高，双方越能意识到双方的内在需求，从而更准确地理解任务，促使企业积极地共享客户知识并有效地将知识应用到自己的工作中[32]。

根据以上分析可知，当企业能够与其他公司或客户具有较强的互动交流时，其对客户知识的获取方式以及途径就较好，同时在已建立业务的情况下，彼此能够很好地分享显性化知识，并把对于彼此的需求告知对方，从而快速地吸收并应用于设计方案或流程中，设计出符合客户需求的服务及产品。据此，提出以下假设。

**H5a：组织间协调能力对客户知识的显性化分享具有显著的正向影响。**

**H5b：组织间协调能力对客户知识的隐性化吸收具有显著的正向影响。**

（3）关系调整能力与客户知识转化。

关系调整能力是指企业与客户在服务产品协同开发过程中充分发挥企业的资源优势以维护、改善以及调整双方合作关系的能力。关系调整能力表现为企业与客户及合作伙伴能否基于充分的信任，在优良的知识共享机理下进行充分有效的协调和沟通以及快速应对客户需求的变化，这些均有助于企业与合作伙伴进行无障碍的沟通和合作，维持合作的稳定性和持续性，从而提高企业的持续竞争能力[163-164]。因此，关系调整能力对客户知识显性化分享和隐性化吸收具有显著的正向影响。

首先，关系调整能力对客户知识显性化分享具有显著的正向影响。在企业与客户协同创新情境中，具有较好关系调整能力的企业，由于信任以及互惠等关系的存在，在合作过程中会将对方的要求和利益纳入其行为中，会基于双方的信任进行真诚的交流与磋商[303]。有学者认为，企业的关系调整能力有效促进了企业从合作伙伴处获得隐性知识[282]，从而满足双方之间的合作需求[213]。在此基础上，企业和客户之间关系的嵌入会在一定框架内实事求是地提供技术或市场信息，从而促进了客户知识的显性化分享和交流[195]。同时，具有较强关系调整能力的企业更容易与客户建立密切关系，进一步促进彼此显性化知识的分享和转移[304]。Hansen（1999）的研究表明，具有强联结关系的企业有利于高复杂性程度的知识分享和转移[305]。张峰（2016）的研究论证了关系调整能力对市场知识和技术知识的共享具有显著的正向影响。王雪原（2017）认为，合作关系可以促使企业更多地与客户进行交互，及时准确地获取客户的真实需求，产生问题时能够有效沟通和分享。在企业与客户的协同关系中，基于双方协同开发需求，双方会真诚并且实事求是地进行沟通交流，也更愿意及时向对方提供敏感信息及共享的权益性信息，为企业从客户处获得和分享新知识增加了可能性[172, 175]。

其次，关系调整能力对客户知识隐性化吸收具有重要影响。在企业与客户协同创新的过程中，具有良好关系调整能力的企业，其对合作伙伴知识吸收应用的思路、方法及过程更加宽广，更有利于推动知识的吸收以及应用[213]。同时，正因为这种可靠合作关系的存在，关系双方相互信任，往往会向对方提供超过正式协议规定的帮助，从而增加了双方获取、吸收和应用这些新知识的可能性[214]。另外，如果在双方合作过程中出现了不能解决的问题，彼此之间存在的信任关系有助于双方合作关系的理解和支持，企业能够积极响应客户的需求，及时解决双方之间的冲突、矛盾和问题，推动知识的吸收和应用[283]。学者程均谟等（2015）研究认为，合作研发中的信任对技术知识的显性转化、个体隐性转化以及协同隐性转化都具有显著的正向影响作用[201]。王雪原等（2017）认为，合作关系的调整可以使企业采用更为灵活的沟通、交流与处理方式，从而科学地判断和分析客户的隐性需求。

根据以上分析，当企业的关系调整能力较好时，可以共享较多的客户显性化知识，其对客户知识隐性化吸收和应用效果也较为明显；反之亦然。因此，本书提出以下假设。

**H6a：关系调整能力对客户知识显性化分享具有显著的正向影响。**

**H6b：关系调整能力对客户知识隐性化吸收具有显著的正向影响。**

2）客户知识转化与服务产品开发绩效

客户知识转化是企业对客户知识资源的转化过程，是企业与客户跨越组织边界的知识流动过程，发生在组织内和组织外，包括隐性知识和显性知识之间的转化。本书将企业对客户知识转化的过程划分为客户知识显性化分享和客户知识隐性化吸收。前人的研究很好地支持了客户知识显性化分享和客户知识隐性化吸收对服务产品开发绩效的影响作用。

（1）客户知识转化各维度之间的关系。

作为知识创造的关键环节，客户知识显性化分享和客户知识隐性化吸收之间具有相互影响作用。卫武等（2009）的研究认为，知识转化涉及组织、团队和个人，知识转化可以起始于任何一种模式[198]。企业获取和共享的显性化知识质量影响应用的效率，企业获取的分享的高质量的客户知识越多，越有利于对客户知识的吸收与应用[201-204]。因此，企业对外部客户知识的显性化分享有利于提升客户知识的吸收与应用。同时，在企业对客户知识进行转化的过程中，隐性知识和显性知识之间的转化是不断更替的过程，经过社会化、外部化、组合化以及内部化过程不断地螺旋上升，实现知识的创新与升华[195]。高锡荣等（2015）的研究认为，企业可以有效分享和吸收内外部知识，并进行不断的分享和吸收循环，形成组织新的知识，这个转化过程是从个人内隐知识到组织内隐知识（社会化），再到组织外显知识（外部化），再形成组织集成知识（组合化），再到个人内隐知识（内部化）等不断循环往复的过程，从而实现组织新知识[306]。因此，企业对客户知识的隐性化吸收有利于促进客户知识的显性化分享。

根据以上分析，获取越多的客户知识资源，能够显著影响企业对客户知识的显性化分享，也会积极影响客户知识的隐性化吸收；同时，企业对客户知识的隐性化吸收与应用效果越明显，越能够促进客户知识的显性化分享。据此，本书提出以下假设。

**H7a：客户知识显性化分享对客户知识隐性化吸收具有显著的正向影响。**

**H7b：客户知识隐性化吸收对客户知识显性化分享具有显著的正向影响。**

（2）客户知识转化与服务产品开发绩效的关系。

本节主要探讨客户知识转化两个核心流程（知识显性化分享和隐性化吸收）对服务产品开发绩效（过程绩效和结果绩效）的影响作用。

首先，企业对客户知识的显性化分享对服务产品开发绩效具有显著的正向影响。在本书中，客户知识显性化分享是企业将客户的隐性知识（想法、信息、经验和技能等）转化为企业员工的隐性知识，再将企业员工的隐性知识转化为员工的显性知识，通过与客户表达、沟通、交流，从而分享客户知识，以实现知识创新的过程。学者朱秀梅和姜洋等（2011）的研究表明，知识获取和知识整合对新产品开发绩效具有显著的正向影响[50]。卫武等（2009）的研究证实了隐性知识和显性知识的分享可以提高员工绩效、团队绩效和组织绩效[198]。Jie B. W. 和 Bin G.（2013）对客户知识进行了分类，并说明了客户知识管理的重要作用，论证了客户知识的获取和分享对新产品开发绩效具有正向影响[43]。程均谟等（2015）的研究说明技术知识的显性化转化对企业能力获取绩效和创新绩效具有显著的正向影响[201]。刘良灿（2016）的研究说明客户知识的社会化、外显化、内隐化和组合化对集成创新具有显著影响[202]。陈晓芳和黄文才（2017）通过对商业银行内部知识转化的研究，说明个体之间的知识共享对个体创新行为具有显著的正向影响[214]。客户知识显性化分享是知识管理过程中的一个重要环节，企业是创新实践活动的主导者，其对客户异质性知识的获取和分享对企业绩效具有重要作用[51]。企业通过客户显性知识的共享，能够激发成员形成新的思想、新的创意、新的设计或新的理念，从而提高产品开的创新度[253]。

根据以上分析可知，客户知识显性化分享对提升服务产品开发绩效具有重要作用。企业对客户知识共享得越多，越能够获得客户的需求，从而改良产品及方案，促进过程绩效和结果绩效。据此，提出以下假设。

**H8a：客户知识显性化分享对服务产品开发的过程绩效具有显著的正向影响。**

**H8b：客户知识显性化分享对服务产品开发的结果绩效具有显著的正向影响。**

其次，企业对客户知识的隐性化吸收对服务产品开发绩效具有显著的正向影响。在本书中，客户知识的隐性化吸收是指企业员工将客户的显性知识经过分析与理解，进行重新编码和抽象，以形成组织显性知识，这些知识再与企业原有的知识融合，从而形成企业创新性的知识（从显性知识到隐性知识的转化），实现了知识升华，从而应用到服务产品开发活动过程。张同健和蒲勇健（2010）通过知识型团队数据检验说明了知识的内隐化对技术创新能力的正向影响作用[204]。岳意定和卢澎湖（2014）的研究论证了潜在吸收能力和现实吸收能力对产品创新绩效的正向影响[299]。程均谟等（2015）的研究说明了个体隐性知识转化和协同隐性知识转化对创新绩效和能力绩效的正向影响作用[201]。杨艳玲和田宇（2015）基于互动导向视角并将吸收能力与主动改善作为中介变量纳入新服务开发影响中，通过实证研究说明了吸收能力对新服务开发具有正向影响作用[308]。刘良灿等（2016）的研究论证了知识内隐化通过集成创新对新产品竞争力产生影响[202]。任志娟（2018）认为，企业获取隐性知识可以提高企业发现问题、解决问题的能力，而发现问题、解决问题的能力可以促进创新。对于服务企业来说，新服务产品开发还会受到新知识的创造和运用的影响[46]，只有将知识充分吸收的隐性化知识应用到实际服务产品开发中，才能真正体现知识的价值，可以说，这些知识对企业的知识创新具有至关重要的促进作用[41, 255]。在协同创新实践中，企业可根据客户对于业务流程、不同服务产品的组合、设计方案的改良等需求快速地调整企业人员结构、业务流程以及产品组合方案等的显性化知识分享并且进行隐性化吸收，最大限度满足客户需求。据此，提出以下假设。

**H9a：客户知识隐性化吸收对服务产品开发的过程绩效具有显著的正向影响。**

**H9b：客户知识隐性化吸收对服务产品开发的结果绩效具有显著的正向影响。**

3）客户知识转化在企业协同能力对服务产品开发绩效影响中的中介作用

目前，前人关于 KIBS 企业协同能力影响服务产品开发绩效的作用路径尚不明晰。本节基于资源依赖理论和企业知识观理论和协同理论，探讨客户知识转化在 KIBS 企业协同能力对服务产品开发绩效影响中所起到的中介作用。

根据资源依赖理论，客户的信息、技术、市场等异质性知识资源是改善服务创新绩效的关键。企业协同能力被认为是获取客户知识的重要能力，根据前面的分析可知，企业协同能力对服务产品开发绩效具有显著影响。其中，企业协同能力中的知识集聚能力指的是企业自发形成的合作网络对客户知识资源（产品、市场、环境、人才、技术等）在空间上的搜索、获取、集中等以及在时间上的整合、积累、吸收等动态的知识管理能力。企业通过对知识资源的集聚，适应快速变化的环境，从而提高企业的竞争力（Martin，1999；Zao-Liang；2008）。组织间的协调能力指的是在服务产品开发过程中企业内部要素之间以及企业与客户之间通过互动交流实现内外部相关要素资源的合理配置并使其协调发展的能力。组织间协调能力从技术的角度反映了企业协同能力的高低，为企业与合作伙伴之间的协同创新提供了强大的技术支持，为知识密集型接口建立提供保障，能够在有效促进企业对客户知识显性化分享和隐性化应用的同时促进产品开发绩效[32]。关系调整能力表现为企业与客户及合作伙伴能否基于充分的信任，在优良的知识共享机理下进行充分有效的协调和沟通，而且良好的关系协同，有助于企业与合作伙伴进行无障碍的沟通和合作，维持合作的稳定性和持续性，进而提高新产品开发绩效[283]。

基于企业知识观理论，异质性的客户知识是企业创新的来源，是企业开展服务创新/产品开发的基础[121]。企业只有有效地获取、分享、吸收和应用客户知识，才能更好地促进企业创新绩效的提升[54, 74]。企业对客户知识的分享强调通过体验、反思和实践，从客观世界获得原创性知识，或者从外部获取和分享互补性的、显性化的客户知识的过程[126]。在对客户知识获取和分享的基础上，企业需要通过对客户知识的隐性化吸收过程实现知识创新和升华，促进企业服务创新/产品开发绩效的提升[164, 194]。由此可见，客户知识转化可能会在企业协同能力对服务产品开发绩效的影响中起到中介作用。

目前，现有研究主要从知识整合/共享/转移视角阐述企业相关能力（动态/吸收/IT能力）、客户参与/互动、关系嵌入、客户共同生产/客户合作等对企业相关绩效的中介作用机理。如 Fang（2008）通过对服务创新绩效进行研究，说明了知识共享在客户参与创新对服务创新绩效影响中的中介作用[222]。吴家喜和吴贵生（2008）通过制造业的实证研究，从企业对外部知识吸收以及企业对内部知识整合角度说明了企业间关系对新产品开发的影响[54]。汪涛和郭锐（2010）从知识分享的角度，说明了客户参与通过关系涉入影响知识分享，进而对产品创新产生影响的机理[74]。卢俊义和王永贵（2011）从客户知识转移视角构建了客户参与服务创新与创新绩效关系模型，说明了客户参与情况下客户知识转移对服务创新的重要影响[76]。李清政和徐朝霞（2014）从客户知识转移角度分析了 B2B 情境下知识密集型服务企业客户共同生产服务对创新绩效的中介作用[92]。陈力和宣国良（2006）从知识整合角度通过理论分析和案例研究说明了企业应该在不同的条件下选择恰当的客户以促进新产品开发绩效[53]。王琳（2012）验证了内部知识整合和外部知识整合在 KIBS 企业-客户互动对服务创新绩效影响中的中介作用[73]。李俊（2011）的研究论证了知识管理在企业网络和新产品开发绩效的中介作用[68]。Tsou（2012）从知识整合角度说明了协同能力对渐进性创新和突变性创新的影响[32]。Jiebing Wu 和 Bin Guo（2013）研究了客户知识管理在服务产品开发中具有的重要作用，说明客户对拥有的资源具有判断与处理的权力，企业通过与客户合作，可以向客户寻求服务产品开发方案，从而在满足客户的需求和创意的基础上促进了服务产品开发效率[43]。白鸥等（2016）从客户知识转化角度说明了组织设计对转化客户知识提升旅游服务企业新产品开发绩效的重要性[309]。陈晓芳和黄文才（2017）通过实证研究说明了商业银行内部知识转化对个体服务创新的正向影响[214]。王飞和刘丹（2019）从跨部门整合角度实证分析并论证了客户合作对新产品开发绩效的影响[262]。

由此可知，现有的研究在一定程度上反映出知识转化在企业协同能力对服务产品开发/创新绩效影响中可能会起到一定的中介作用。在协同创新过程中，企业通过与客户协同互动、交流，反复进行沟通协调，能够激发企业员工产生独特的创意和新的构思，从而有助于企业服务产品开发绩效的提升。因此本书提出以下假设。

**H10a：客户知识显性化分享在协同能力对服务产品开发绩效（$a_1$：过程绩效；$a_2$：结果绩效）影响中起到中介作用。**

**H10b：客户知识隐性化吸收在协同能力对服务产品开发绩效（$b_1$：过程绩效；$b_2$：结果绩效）影响中起到中介作用。**

总之，通过 KIBS 企业协同能力与服务产品开发绩效之间、企业协同能力与客户知识转化之间以及客户知识转化与服务产品开发绩效之间关系的探索性案例以及理论分析可知，对于知识密集型服务业而言，企业协同能力（知识集聚能力、组织间协调能力、关系调整能力）通过对客户知识转化（客户知识显性化分享、客户知识隐性化吸收）的影响，促进了服务产品开发绩效（过程绩效、结果绩效），即说明客户知识转化在 KIBS 企业协同能力对服务产品开发绩效影响中起到一定的中介作用，具体的理论模型如图 3-6 所示。

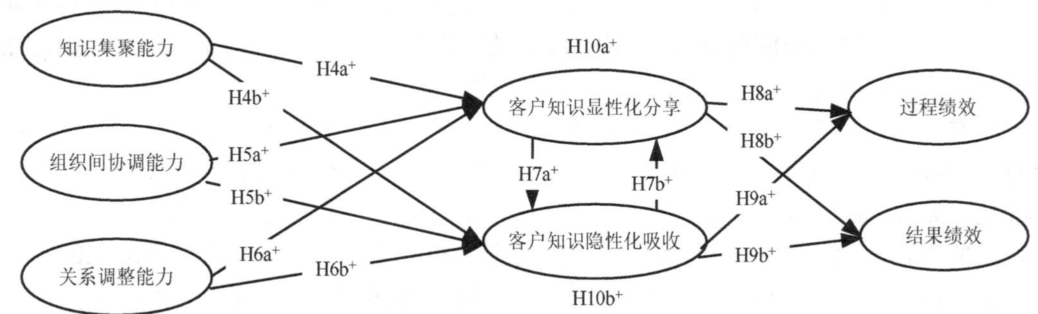


**图 3-6　本书的中介作用模型**

## 3.4.3　协同治理机制的调节作用假设

通过前面的分析，提出了 KIBS 企业协同能力影响服务产品开发绩效的作用路径，得出了 KIBS 企业协同能力通过客户知识转化对服务产品开发绩效产生影响的路径。本节将聚焦企业协同能力与客户知识转化关系的情境因素，分析协同治理机制对 KIBS 企业协同能力与客户知识转化关系的调节作用。

在协同创新过程中，由于企业与客户之间缺乏有效的协同方式，使得协同创新的秩序受到破坏，因而不利于企业与客户协同实践活动的开展[310]。而且，由于客户需求具有多样性，使得客户参与协同创新活动的不确定性增加。如何促进协同创新活动的有序进行，从而保障协同的秩序？因此协同治理机制作为企业与客户协同创新中保障协同活动顺利开展的有效机制引起了学者的关注[93, 175]。目前，学者关于协同治理机制维度的划分比较统一，主要分为关系治理机制和契约治理机制 2 个重要维度[234-235]。但是，关于关系治理机制和契约治理机制如何影响企业协同能力与客户知识转化的关系尚不明晰，其相关结论也并不一致。如有学者认为由于知识产权保护制度在保护相关成果时效率低下，使得企业更倾向于关系治理机制，而忽视契约治理机制的作用[311]。然而，这样就很难捕捉到服务创新活动的复杂性以及动态性，使得企业很难构建服务产品开发的研究脉络。因此，关系治理机制与契约治理机制如何影响 KIBS 企业协同能力与客户知识转化的关系以及在不同的客户知识转化策略下选择何种治理机制，就成为促进 KIBS 企业协同能力发挥的关键，以有效提升服务产品开发绩效。

关系治理机制以交易双方彼此间的信任为基础，是一种非正式的治理机制[234-235]，针对协同创新情境，这种互惠互利的作用机制可能更有利于客户知识的分享和沟通[175, 229]；而契约治理机制是以契约为基础的，是一种正式的合作机制，它强调使用高强制性的、具有法律约束效力的协议或者合同治理双方之间的合作交易关系[234-235]，通过这种强制性手段，对于复杂、多样化以及难以理解的隐性客户知识可能更为有效[236-237]。因此，本节主要探讨关系治理机制在 KIBS 企业协同能力与客户知识显性化分享关系中的调节作用以及契约治理机制在 KIBS 企业协同能力与客户知识隐性化吸收关系中的调节作用。

1）关系治理机制的调节作用

关系治理机制（Relational-based Governance Mechanism，RGM）以企业与客户彼此之间的诚信和信任为基础，是一种非正式的治理机制[234-235]。Jones（1998）等认为建立在信任和互惠基础上的关系治理机制创造了联合行动的基础，从而促进合作问题解决[312]。王辉（2012）认为，相对于契约治理机制而言，关系治理机制在网络能力与产品创新价值链关系中的正向作用更显著[93]。关系治理机制可以减少使用正式控制机制（例如契约治理机制）的可能性，适合建立良好的合作氛围，从而有助于激励合作伙伴彼此之间知识的贡献和分享[313]。企业有意识地与客户进行协同合作，与客户建立起信任和人脉关系，在获得情感支持和财务支持的同时，能够获取和共享更多的客户知识[229]。

在协同创新过程中，企业与客户之间的协同合作是一种长期的互惠行为，对于作为创新主体的企业来说，其协同能力的发挥受到协同主体的知识背景、市场需求等不确定性等的影响，价值取向也会存在严重分歧，因此，以信任和互惠为基石的关系治理机制就显得尤为重要[312]。合作双方的信任表现在双方的正面期望和接受意外损失的意愿，正面期望意味着信任度高，参与主体之间进行知识共享的意愿越强烈，越有利于创新目标的实现[175]。在信任的基础上，双发都愿意投入质量高、程度深的关键以及核心知识；同时，双方也会有较高的道德操守，不会剽窃对方共享知识范围外的知识[314]。另外，信任不仅能够将协同创新的正面期望升华为异质主体的新知识，而且能够抑制由于知识外部属性溢出可能发生的交易风险，还能够使双方利益得到均衡分配[288-289]。因此，从一定意义上说，关系治理机制有利于企业协同能力对客户知识的转化，尤其是有利于促进企业协同能力对客户知识的显性化分享。

综上所述，关系治理机制有利于企业协同能力（知识集聚能力、组织间协调能力、关系调整能力）对客户知识的显性化分享。由此，本书提出以下假设。

**H11a：关系治理机制对知识集聚能力与客户知识显性化分享关系具有显著的正向调节作用。**

**H11b：关系治理机制对组织间协调能力与客户知识显性化分享关系具有显著的正向调节作用。**

**H11c：关系治理机制对关系调整能力与客户知识显性化分享关系具有显著的正向调节作用。**

2）契约治理机制的调节作用

契约治理机制（Contractual-based Governance Mechanism，CGM）以市场契约为基础，是一种正式的治理机制，它强调使用高强制性的、具有法律约束效力的协议或合同治理双方之间的合作关系[234-235]。Kale（2000）认为契约治理为知识的共享与转移提供了良好的环境[240]。白鸥和魏江等（2015）认为契约治理和关系治理是促进知识获取的 2 种不兼容的治理手段[175]。彭月芹（2016）通过实证研究论证了契约治理有利于企业协同创新能力中的客户知识管理[315]。邢青松（2016）认为契约主要指通过法制的强力执行，通过契约规定异质主体对于私有或共有知识的处置方式[229]，明确了协同双方一旦违反契约所应得到的惩罚，是协同创新中知识共享和吸收的法制保障基础[316]。

通过以上学者的研究可知，契约治理机制在知识/创意产生、获取、共享、管理等行为中起到了一定的正向调节作用。企业与客户协同创新的过程中，双方之间的协同合作是一种长期的合作与互惠行为，在此期间，企业对于客户知识集聚、组织间协调以及合作关系调整的能力，即企业协同能力的发挥可能会受到行业前景、市场需求、治理机制等不确定性因素等的影响[93-95]。然而，协同创新过程中双方由于知识的获取、吸收及应用等存在的关系与传统产学研知识相关管理关系相比，要更加复杂[236-237]。而且，协同主体的知识背景、价值取向也会存在严重分歧，这些都会影响知识的有效共享和吸收[229]。同时，由于契约治理机制的约束，合作双方签订契约就意味着事先约定了交易过程中双方的责任、违背所签契约会受到的惩罚，那么，协同双方对于之前约定在创新中扮演的角色，涉及的知识权属管理、协同创新主体间的矛盾冲突的解决等问题就会有一定的法律依据，从而有利于客户隐性化知识的获取和吸收[237, 316]。因此本书认为，契约治理机制有利于促进企业协同能力对客户知识隐性化吸收效果的发挥。

综上所述，本书认为契约治理机制有利于企业协同能力对客户隐性化知识的吸收。由此，本书提出以下假设。

**H12a：契约治理机制对知识集聚能力与客户知识隐性化吸收关系具有显著的正向调节作用。**

**H12b：契约治理机制对组织间协调能力与客户知识隐性化吸收关系具有显著的正向调节作用。**

**H12c：契约治理机制对关系调整能力与客户知识隐性化吸收关系具有显著的正向调节作用。**

基于上述理论分析，本书构建了协同治理机制对 KIBS 企业协同能力与客户知识转化关系影响的理论模型，说明了关系治理机制和契约治理机制对 KIBS 企业协同能力与客户知识转化关系所具有的显著正向调节作用，具体模型如图 3-7 所示。

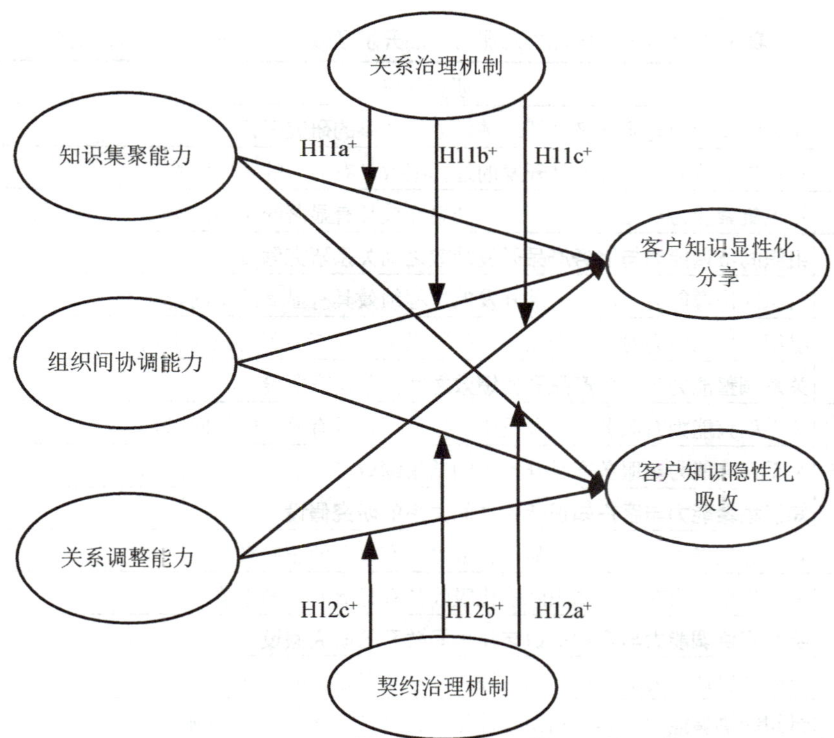


**图 3-7 协同治理机制在企业协同能力与转化关系中的调节作用模型**

## 3.5 本章小结

本章首先对研究的相关概念进行了界定。在相关理论的基础上，结合 KIBS 企业与客户协同进行服务产品开发的过程及特点，从“协同系统”角度深入分析了 KIBS 企业协同能力的构成维度；其次提出了理论预设；再次，通过对 5 个知识密集型服务业企业的探索性案例研究，在相关概念及理论预设的基础上，通过案例研究设计、案例企业简介、案例内数据分析以及案例间数据分析，提出概念模型，并通过进一步的理论分析提出了研究假设。

研究假设主要包括企业协同能力（知识集聚能力、组织间协调能力和关系调整能力）对服务产品开发绩效具有直接影响；同时，企业协同能力（知识集聚能力、组织间协调能力和关系调整能力）通过客户知识转化（客户知识显性化分享、客户知识隐性化吸收）促进了服务产品开发绩效（过程绩效和结果绩效）；此外，关系治理机制在企业协同能力与客户知识显性化分享的关系中具有显著的正向调节作用，契约治理机制在企业协同能力与客户知识隐性化吸收的关系中具有显著的正向调节作用。总体而言，本书作者的假设见表 3-7。

表 3-7　KIBS 协同能力对服务产品开发绩效影响机理的研究假设汇总

| 假设序号 | 研究假设 |
|---|---|
| **第 1 组** | **知识集聚能力与服务产品开发绩效之间关系的研究假设** |
| H1a | 知识集聚能力对服务产品开发的过程绩效具有显著的正向影响 |
| H1b | 知识集聚能力对服务产品开发的结果绩效具有显著的正向影响 |
| **第 2 组** | **组织间协调能力与服务产品开发绩效之间关系研究假设** |
| H2a | 组织间协调能力对服务产品开发的过程绩效具有显著的正向影响 |
| H2b | 组织间协调能力对服务产品开发的结果绩效具有显著的正向影响 |
| **第 3 组** | **关系调整能力与服务产品开发绩效之间关系研究假设** |
| H3a | 关系调整能力对服务产品开发中的过程绩效具有显著的正向影响 |
| H3b | 关系调整能力对服务产品开发中的结果绩效具有显著的正向影响 |
| **第 4 组** | **知识集聚能力与客户知识转化之间关系的研究假设** |
| H4a | 知识集聚能力对客户知识显性化分享具有显著的正向影响 |
| H4b | 知识集聚能力对客户知识隐性化吸收具有显著的正向影响 |
| **第 5 组** | **组织间协调能力与客户知识转化之间关系的研究假设** |
| H5a | 组织间协调能力对客户知识显性化分享具有显著的正向影响 |
| H5b | 组织间协调能力对客户知识隐性化吸收具有显著的正向影响 |
| **第 6 组** | **企业关系调整能力与客户知识转化之间关系的研究假设** |
| H6a | 关系调整能力对客户知识显性化分享具有显著的正向影响 |
| H6b | 关系调整能力对客户知识隐性化吸收具有显著的正向影响 |
| **第 7 组** | **知识管理转化各维度之间相互影响作用的研究假设** |
| H7a | 客户知识显性化分享对客户知识隐性化吸收具有显著的正向影响 |
| H7b | 客户知识隐性化吸收对客户知识显性化分享具有显著的正向影响 |
| **第 8 组** | **客户知识显性化分享与服务产品开发绩效之间关系的研究假设** |
| H8a | 客户知识显性化分享对服务产品开发的过程绩效具有显著的正向影响 |
| H8b | 客户知识显性化分享对服务产品开发的结果绩效具有有显著的正向影响 |
| **第 9 组** | **客户知识隐性化吸收与服务产品开发绩效之间关系的研究假设** |
| H9a | 客户知识隐性化吸收对服务产品开发的过程绩效具有显著的正向影响 |
| H9b | 客户知识隐性化吸收对服务产品开发的结果绩效具有有显著的正向影响 |
| **第 10 组** | **客户知识转化的中介作用** |
| H10a | 客户知识显性化分享在企业协同能力对服务产品开发绩效（$a_1$：过程绩效；$a_2$：结果绩效）的影响中起到中介作用 |
| H10b | 客户知识隐性化吸收在企业协同能力对服务产品开发绩效（$b_1$：过程绩效；$b_2$：结果绩效）的影响中起到中介作用 |
| **第 11 组** | **关系治理机制对企业协同能力与客户知识显性化分享关系的研究假设** |
| H11a | 关系治理机制对知识集聚能力与客户知识显性化分享关系具有显著的正向调节作用 |
| H11b | 关系治理机制对组织间协调能力与客户知识显性化分享关系具有显著的正向调节作用 |
| H11c | 关系治理机制对关系调整能力与客户知识显性化分享关系具有显著的正向调节作用 |

续表

| 假设序号 | 研究假设 |
| --- | --- |
| **第 12 组** | **契约治理机制对企业协同能力与客户知识隐性化吸收关系的研究假设** |
| H12a | 契约治理机制对知识集聚能力与客户知识隐性化吸收关系具有显著的正向调节作用 |
| H12b | 契约治理机制对组织间协调能力与客户知识隐性化吸收关系具有显著的正向调节作用 |
| H12c | 契约治理机制对关系调整能力与客户知识隐性化吸收关系具有显著的正向调节作用 |

# 4 研究设计与方法

科学的研究设计与方法是保证研究质量的重要环节。通过第三章模型构建与研究假设，本书提出了 KIBS 企业协同能力对服务产品开发绩效影响的概念模型及研究假设。然而，由于协同创新情境下 KIBS 企业协同能力、客户知识转化以及服务产品开发绩效等数据无法从公开资料中获取，本书通过对 KIBS 企业的问卷调查获取数据，并通过科学而严谨的实证研究方法对研究假设进行验证。在验证假设之前，需要对研究设计与方法进行阐述，本章主要从问卷设计、变量测度、样本选择和数据收集以及分析方法介绍 4 个方面阐述本书的研究设计与方法。

## 4.1 问卷设计

### 4.1.1 问卷设计的原则

为了保证研究的质量，在问卷调查的初始阶段需要遵循一定的原则。问卷设计的总体原则是应围绕研究目的进行，尽可能简洁明了，而且要便于回答，具有吸引力[317]。问卷设计具体包括以下原则。

第一，目的性原则。问卷涉及的问题项必须紧密围绕研究主题所涉及的构念进行设计。本书紧密围绕“知识密集型服务企业协同能力对服务产品开发的绩效影响”这一主题中的构念（服务产品开发绩效、企业协同能力、客户知识转化以及协同治理机制）设计问卷题项。

第二，系统性原则。问卷设计紧密围绕研究主题中涉及的变量一一进行量表设计，然后对问题进行编排，使问卷形成一个紧密围绕研究主题的小系统。本书在紧密围绕研究主题的基础上，对研究中涉及的变量“企业协同能力”“客户知识转化”“协同治理机制”“服务产品开发绩效”这 4 个变量依次进行量表设计，然后按照研究逻辑进行编排，最终形成完善的系统问卷。

第三，简明性原则。这一原则要求问卷中涉及的变量题项能够简明地反映变量的问题，切忌冗长。结合研究主题，本书采用的是封闭式问卷，问卷中的每个题项应尽可能完备，有明显的差别，以便明确反映研究变量。

第四，方便性原则。要求问卷中问题项设计的语言和形式要符合被调查者的特征和习惯，这样才能够使他们愿意并且顺畅地填写问卷，问卷答案也就越能够反映研究变量的本质。本书涉及主题的问卷答题者皆是通过朋友关系介绍的企业研发团队经理或项目经理，答题意愿较为强烈，并且认真负责。

### 4.1.2 问卷设计的流程

本书主要遵循了 Dunn（1994）[318]、荣泰生（2009）[319]等提供的问卷设计流程，以保证问卷设计的科学性以及合理性。同时，根据本书的特点对研究流程进行了适应性修改。具体而言，包括以下 4 个阶段（图 4-1）。

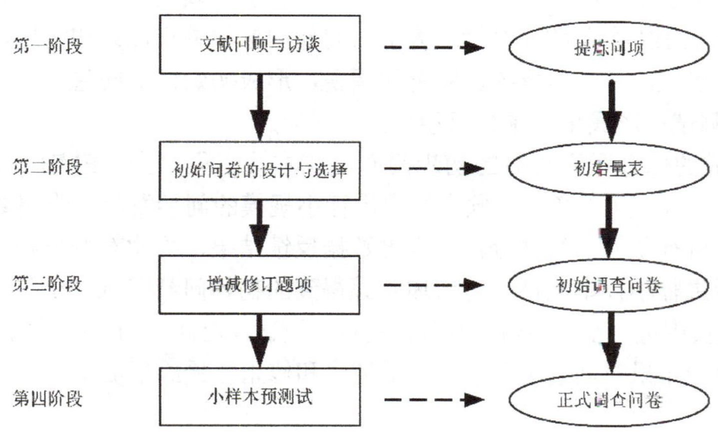


**图 4-1 问卷设计流程**

1）文献回顾与访谈：提炼初始测量题项

通过文献回顾并结合企业访谈，进一步明晰各变量以及变量之间的关系，提炼各变量的初始测量题项。具体而言，本书所涉及的变量主要包括企业协同能力（包括知识集聚能力、组织间协调能力以及关系调整能力）、客户知识转化（包括客户知识显性化分享和客户知识隐性化吸收）、协同治理机制（包括契约治理机制和关系治理机制）以及服务产品开发绩效（包括过程绩效和结果绩效）4 个主要变量及其维度。本书初始测量题项除了企业协同能力中一个变量属于自我开发和补充的外，其余变量问题项是在参考国外成熟量表之后形成的，按照 Craig 和 Douglas（2005）建议的方法对测量文献的翻译问题以及由于文化差异所导致的表述问题，采用翻译、回译和调整的方式来设计初始测量题项，形成测量量表[320]。即首先研读大量关于企业协同能力研究的国内外文献，寻找和归纳与其相关的量表和题项；其次，在前人研究的基础上，首先由 3 名管理学博士研究生对前人问卷进行翻译，并根据研究目的对相应的问题项的问法和侧重点进行调整、修改、补充、删除以及完善，并对相似的题项进行合并，对有歧义的题项进行讨论和进一步修改，形成初始测量题项。

2）初始问卷的设计与选择：形成初始量表

目前，国内外缺乏企业协同能力维度划分及测量的量表，本书借鉴已有文献并结合企业访谈结果开发和补充企业协同能力的测量量表，对于客户知识转化、协同治理机制以及服务产品开发绩效的量表则借鉴前人成熟且被广泛引用的量表，并结合访谈情况对变量的测量题项进行选择、整合与调整。同时，结合本书所处的情境语言特点和被试的情况以及访谈结果，对题项的表达进行适当的本土化。通过专家小组讨论和企业访谈 2 种方法对问卷题项进行补充和修订和调整，从而形成本土化的初始问卷。

3）问卷题项的修改：形成初始调查问卷

根据初步形成的问卷，与相关领域成员对测量题项与变量之间的关系进行讨论，将不合理的题项剔除并补充相关题项，使其尽可能地反映研究变量的内容。而且，邀请此领域的专家学者和企业管理人员对变量的测量题项展开互动讨论，对有词语歧义以及描述模糊的题项进行了修订及完善。在题项的措辞上，本团队以及相关领域的博士研究生和硕士研究生也提出了不少建议，减少可能出现的表达不清和引起歧义的地方。同时，结合访谈的便利性，与多位 KIBS 企业的高级管理人员对问卷的题项进行探讨和沟通，征求他们对本书中变量题项的建议，不断地修改、完善和调整，形成初始调查问卷。

4）小样本测试：形成正式调查问卷

结合所形成的修订和完善后的初步问卷，在本校工程硕士、EMBA（高级管理人员工商管理硕士）、MBA（工商管理硕士）中进行小规模的问卷发放，收集数据并对测量的可靠性和有效性进行了初步统计分析，根据数据反馈结果，再次对变量题项的内容进行修订、完善；最后进行小样本测试。将前述步骤得到的初始问卷在 KIBS 企业中的项目经理和技术骨干等人员中进行小范围内的发放，进行预测试，对回收的小批量问卷进行初步的统计检验，根据检验结果对问卷进行进一步的纯化和修正，最终形成本书的正式调查问卷。

### 4.1.3 防偏措施

除了企业基本情况以及企业与客户协同进行服务产品开发项目经历情况中的相关题项之外，本书采用 7 级量表对题项进行测量。但是，由于每位被调查者存在主观性，对问卷测量的准确性和客观性会有所影响。因此，需要根据一定的方法和措施减少应答偏差（Fowler，1988）[321]。具体面临的情况及其解决措施如下。

（1）被调查者不能理解所提的问题。针对此问题，本书在问卷设计过程中通过访谈广泛听取了企业界专家以及学术界专家的意见，并对问卷进行了预测试，根据预测试的结果对问卷进行了反复的修改与完善，以尽量避免出现表达含糊不清以及难以理解的情况。

（2）被调查者不了解所需答案的相关信息。针对此情况，本书选择了曾参与服务产品开发项目并对该产品开发项目整体运作情况较为熟悉的从事产品研发/项目开发的项目经理以及核心技术人员，同时邀请少量的项目支持人员来填写问卷。

（3）被调查者忘记所需答案的相关信息。针对此情况，本书中问卷题项的回答均是近 3 年内项目的情况，以避免由于记忆问题所引起的偏差。

（4）被调查者不愿如实回答。针对此情况，本书在问卷的卷首向被调查者指明问卷调研的目的，并说明所获信息不会用于任何商业目的，并对答卷者的信息保密，从而减少答卷者的顾虑，促进对题项的如实回答。

另外，本书对变量的测度均采用李克特（Likert）7 级量表打分法处理。从数字 1“完全不符合”到数字 7“完全符合”，数字 4 表示“一般”（调查问卷见附录 B）。

最终，形成的问卷包括了 5 个部分的内容：第一部分为企业的基本信息；第二部分为企业与客户协同进行服务产品开发的项目经历情况；第三部分为与研究主题紧密相关的变量的测量，包括：①企业协同能力的描述；②企业对客户知识转化的描述；③关于协同治理机制情况的描述；（4）关于企业服务产品开发绩效的描述。

## 4.2 变量测量

本书中涉及企业协同能力、客户知识转化、协同治理机制以及服务产品开发绩效这 4 个变量的测量，现一一进行阐述。

### 4.2.1 企业协同能力的测量

目前，国内外关于企业协同能力的内涵及构成维度的相关实证研究较少，缺乏 KIBS 企业协同能力的测量量表。本书从协同创新情境出发，从企业对知识的需求、行为控制以及合作发展 3 个层面围绕“知识集聚能力、组织间协调能力、关系调整能力”3 个维度设计 KIBS 企业协同能力的初始测量量表。

首先，关于知识集聚能力的测量题项。由于目前鲜有关于知识集聚的相关测量的研究[27]。对此，本书中知识集聚能力的测量主要根据其定义和要素内容进行演绎开发。组织间（企业与客户）的协调能力指的是企业内部要素（战略、组织、人员、资金、技术、制度等）之间以及企业与客户之间通过互动、沟通、交流实现内外部要素以及各主体资源的合理配置并使其协调发展的能力。在前人研究的基础上[284-285]，本书首先由相关领域的两名管理学博士研究生进行设计和开发；然后，对没有涉及内容的题项进行补充，对测量中出现的有歧义的题项进行反复讨论、达到统一，对相似的题项进行简化、合并；再次，经过多轮的修订、补充、调整和完善，最终通过知识搜索能力、知识获取能力、知识整合能力、知识积累能力以及知识吸收及运用能力 5 个方面的题项测量知识集聚能力。

其次，组织间的协调能力指的是企业内部各要素之间以及企业与客户之间通过互动、沟通、交流实现内外部要素以及主体的合理配置并使其协调发展的能力。Beamish（1997）认为，协调能力是指一个公司或组织建立与其公司和组织知识密集型接口的能力[27]。Emden et al.（2006）认为，适时和简化的沟通方式，内部员工沟通交流以及部门横向交互，工作的流程化和标准化以及兼容的文化等是企业努力去解决矛盾，促进合作的前提[286]。徐婷婷（2013）通过政府制度协调能力、政府人员协调能力、政府信息协调能力和政府资源协调能力 4 个方面衡量政府协调能力。在前人研究的基础上，本书通过跨职能沟通、内外部分享交流、部门横向互动、制度协调、技术手段沟通 5 个方面的题项测量组织间协调能力。

再次，关系调整能力的测量。关系调整能力是指企业与客户在服务产品协同开发过程中充分发挥企业的资源优势，以维护、改善以及调整双方合作关系的能力。Nelson（1989）通过沟通方式投入、友谊、互惠以及经常接触测量关系能力[281]。还有学者认为协作关系通过企业与客户之间的信任、互惠与亲密程度进行测量[287]。Rindfleisch 和 Moorman（2001）通过“我们的有关人员与伙伴保持亲密社会关系、合作伙伴过去为我们所做的事、我们会继续与合作伙伴进行协作、我们对与伙伴的关系感到满意”等问题对关系能力进行衡量[288]。也有学者认为，在协同合作中，除了合作中的互惠与友谊外，通过接触频率衡量关系是不可行的[289]。Chung-Jen Chen（2014）[28]通过开发和治理伙伴关系的能力来测量关系能力。在前人研究的基础上，本书通过对规章制度的遵守、解决合作中出现的问题、彼此之间信任关系、快速响应能力以及合作应变能力等 5 个方面的题项测量合作关系调整能力。

综上，协同创新情境下 KIBS 企业协同能力是企业获得关键知识资源（如产品、市场、环境等客户知识资源）的重要推力，是企业对客户知识的搜索、整合、集聚等，是企业内部要素之间以及企业与客户之间的互动、沟通、协调等行为控制以及企业对内外部合作关系的调整，以提升企业绩效的一种综合能力。通过知识集聚能力（Knowledge Aggregation Capability，KAC），组织间协调能力（Inter-organizational Coordination Capability，ICC）、关系调整能力（Relationship Adjustment Capability，RAC）3 个维度共 15 个测量题项来测量。本书中，关于 KIBS 企业协同能力的测量题项，一部分来自前人研究，一部分为自主开发的量表。具体的测量题项及文献来源见表 4-1。

**表 4-1　企业协同能力（CC）的测量题项**

| 变量 | 测量题项 | 来源依据 |
| --- | --- | --- |
| 知识集聚能力 KAC | KAC1：我们具备较强的客户知识资源搜索的能力 | 自主开发 |
| | KAC2：我们具备较强的获取客户知识资源的能力 | |
| | KAC3：我们具备较强的整合客户知识资源的能力 | |
| | KAC4：我们具备较强的积累客户知识资源的能力 | |
| | KAC5：我们具备较强的吸收及运用客户知识资源的能力 | |
| 组织间协调能力 ICC | ICC1：我们具备通过跨职能的接口（如联络人员、工作组、开展团队）与客户沟通的能力 | Hung Tai Tsou，2012[32] |
| | ICC2：我们具备通过与内外部分享交流，分享和汇集专门知识解决遇到的问题的能力 | |
| | ICC3：遇到存在分歧的观点时，我们具备通过部门之间横向互动进行协商解决的能力 | |
| | ICC4：我们具备通过制订工作流程标准、工作计划、规则标准化等制度与客户进行沟通和协调的能力 | |
| | ICC5：我们具备通过客户关系系统（CRM）、Q&A 问答平台、QQ、微信以及第三方平台等技术手段与客户进行沟通的能力 | |
| 关系调整能力 RAC | RAC1：在服务开发过程中，我们具备与客户遵守公司管理制度以及规则的能力 | 张文贤（2007）[283]；Chung-JenChen（2014）[28] |
| | RAC2：我们具备快速解决合作中出现的问题的能力 | |
| | RAC3：我们主要基于信任和互惠与客户建立长期合作能力 | |
| | RAC4：遇到问题，我们具备快速响应客户需求的能力 | |
| | RAC5：我们具备对合作关系中的突发问题及时应变和处理的能力 | |

## 4.2.2　客户知识转化的测量

由于客户知识管理过程及其转化的研究量表较为成熟，本书中，客户知识转化（Customer

Knowledge Transformation，CKT）主要从客户知识显性化分享（Customer Knowledge Explicit sharing，CKES）和客户知识的隐性化吸收（Customer Knowledge Recessive Absorption，CKRA）2 个维度进行衡量。客户知识的显性化分享是企业对客户对获取的隐性客户知识，如客户偏好信息，服务产品开发过程中的想法、信息、经验和技能等知识进行显性化沟通交流、表达、分享等行为和过程[307]。借鉴 McEvily 和 Marcus（2005）[80]，张红琪（2012）[119]，李圭泉和刘海鑫（2014）[307]等学者的研究，通过企业对客户交流、获取、表达、知识分享、知识传递等 5 个题项测量客户知识显性化分享。客户知识隐性化吸收是指企业对分享的客户显性知识进行重新编码和抽象，从而更好地与企业内部原有知识进行融合，并具体应用到创新活动的过程[203-204]。借鉴 Nonaka（1995）[194]，张同健和蒲勇健（2009）[199]，汪全莉和王嘉（2015）[200]，程钧谟等（2015）[201]的研究，主要从客户知识归纳整理、评价、吸收、整合及应用等 5 个方面测量客户知识隐性化吸收。具体测量指标见表 4-2。

**表 4-2 客户知识转化（CKT）的测量题项**

| 变量 | 测量题项 | 来源依据 |
|---|---|---|
| 客户知识显性化分享 CKES | CKES1：我们与客户经常就新产品开发问题进行沟通交流 | McEvily 和 Marcus（2005）[80]，张红琪（2012）[119]，李圭泉和刘海鑫（2014）[307]，Nonaka（1995）[194]，张同健和蒲勇健（2009）[199]，汪全莉和王嘉（2015）[200]等 |
| | CKES2：我们通过客户对其隐性知识的表达获取产品开发信息 | |
| | CKES3：我们内部研发人员将汇报自己对产品开发的见解、创意和观点 | |
| | CKES4：我们项目内部经常沟通交流彼此掌握的客户知识 | |
| | CKES5：我们经常与各类外部参与机构将自己的建议和看法向开发企业传递 | |
| 客户知识隐性化吸收 CKRA | CKRA1：我们经常就客户对新产品开发的相关知识进行有效编排、归类和梳理 | |
| | CKRA2：我们开发团队能够充分对搜寻和获取的客户知识进行分析评价 | |
| | CKRA3：我们项目成员在产品开发中能够有效地吸收和采纳客户知识，并将其应用于开发实践 | |
| | CKRA4：我们项目内部能够对产品开发知识进行有效信息整合 | |
| | CKRA5：我们团队能够有效地把客户知识应用于产品开发过程中 | |

### 4.2.3 协同治理机制的测量

本书中，协同治理机制（Collaborative Governance Mechanism，CGM）是指企业与客户协同创新的过程中，企业与客户在互联网技术、信息技术以及相关知识的支持下，通过组织间相互合作有效治理两者之间的合作事务，从而达到最大限度地维护与增进两者利益的治理手段[226]，分为契约治理机制（Contractual-based Governance Mechanism，CGM）和关系治理机制（Relational-based Governance Mechanism，RGM）[234-235]。契约治理机制和关系治理机制的测量主要参考 Yikuan Lee et al.（2006）[234]，Lumineau et al.（2012）[235]，王辉（2012）[93]，白鸥和魏江等（2015）[175]以及彭月芹（2016）[315]的成熟测量量表，共设计 11 个测量题项。其中，契约治理机制主要包括签订契约方式、通过法律手段解决冲突、通过协议约定以及合作协议签订 5 个题项；关系治理机制包括合作关系的密切程度、通过诚信和道德约束建立关系、彼此信守承诺、通过沟通交流解决冲突、通过长时间联络与沟通进行关系维系、通过信任和互惠建立联系 6 个题项构成，具体见表 4-3。

表 4-3 协同治理机制（CGM）的测量题项

| 变量 | 测量题项 | 来源依据 |
|---|---|---|
| 契约治理机制CGM | CGM1：我们多是通过签订契约的方式与客户建立长期关系 | Yikuan Lee et al.（2006）[234]，Lumineau et al.（2012）[235]， |
| | CGM2：我们多通过采用法律手段解决与合作伙伴间的冲突 | |
| | CGM3：我们与客户的合作模式一般都是协议约定好的 | |
| | CGM4：我们与客户之间签订了详细的合作协议 | |
| | CGM5：我们与客户之间有清晰的协商程序 | |
| 关系治理机制RGM | RGM1：我们与客户之间的协同合作依赖双方关系密切程度 | 王辉（2012）[93]，白鸥和魏江等（2015）[175]，彭月芹（2016）[315] |
| | RGM2：我们多通过彼此的诚信和道德约束与客户建立长期关系 | |
| | RGM3：我们与客户彼此能够在合作中信守承诺 | |
| | RGM4：我们多通过采用交流和沟通解决与客户间的冲突 | |
| | RGM5：我们花费较长的时间与客户联络与沟通进行关系维系 | |
| | RGM6：我们通过信任、互惠与客户建立长期紧密的关系 | |

### 4.2.4 服务产品开发绩效的测量

服务产品开发绩效（Services Product Development Performance，SPDP）是服务企业绩效研究领域中涉及的重要结果变量。目前，学者主要从两个视角来考察：①服务产品开发的过程视角，重点从服务产品开发时间、开发速度、开发周期等方面考虑（王琳，2012[73]；岳英，2016[182]）；②服务产品开发的结果视角，主要从财务绩效（收入、利润、回报率等）、客户关系（客户满意度、客户反馈等）、市场地位等来考虑（张若勇，2007[72]；Voss，1992[251]；Ming，2013）。本书借鉴 Voss（1992）、张若勇（2007）、王琳（2012）、Ming（2013）和岳英（2016）的研究，结合研究背景，将服务产品开发绩效分为过程绩效（Process Performance，PP）和结果绩效（Result Performance，RP）。过程绩效主要通过服务产品开发时间、开发速度、开发过程质量 3 个题项构成；结果绩效通过产品开发新颖度、客户对服务产品的满意度和产品在市场上的竞争力 3 个题项构成。因此，服务产品开发绩效主要通过 6 个题项测量，具体题项见表 4-4。

表 4-4 服务产品开发绩效（SPDP）的测量题项

| 变量 | 测量题项 | 来源依据 |
|---|---|---|
| 过程绩效（PP） | PP1：我们服务产品开发的时间较短 | Voss（1992），张若勇（2007）[72]，王琳（2012）[73]，Ming（2013），岳英（2016）[182] |
| | PP2：我们服务产品开发的速度较快 | |
| | PP3：我们对服务产品开发过程质量控制得较好 | |
| 结果绩效（RP） | RP1：我们比行业竞争对手所开发的产品新颖度高 | |
| | RP2：客户对我们开发的服务产品一般比较满意 | |
| | RP3：我们开发的服务产品在市场上具有较强竞争优势 | |

### 4.2.5 控制变量的测量

本书中的控制变量主要涉及企业的基本情况以及企业与客户协同进行服务产品项目开发的情况。本书中问卷的前两部分内容涉及企业的基本情况及企业与客户协同进行服务产品开发的情况等一些基本的控制变量。其中，企业的基本情况包括的控制变量如下：企业规模、所属行业、服务产品开发的资金投入和水平以及被调查人的岗位等基本情况（Kelley和 Brooks，1991）[323]。其次，企业与客户协同进行产品开发的项目情况中涉及的控制变量包括服务产品项目类型、项目资金、项目持续时间以及被调查对象在服务产品开发项目中的职位等方面，通过这些控制变量可以了解企业与客户协同进行服务产品开发的一些基本情况和适用条件。

## 4.3 样本选择和数据收集

为了提高测量问卷的信度和效度，在正式调查之前，需要对样本进行预调查和预测试，以便对问卷的内容进行进一步的修正和调整，减少错误，从而提高问卷的准确性。

### 4.3.1 问卷预测试

问卷预测试的对象是 KIBS 企业从事服务产品开发的项目经理、核心开发人员和相关领域的研究者。预测试阶段总共发放了 80 份调查问卷，最终收回有效问卷 54 份，问卷回收率为 67.5%。

首先，通过对样本数据的偏度和峰度值的检验，确定样本是否满足正态分布的要求。样本服从正态分布的标准：提出偏度和峰度的绝对值分别小于 3 和 10 （Klinedinst，1998）[278]。本书运用 SPS22.0S 软件，通过 analyze→descriptive statistics→frequencies 操作步骤，得出小样本数据的正态分布检验结果。本书经过统计分析，结果表明：54 个小样本各测量题项（共 41 个）偏度以及峰度的绝对值在标准范围内。因此，本书的样本数据服从正态分布，可以进行进一步的统计检验。

### 4.3.2 小样本检验

小样本检验主要是对量表进行纯化，删掉初始问卷中不合适的题项，最终得到正式的调查问卷。统计学上采用信度来评价量表的稳定性或可靠性。首先，检验各题项 *CITC* 值（“题项-总体”相关系数）和 Cronbach’s *a* 值。检验标准：要求 *CITC*＞0.35，要求 Cronbach’s *a* 至少应＞0.7（＞0.5 也可以），具有可以接受的信度（马庆国，2005）[324]。另外，在信度检验的基础上，通过探索性因子分析获得各题项在各自公因子的分布情况，以检验问卷中各构念的效度。通过信度分析和探索性因子分析，使样本得到精简，从而获得最终的正式调查问卷。

1）小样本的信度分析

（1）KIBS 企业协同能力的信度分析。

KIBS 企业协同能力包括 3 个维度：知识集聚能力、组织间协调能力和关系调整能力。根据以上方法，首先，对 KIBS 协同能力的量表进行信度分析，结果见表 4-5。

**表 4-5　企业协同能力的信度分析结果（*N*=54）**

| 题项 | “题项-总体”（*CITC*）相关系数 | 删除题项后 Cronbach's *a* 系数 | 信度系数 |
|---|---|---|---|
| 知识集聚能力（KAC1） | 0.538 | 0.813 | Alpha=0.825 |
| 知识集聚能力（KAC2） | 0.622 | 0.788 | |
| 知识集聚能力（KAC3） | 0.681 | 0.771 | |
| 知识集聚能力（KAC4） | 0.599 | 0.796 | |
| 知识集聚能力（KAC5） | 0.658 | 0.778 | |
| **组织间协调能力**（ICC1） | 0.191 | 0.735 | Alpha=0.722 |
| 组织间协调能力（ICC2） | 0.418 | 0.604 | |
| **组织间协调能力**（ICC3） | 0.268 | 0.693 | |
| 组织间协调能力（ICC4） | 0.382 | 0.681 | |
| 组织间协调能力（ICC5） | 0.442 | 0.640 | |
| **关系调整能力**（RAC1） | 0.306 | 0.678 | Alpha=0.754 |
| 关系调整能力（RAC2） | 0.456 | 0.722 | |
| 关系调整能力（RAC3） | 0.583 | 0.674 | |
| 关系调整能力（RAC4） | 0.689 | 0.647 | |
| 关系调整能力（RAC5） | 0.464 | 0.778 | |

通过表 4-5 可看出，企业协同能力中的组织间协调能力有两个题项 ICC1 和 ICC3 的 *CITC* 值<0.35，给予删除。删除之后，信度系数值提升到 0.722，说明纯化后的量表具有较好的信度。关系调整能力的题项 RAC1 的 *CITC* 值<0.35，给予删除。删除之后，可以将信度系数值提升到 0.754，均大于 0.7，说明纯化后的量表具有较好的信度。总体而言，KIBS 企业协同能力三维度 Cronbach's *a*>0.5 以上，信度系数 Alpha>0.7，因此，KIBS 企业协同能力各题项之间具有较好的内部一致性，即信度较好。

（2）客户知识转化信度分析。

客户知识转化包括客户知识的显性化分享和客户知识隐性化吸收。根据以上检验方法，对客户知识转化的量表进行信度分析，结果见表 4-6。

**表 4-6　客户知识转化的信度分析结果（*N*=54）**

| 题项 | “题项-总体”相关系数 | 删除题项后 Cronbach's *a* 系数 | 信度系数 |
|---|---|---|---|
| 客户知识显性化分享（CKES1） | 0.351 | 0.758 | Alpha=0.757 |
| 客户知识显性化分享（CKES2） | 0.533 | 0.696 | |
| 客户知识显性化分享（CKES3） | 0.648 | 0.658 | |
| 客户知识显性化分享（CKES4） | 0.623 | 0.670 | |
| 客户知识显性化分享（CKES5） | 0.459 | 0.727 | |

**续表**

| 题项 | “题项-总体”相关系数 | 删除题项后 Cronbach's *a* 系数 | 信度系数 |
|---|---|---|---|
| 客户知识隐性化吸收（CKRA1） | 0.496 | 0.818 | Alpha＝0.823 |
| 客户知识隐性化吸收（CKRA2） | 0.677 | 0.768 | |
| 客户知识隐性化吸收（CKRA3） | 0.701 | 0.759 | |
| 客户知识隐性化吸收（CKRA4） | 0.676 | 0.774 | |
| 客户知识隐性化吸收（CKRA5） | 0.549 | 0.805 | |

通过表 4-6 可以看出，客户知识转化有一个题项 CKES1 的 *CITC* 值略微大于 0.35，其余题项的 *CITC* 均高于 0.35 的临界值。总体而言，客户知识转化中的显性化分享和隐性化吸收各题项经删除题项后 Cronbach's *a* 系数均在 0.5 以上，信度系数 Alpha 均大于 0.7，因此，客户知识转化 2 个维度各题项之间具有较好的内部一致性，即客户知识转化量表的信度较好。

（3）协同治理机制的信度分析。

通过计算每个变量的“题项-总体”相关系数（*CITC*＜0.35 的题项删除）以及 Cronbach's *a* 系数评价变量的信度。协同治理机制量表的信度分析结果见表 4-7 所示。

**表 4-7 协同治理机制的信度分析结果（*N*＝54）**

| 题项 | “题项-总体”相关系数 | 删除题项后 Cronbach's *a* 系数 | 信度系数 |
|---|---|---|---|
| 契约治理机制（CGM1） | 0.621 | 0.646 | Alpha＝0.737 |
| 契约治理机制（CGM2） | 0.492 | 0.694 | |
| 契约治理机制（CGM3） | 0.553 | 0.674 | |
| 契约治理机制（CGM4） | 0.542 | 0.675 | |
| **契约治理机制**（CGM5） | 0.322 | 0.762 | |
| 关系治理机制（RGM1） | 0.650 | 0.814 | Alpha＝0.844 |
| 关系治理机制（RGM2） | 0.618 | 0.820 | |
| 关系治理机制（RGM3） | 0.729 | 0.799 | |
| 关系治理机制（RGM4） | 0.635 | 0.817 | |
| 关系治理机制（RGM5） | 0.616 | 0.820 | |
| 关系治理机制（RGM6） | 0.510 | 0.842 | |

从表 4-7 可知，契约治理机制的题项 CGM5 的 *CITC*＜0.35，给予删除，其余题项的 *CITC*>0.35，契约治理机制的信度系数 Alpha＝0.737（>0.7）；同时关系治理机制的所有题项的 *CITC*>0.35，关系治理机制的信度系数 Alpha＝0.844（>0.7）。由此认为，删去 CGM5 后，契约治理机制和关系治理机制的量表具有较好的内部一致性，即协同治理机制量表的信度较好。

（4）服务产品开发绩效的信度分析。

服务产品开发绩效包括过程绩效和结果绩效。同样，对服务产品开发绩效进行信度分析，结果见表 4-8。

**表 4-8　服务产品开发绩效的信度分析（$N$=54）**

| 题项 | “题项-总体”相关系数 | 删除题项后 Cronbach's $a$ 系数 | 信度系数 |
|---|---|---|---|
| 过程绩效（PP1） | 0.584 | 0.743 | Alpha=0.782 |
| 过程绩效（PP2） | 0.604 | 0.721 | |
| 过程绩效（PP3） | 0.672 | 0.646 | |
| 结果绩效（RP1） | 0.482 | 0.857 | Alpha=0.786 |
| 结果绩效（RP2） | 0.676 | 0.618 | |
| 结果绩效（RP3） | 0.684 | 0.594 | |

由表 4-8 可知，服务产品开发绩效两个维度的所有题项的“题项-总体”间相关系数 *CITC* 的值均>0.35，Cronbach's $a$ 系数均>0.5。由此可以认为，服务产品开发绩效过程绩效和结果绩效各题项具有较好的内部一致性。因此，本书关于服务产品开发绩效的测度量表的信度较好。

2）探索性因子分析

在进行因子分析之前，需要先进行样本的充分性检验（KMO，Kaiser-Meyer-Olkin），判断是否可以进行因子分析[324]。另外，探索性因子分析所需的最低样本量是变量数的 5～10 倍。鉴于本次因子分析中需要处理的最多变量数为 3，则 54 份小样本可较好地满足要求，可以进行小样本的探索性因子分析。

（1）企业协同能力的探索性因子分析。

首先，本书中 KIBS 企业协同能力的 KMO 样本测度以及 Bartlett 球体检验结果见表 4-9。其中，KMO 值为 0.763（>0.7），且 Bartlett 球形检验的 $P$ 值为 0.000，因此，企业协同能力量表数据适合进行因子分析。

**表 4-9 企业协同能力探索性因子分析的 KMO 和 Bartlett 检验**

| Kaiser-Meyer-Olkin 取样适当性测量值 | | 0.763 |
|---|---|---|
| Bartlett 球体检验 | 近似卡方 | 279.933 |
| | df | 78 |
| | Sig. | .000 |

其次，本书通过对样本进行探索性因子分析，采用主成分法提取因子公因子，按照特征根大于 1 的方式抽取因子个数，通过最大方差法对因子进行旋转，得到的 KIBS 企业协同能力的探索性因子分析结果见表 4-10。

**表 4-10　企业协同能力的探索性因子分析结果（$N$=54）**

| 题项 | 描述性统计分析 | | 因子载荷 | | | 累计方差贡献率（%） |
|---|---|---|---|---|---|---|
| | 均值 | 标准差 | 1 | 2 | 3 | |
| KAC1 | 5.507 1 | 1.364 06 | 0.688 | 0.145 | 0.101 | 27.957 |
| KAC3 | 5.369 7 | 1.307 79 | 0.809 | 0.019 | 0.105 | |
| KAC2 | 5.502 4 | 1.335 86 | 0.737 | 0.151 | 0.096 | |
| KAC4 | 5.393 4 | 1.352 86 | 0.750 | 0.132 | 0.446 | |
| **KAC5** | **4.678 2** | **1.643 25** | **0.487** | **0.346** | **0.375** | |

续表

| 题项 | 描述性统计分析 | | 因子载荷 | | | 累计方差贡献率（%） |
|---|---|---|---|---|---|---|
| | 均值 | 标准差 | 1 | 2 | 3 | |
| ICC5 | 4.597 2 | 1.702 60 | 0.019 | **0.874** | 0.070 | 44.441 |
| **RAC2** | **5.099 5** | **1.274 12** | **0.344** | **0.580** | 0.339 | |
| ICC4 | 5.279 6 | 1.356 65 | 0.275 | **0.555** | 0.434 | |
| ICC2 | 4.990 5 | 1.369 71 | 0.271 | **0.529** | 0.203 | |
| RAC3 | 5.455 0 | 1.356 33 | 0.154 | 0.170 | **0.840** | 60.766 |
| RAC4 | 5.488 2 | 1.152 06 | 0.321 | 0.246 | **0.776** | |
| RAC5 | 5.331 8 | 1.212 59 | 0.376 | 0.290 | **0.623** | |

注：提取方法：主成分分析法；旋转方法：最大方差；旋转 4 次。

从表 4-10 可以看出，12 个题项（信度分析后 15 个题项删除 3 个）共抽取 3 个因素，因素特征值均大于 1，累积解释变异量为 60.766%，除了 KAC5 和 RAC2 以外，各个题项的因子载荷量均在 0.5 以上，表明各题项概念均能反映其因素构念，因而都符合统计要求。其中，KAC5 在因子 1 上的载荷小于 0.5，因此删除该题项；题项 RAC2 并未按照理论预期落入关系调整能力因子上，说明该题项测度信息不够准确，因而此题项从量表中删除。删除 KAC5 和 RAC2 后对剩下的企业协同能力 10 个题项再进行探索性因子分析，结果见表 4-11。

**表 4-11 企业协同能力的再次探索性因子分析结果（$N=54$）**

| 题项 | 描述性统计分析 | | 因子载荷 | | | 累计方差贡献率（%） |
|---|---|---|---|---|---|---|
| | 均值 | 标准差 | 1 | 2 | 3 | |
| KAC1 | 5.507 1 | 1.364 06 | **0.770** | 0.187 | 0.019 | 30.137 |
| KAC3 | 5.369 7 | 1.307 79 | **0.761** | 0.293 | 0.152 | |
| KAC2 | 5.502 4 | 1.335 86 | **0.758** | 0.246 | 0.120 | |
| KAC4 | 5.393 4 | 1.352 86 | **0.724** | 0.250 | 0.202 | |
| ICC5 | 4.597 2 | 1.702 60 | 0.162 | **0.736** | 0.068 | 47.674 |
| ICC4 | 5.279 6 | 1.356 65 | 0.309 | **0.778** | 0.179 | |
| ICC2 | 4.990 5 | 1.369 71 | 0.313 | **0.796** | 0.209 | |
| RAC3 | 5.455 0 | 1.356 33 | 0.021 | 0.018 | **0.880** | 62.552 |
| RAC4 | 5.488 2 | 1.152 06 | 0.279 | 0.228 | **0.639** | |
| RAC5 | 5.331 8 | 1.212 59 | 0.293 | 0.208 | **0.532** | |

注：提取方法：主成分分析法；旋转方法：最大方差；旋转 4 次。

再次通过探索性因子分析提取出 3 个因子，累积方差贡献率为 62.552%。通过探索性因子分析结果。结合各个题项的内容，把企业对客户知识资源的搜索能力（KAC1）、获取能力（KAC2）、整合能力（KAC3）以及积累能力（KAC4）命名为知识的“知识集聚能力”；把内部互动交流能力（ICC2）、规章制度协调能力（ICC4）、技术手段沟通能力（ICC5）命名为“组织间协调能力”；把保持信任的能力（RAC3）、快速响应能力（RAC4）、合作应变能力（RAC5）命名为“关系调整能力”。

同时，知识集聚能力的累计方差贡献率为 30.137%，与组织间协调能力和关系调整能力相比，其对 KIBS 协同能力的解释性最强，随后依次是组织间协调能力和关系调整能力对企业协同能力的解释性依次为 17.537% 和 14.848%。另外，各个题项的因子载荷量均在 0.5 以上，均按照预期分布于 3 个因子，因此，KIBS 企业协同能力量表各题项之间具有较好的收敛性和区分度。

总体而言，根据表 4-11 中企业协同能力的因子载荷分布来判断，最终 10 个题项均根据预期归入了相应的 3 个公共因子，即 KIBS 协同能力包括知识集聚能力、组织间协调能力和关系调整能力 3 个维度。

（2）客户知识转化的探索性因子分析。

同样，经过 KMO 样本测度和 Bartlett 球体检验，KMO 值为 0.882（>0.7），Bartlett 统计值显著异于 0，结果符合要求，故适合进一步进行因子分析。对客户知识转化进行探索性因子分析检验，经过添加分析变量、因子提取以及因子旋转等步骤，删除不合适问项，最终得到的探索性因子分析结果见表 4-12。

**表 4-12　客户知识转化的探索性因子分析结果（$N$=54）**

| 题项 | 描述性统计分析 | | 因子载荷 | | | 累计方差贡献率（%） |
|---|---|---|---|---|---|---|
| | 均值 | 标准差 | 1 | 2 | 3 | |
| CKES3 | 5.131 2 | 1.284 05 | 0.193 | **0.799** | 0.196 | 43.611 |
| CKES1 | 4.856 2 | 1.516 56 | 0.236 | **0.766** | 0.180 | |
| CKES2 | 5.375 0 | 1.330 58 | 0.274 | **0.765** | 0.271 | |
| CKRA2 | 5.356 2 | 1.406 84 | 0.169 | 0.167 | **0.847** | 65.370 |
| CKRA3 | 5.431 2 | 1.241 94 | 0.094 | 0.187 | **0.823** | |
| CKRA1 | 5.368 8 | 1.353 41 | 0.295 | 0.368 | **0.606** | |

注：提取方法：主成分分析法；旋转方法：最大方差；旋转 3 次。

表 4-12 显示了最终删除了 CKES4，CKES5 以及 CKRA4 和 CKRA5 4 个题项，对客户知识转化的 9 个题项所进行探索性因子分析的结果。最终的探索性因子分析提取出 2 个公共因子，累积解释变差 65.370%，各个题项的因子载荷量均在 0.7 以上，而且均按照预期分布于 2 个因子。根据各题项体现的具体内涵，分别将其命名为客户知识显性化分享和客户知识隐性化吸收。根据客户知识转化的因子载荷分布来判断，客户知识显性化分享和客户知识隐性化吸收 2 个变量的题项均根据预期归入了同一因子，因此客户知识转化量表的各题项之间具有较好的收敛性和区分度。

（3）协同治理机制的探索性因子分析。

由于协同治理机制中关于契约治理机制和关系治理机制的量表 KMO 值为 0.871（>0.7），Bartlett 球形检验的 $P$ 值为 0.000，故很适合进一步进行因子分析。通过对协同治理机制进行探索性因子分析检验，经删除因子得分较小的不合适题项，最终得到的探索性因子分析结果见表 4-13。

表 4-13 契约治理机制和关系治理机制的探索性因子分析结果（$N$=54）

| 题项 | 描述性统计分析 | | 因子载荷 | | 累计方差贡献率（%） |
|---|---|---|---|---|---|
| | 均值 | 标准差 | 1 | 2 | |
| CGM1 | 5.426 5 | 1.233 68 | **0.819** | 0.239 | 36.328 |
| CGM2 | 5.341 2 | 1.244 86 | **0.801** | 0.252 | |
| CGM3 | 5.312 8 | 1.157 49 | **0.767** | 0.197 | |
| RGM6 | 5.099 5 | 1.398 83 | 0.085 | **0.850** | 67.278 |
| RGM2 | 5.118 5 | 1.393 93 | 0.314 | **0.708** | |
| RGM4 | 5.308 1 | 1.236 31 | 0.415 | **0.689** | |

注：提取方法：主成分分析法；旋转方法：最大方差；旋转 3 次。

表 4-13 中，除题项 CGM5 在信度分析过程中删除外，最终的探索性因子分析结果中删除了题项 CGM4；而关系治理机制在最终的探索性因子分析中删除了题项 RGM1、RGM3 和 RGM5。从表 4-13 的结果可知，最终的探索性因子分析提取出 2 个公共因子，累积解释方差 67.278%。根据探索性因子分析结果，根据题项包含的内容，将 CGM1、CGM2、CGM3 命名为“契约治理机制”，将 RGM2、RGM4、RGM6 命名为“关系治理机制”。除了题项 RGM4 因子载荷（0.689＞0.5）接近 0.7 外，其余各个题项的因子载荷量均在 0.7 以上，而且，均按照预期分布于 2 个公共因子，即协同治理机制量表各题项之间具有较好的收敛性和区分度。

（4）服务产品开发绩效的探索性因子分析。

由于服务产品开发绩效的 KMO 值为 0.881（＞0.7），Bartlett 统计值显著异于 0 的要求，故适合进一步进行因子分析。对服务产品开发绩效进行探索性因子分析检验，经过添加分析变量、描述性统计、因子提取以及因子旋转等步骤，删除不合适问项（删除 RP1，RP1 本应落在第二个公因子上，但是却落在了第一个公因子上），最终得到的探索性因子分析结果见表 4-14。

根据表 4-14 的结果可知，服务产品开发绩效在 2 个公共因子情况下，累积方差贡献率达到 75.361%，各个题项的因子载荷量基本均在 0.7 以上。其中，PP1、PP2、PP3 3 个题项均根据预期归入了同一因子，根据题项包含的内容，将其命名为“过程绩效”；RP2 和 RP3 落入了第二个因子，根据题项包含的内容，将其命名为“结果绩效”。表 4-14 表明了服务产品开发绩效各题项之间具有较好的收敛性和区分度。

表 4-14 服务产品开发绩效的探索性因子分析结果（$N$=54）

| 题项 | 描述性统计分析 | | 因子载荷 | | 累计方差贡献率（%） |
|---|---|---|---|---|---|
| | 均值 | 标准差 | 1 | 2 | |
| PP1 | 5.08 | 1.322 | 0.832 | 0.303 | 54.901 |
| PP2 | 5.26 | 1.292 | 0.814 | 0.104 | |
| PP3 | 5.05 | 1.336 | 0.772 | 0.271 | |
| RP2 | 5.26 | 1.159 | 0.231 | 0.886 | |
| RP3 | 5.37 | 1.244 | 0.279 | 0.807 | |

注：提取方法：主成分分析法；旋转方法：最大方差；旋转 2 次

综合以上信度和探索性因子分析可知，删除相关题项后，本书关于“企业协同能力对服务产品开发绩效影响研究”的量表具有较好的信度，各个题项在各公共因子上均具有较好的收敛性和区分度。由此，通过小样本检验得到本书的最终测量量表，即正式调查问卷（见附录 B）。

### 4.3.3 数据收集

研究的调研背景针对的是知识密集型服务业（KIBS）企业。结合国际标准产业分类和国内国民经济行业分类（GB/T 4754），以及魏江等（2007）的研究，本书将 KIBS 企业划分为信息与通信服务业、金融服务业、商务服务业、科技服务业 4 大类及 14 子类[4]。问卷调研数据收集主要来自 KIBS 企业这 4 大类以及 14 个子类的样本。

本书采用实地访谈与问卷调查的方法进行资料收集，以 KIBS 企业为调研背景，探讨 KIBS 企业协同能力对服务产品开发绩效的影响作用。在实地访谈的基础上，经历了问卷的初始问项的形成、修改以及最终定稿过程。问卷定稿后，对调查问卷进行了预测试和小样本检验，删除信度以及收敛性和区分度不高的题项后，最终形成了本书的正式调查问卷。

本书的正式调查在 2016 年 11 月—2017 年 4 月间进行。问卷调查主要针对企业服务产品开发高层管理人员、参与企业服务产品开发项目的经理、核心及一般技术人员以及服务产品开发中的技术支持人员。正式调研得到了 A 大学 EMBA、MBA 学员，中国太平人寿、中信银行、南京邮电设计研究院、工信部、陕西工业技术研究院、青岛高信研发中心等单位服务产品开发项目人员的帮助和大力支持。在正式调研过程中，问卷的发放和回收工作主要是由研究者及其研究团队的教师、博士研究生和硕士研究生共同完成的。首先根据正式问卷的内容对调研人员进行了集中培训。本次调研培训的内容主要包括了以下几个方面：此次调研的目标和意义，调研的基本过程、相关概念和变量的内涵，调研问卷中各个题项的含义，调研中的沟通技巧和程序，以及主要联系人和遇到问题时的应急措施等。另外，根据调研目的需要和分布于不同区域的被调查企业的数据获得可能性，在每个调研的地方分别分配 3～4 名调查人员，以开展正式调研活动。

在调研过程中，本书主要从以下几个方面着手来保证样本的质量和代表性：第一，保证合理的样本数量。一般要求样本量最好大于 200，本书最终回收的有效样本量为 206，符合要求[325-327]。第二，选择适宜的调查对象。根据研究目的和行业针对性，本书中主要选择的调研对象是知识密集型企业中工作时间超过 3 年，并且对产品开发项目较为熟悉的高层管理者以及项目经理或项目核心成员。第三，删选无效的问卷。本书中为保证数据质量，重点对有问题的问卷进行了删除。删除原则为：所填答案相同或有规律可循；回答多次（通过 IP 地址可知）；答题时间小于 60 秒者；同时剔除掉不属于知识密集型企业的样本。最终，在对涉及调查的地域范围从北京、上海、广东、杭州等发达地区到福建、江苏、浙江、陕西、四川、武汉再到甘肃、宁夏、青海、西藏等全国 20 多个省区市的共 400 家 KIBS 企业的调研中，共有 258 家企业相关人员填写了调查问卷。其中，在这 258 家企业中，有 52 家企业提供的信息不符合要求给予剔除，最终回收有效问卷 206 份，有效回收率为 51.5%。

从回收的206份有效问卷来看，样本涵盖了知识密集型服务业的四大行业（信息与通信服务业、金融业、科技服务业和商业服务业），并且技术型服务项目居多，定制化软件/系统集成、技术工程设计和产品研发这3项占的比例较大，分别为19.43%，26.54%，24.64%。从样本项目开发周期看，对不同周期均有涵盖，其中7个月至12个月占总体样本量较大，占了31.28%，1～3个月和25个月以上的项目占比较少（具体见表4-15和表4-16所示）。

表4-15 有效样本的行业及服务产品的项目类型

| 指标 | 类别 | 样本数 | 百分比（%） | 累计百分比（%） |
|---|---|---|---|---|
| 企业行业分布 | 金融服务业 | 12 | 5.8 | 5.8 |
| | 信息与通信服务业 | 46 | 22.3 | 28.2 |
| | 科技服务业 | 82 | 39.8 | 68.0 |
| | 商务服务业 | 13 | 6.3 | 74.3 |
| | 其他服务业 | 53 | 25.7 | 100.0 |
| 服务产品项目类型 | 定制化软件/系统集成 | 38 | 18.4 | 18.4 |
| | 技术咨询 | 17 | 8.3 | 26.7 |
| | 技术/工程设计 | 51 | 24.8 | 51.5 |
| | 产品研发 | 51 | 24.8 | 76.2 |
| | 软培训（非技术培训） | 8 | 3.9 | 80.1 |
| | 管理咨询 | 13 | 6.3 | 86.4 |
| | 会计和法律咨询 | 10 | 4.9 | 91.3 |
| | 创意设计（广告、文化等） | 9 | 4.4 | 100.0 |

从表4-15可以看出，样本企业的行业分布涵盖了知识密集型服务业（KIBS）企业所处的四大行业：信息与通信服务业、金融业、商业服务业以及科技服务业。从企业服务产品所涉及的8种项目类型来看，技术型服务项目居多，定制化软件/系统集成、技术工程设计和产品研发这3项占的比例较大，分别为18.4%，24.8%，24.8%。

另外，项目投入的资金和服务产品项目的周期见表4-16。

表4-16 项目投入资金及服务产品开发项目周期

| 指标 | 类别 | 样本数 | 百分比（%） | 累计百分比（%） |
|---|---|---|---|---|
| 项目投入资金 | 10万元及以下 | 34 | 16.5 | 16.5 |
| | 10万元以上到50万元 | 54 | 26.2 | 42.7 |
| | 50万元以上到150万元 | 35 | 17.0 | 59.7 |
| | 150万元以上到300万元 | 30 | 14.6 | 74.3 |
| | 300万元以上 | 53 | 25.7 | 100.0 |
| 服务产品项目周期 | 1～3个月 | 35 | 17.0 | 17.5 |
| | 4～6个月 | 35 | 17.0 | 34.5 |
| | 7～12个月 | 66 | 32.0 | 66.5 |
| | 13～24个月 | 31 | 15.0 | 81.6 |
| | 25个月及以上 | 38 | 18.4 | 100.0 |

从表 4-16 可看出，首先项目投入资金规模，10 万元以上到 50 万元占比最多，占了 26.2%，50 万元以上到 150 万元占比 17.0%，占比最少的是 150 万元以上到 300 万元项目，占 14.6%。其次，从样本项目开发周期看，对不同周期均有涵盖，其中，1～3 个月和 4～6 个月的项目占了 17.0%，7 个月至 12 个月占总体样本量较大，占了 31.28%。

另外，除上述特征外，本书所调查的知识密集型服务企业的企业性质、成立年限、员工人数、企业近 3 年的年平均销售收入在同行中的水平以及近 3 年的研发费用占销售额比重在行业中的水平的基本特征见表 4-17。

**4-17　样本企业的基本特征**

| 指标 | 类别 | 样本数 | 百分比（%） | 累计百分比（%） |
|---|---|---|---|---|
| 企业所有制性质 | 国有/国有控股 | 86 | 41.7 | 41.7 |
| | 民营 | 81 | 39.3 | 81.1 |
| | 外商独资 | 17 | 8.3 | 89.3 |
| | 中外合资 | 10 | 4.9 | 94.2 |
| | 其他 | 12 | 5.8 | 100.0 |
| 企业成立年限 | 不足 10 年 | 59 | 28.6 | 28.6 |
| | 10～15 年 | 49 | 23.8 | 52.4 |
| | 15～20 年 | 23 | 11.2 | 63.6 |
| | 20 年以上 | 75 | 36.4 | 100.0 |
| 员工人数 | 50 人及以下 | 35 | 17.0 | 17.0 |
| | 50～150 人 | 29 | 14.1 | 31.1 |
| | 150～500 人 | 40 | 19.4 | 50.5 |
| | 500～1 000 人 | 20 | 9.7 | 60.2 |
| | 1 000 人以上 | 82 | 39.8 | 100.0 |
| 企业近 3 年的年平均销售收入在同行中的水平 | 领先 | 41 | 19.9 | 19.9 |
| | 行业偏上 | 72 | 35.0 | 54.9 |
| | 行业平均 | 74 | 35.9 | 90.8 |
| | 低于行业平均 | 15 | 7.3 | 98.1 |
| | 有较大差距 | 4 | 1.9 | 100.0 |
| 近 3 年的研发费用占销售额比重在行业中的水平 | 高于行业平均 | 59 | 28.6 | 28.6 |
| | 行业平均 | 97 | 47.1 | 75.7 |
| | 低于行业平均 | 50 | 24.3 | 100.0 |

通过表 4-17 可知，样本企业中，国有和国有控股企业最多，其次是民营企业，外商独资和中外合资占比都比较少。从企业年龄上看，20 年以上的企业、不足 10 年和 10～15 年的企业样本量较多，15～20 年间的企业样本量最少，基本能够体现出样本中不同年龄段企业的特征；从员工数量看，样本大致较好地覆盖了大中小型的知识密集型服务业企业；从企业近 3 年的年平均销售收入在同行中的水平来看，行业偏上和行业平均的样本量较多，分别占样本总量的 35.0% 和 35.9%，领先和低于行业平均的样本量较少，分别占样本量的 19.9% 和 7.3%；从项目近 3 年研发费用占销售额比重来看，在行业中的水平处于行业平均的有 97 家企

业，占比 47.10%，高于行业平均和低于行业的企业平均分别为 59 家和 50 家，占比分别为 28.6% 和 24.3%，这些特征也符合现实中的实际情况。而且，在有效样本企业分布涉及的全国 20 多个省区市中，以陕西，北京、广东、河北、甘肃、上海、江苏以及福建的有效样本量较多，占总样本量的比例分别为 34.43%，11.79%，9.43%，7.08%，5.19%，3.77%，3.77%，3.30%。

综上，从被调研企业在行业类型分布、项目类型、项目资金投入、项目周期以及有效样本涉及的地区和样本企业的基本特征等方面的分析可知，本书问卷的调研涉及面较广，样本数据较好地反映了中国知识密集型服务企业的总体特征，样本数据符合研究需要，可用于本书的具体研究。

## 4.4 分析方法介绍

本书用到的方法主要有：信度及效度分析、探索性和验证性因子分析[328-329]、结构方程模型分析以及多元线性回归分析，下面对相关研究方法进行阐述。

1）信度与效度分析

信度（Reliability），指测量效果的一致性与稳定性（贾怀勤，2006），即测量问卷题项的可靠性问题（卢纹岱，2007）。常用的信度指标有 3 类：等值性、稳定性和内部一致性。其中，内部一致性是主要的检验指标，一般用 Cronbach's *a* 值来衡量。要求 Cronbach's *a*>0.70（李怀祖，2004）。有学者认为，Cronbach's *a*>0.65 就比较适合（Yates 和 Stone（1992），最低>0.5 的标准（马庆国，2002）。此外，通过“题项-总体”相关系数评价变量度量的信度，其中，样本数据的“题项-总体”相关系数（*CITC*）>0.35，则通过信度检验。

效度（Validity），指测量的数据验证结果与所要测量的变量的真实内涵的接近程度，即观测变量是否能够真实地反映潜变量的程度。包括内容效度、结构效度以及效标关联效度等，一般在效度检验中主要考察问卷的内容效度和结构效度（马庆国，2002）。其中，内容效度指的是该变量是否能够反映所测量事物的内涵和范围（Churchill，1979），对内容效度的评判通过主观和判断性的方式（Emory，1980）；结构效度指的是变量测度的恰当性问题，采用因子分析来检验结构效度，通过收敛效度和区别效度来对其进行说明（Campbell 和 Fiske，1959）。

2）探索性因子分析和验证性因子分析

探索性因子分析（EFA）的主要作用在于：用少数几个核心因子代替错综复杂关系的多个变量。由于本书中涉及对 KIBS 企业协同能力构成维度的探索，因此为了验证 KIBS 企业协同能力的构成维度，首先要对其进行探索性因子分析，以明确观测变量的内部结构。其中，各题项因子载荷的最低可接受值为 0.5（马庆国，2002）。

验证性因子分析（CFA）的主要作用在于：检验理论中的变量结构是否按照预期的数据检验结果的方式产生作用。本书在探索性因子分析的基础上，使用 AMOS 软件进一步对 KIBS 企业协同能力进行验证性因子分析。通常验证性因子分析主要通过模型的拟合指数（表 4-18）来说明各观测变量的因子结构是否与先前的理论设置一致。

3）结构方程模型

结构方程建模（Structural Equation Modeling，SEM）是综合了验证性因子分析、路径分析和多元回归分析方法而形成的统计数据分析工具，通过检验样本数据和结构模型的拟合情况，解释自变量与因变量之间的关系以及估计整个模型的拟合程度的分析方法[331]。其优点主要包括：可以同时处理多个因变量；可以同时估计因子结构和因子关系；允许自变量和因变量包含测量误差[332]。在本书的研究中，KIBS 企业协同能力对服务产品开发绩效影响的模型中涉及：企业协同能力、客户知识转化、协同治理机制以及服务产品开发绩效，这些变量难以直接度量，具有主观性强、因果关系比较复杂、度量误差大等特点。因此，为了检验本书中多个变量之间复杂关系，采用结构方程模型分析方法比较适合。

结构方程模型分析主要分为“模型的设定—模型识别—模型估计与拟合—模型评价—模型修正”5 个步骤[332]（具体如图 4-2 所示）。

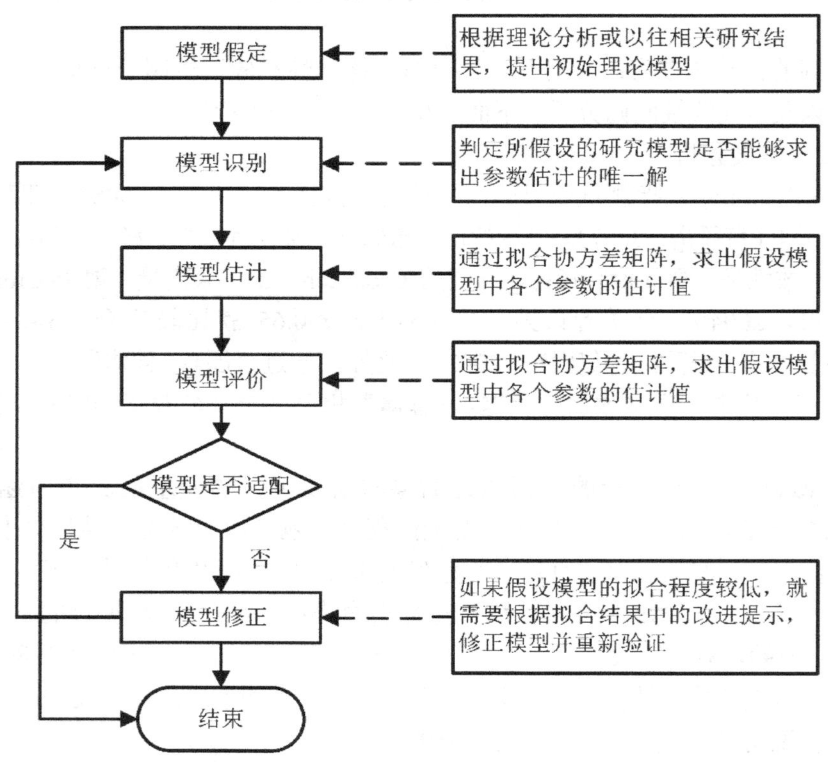


**图 4-2 结构方程模型分析步骤**

结构方程模型分析的核心在于对模型的拟合指标进行评价。即研究者提出的理论模型是否与实际数据拟合以及拟合的程度如何，从而验证理论模型的合理性。根据荣泰生（2009）[319]关于 AMOS 方法的介绍，本书通过 $\chi^2/df$，RMSEA 和 CFI 等拟合指数对理论模型进行评价，具体评价标准见表 4-18。

表 4-18 拟合指标评价标准

| 指标 | 判断标准 |
|---|---|
| $\chi^2$ / df | 如果 2＜ $\chi^2$ / df ＜5，模型可以接受；若 $\chi^2$ / df ＜2，则模型拟合非常好 |
| CFI | 如果 CFI≥0.90，模型可接受；CFI 越接近于 1，表示模型拟合程度越好 |
| IFI | 如果 IFI≥0.90，模型可接受；IFI 越接近于 1，表示模型拟合程度越好 |
| GFI | 如果 GFI≥0.90，模型可接受；GFI 越接近于 1，表示模型拟合程度越好 |
| AGFI | 如果 AGFI≥0.90，模型可接受；AGFI 越接近于 1，表示模型拟合程度越好 |
| RMSEA | 如果 RMSEA＜0.10，表示模型拟合较好；若＜0.05，表示模型拟合非常好 |

4）回归分析

回归分析是研究两个变量之间或多个变量之间因果关系的统计方法，主要是对具有相关关系的 2 个或多个变量之间的数量变化关系进行测定，以确立合适的数学模型，从而根据已知量来推断未知量[333]。线性回归根据自变量个数的不同分为一元线性回归（一个自变量）和多元线性回归（有 2 个或 2 个以上的自变量）。另外，在多元线性回归分析中，层次回归分析是一种广泛采用的方法，其通过每个模型解释力 $R^2$ 的变化分析不同解释变量对被解释变量的贡献程度，从而进一步分析多个自变量与因变量之间的关系。

本书主要检验以下方面。①客户知识转化在企业协同能力对服务产品开发绩效的影响过程中是否存在中介作用。研究中把企业协同能力作为一个整体分析，因变量仅涉及服务产品开发绩效的过程绩效或结果绩效一个变量，因此采用一元线性回归的方法进行检验。②协同治理机制对企业协同能力与客户知识转化的关系是否存在调节作用，主要检验协同治理机制对企业协同能力各维度与客户知识转化 2 个核心流程（显性化分享和隐性化吸收）之间关系的调节作用，由于自变量个数在 2 个以上，因此采用多元线性回归分析方法中的层次回归分析研究变量之间的关系。

在进行回归分析之前，需要对回归模型中变量之间的多重共线性、序列相关和异方差这三大问题进行检验。在避免存在这些问题的情况下，回归模型的结果才具有可靠性与稳定性[328]。

（1）多重共线性问题检验。其中，多重共线性是指各个自变量（包括控制变量）之间是否存在明显的线性相关关系。如果各个自变量（包括控制变量）之间存在明显的线性相关关系，则说明了多个变量有共同的变化趋势，存在多重贡献性，不适合进行回归分析。判断存在多重共线性的方法：容限度（Tolerance）或方差膨胀因子（VIF value）的大小。容忍度的取值在[0, 1]之间，越接近于 0，表示多重共线性越大，越接近于 1，表示多重共线性越小。方差膨胀因子是容忍度的倒数，它的取值≥1。一般认为，当 0＜VIF＜10 时，则不存在多重共线性（Schumacker，2008）。

（2）序列相关问题检验。其中，序列相关主要是指不同编号的样本值或者不同期的样本值之间存在的相关关系，通常可用 *DW* 值（即 Durgmin-Watson 值）判断[324]。一般认为，1.5＜*DW*＜2.5，则模型不存在序列相关。

（3）异方差问题检验。其中，异方差是指随着自变量（解释变量）的变化，因变量（被解释变量）的方差是否存在明显的变化趋势，通常用散点图进行判断（马庆国，2002）。检验标准：如果残差的散点图分布呈现无序的状态，则可认为不存在异方差。

在对回归分析 3 大问题进行检验的基础上，本书主要通过回归分析方法检验客户知识转化在企业协同能力对服务产品开发绩效影响过程的中介作用，以及协同治理机制对企业协同能力与客户知识转化关系的调节效应。

首先进行关于多元回归模型中的中介变量的检验。中介作用模型如图 4-3 所示。

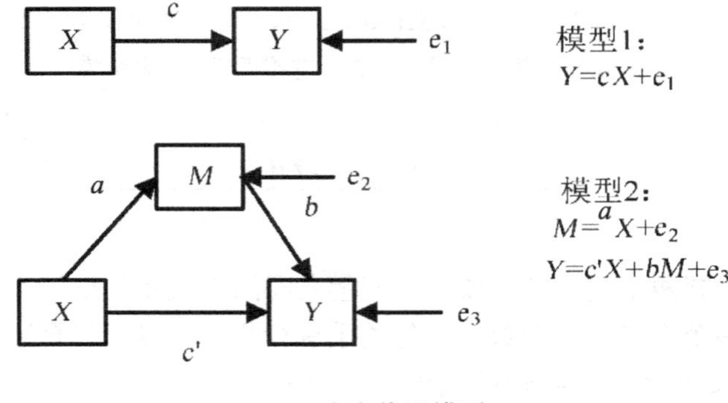


4-3　中介作用模型

关于中介效应检验，主要借鉴 Baron 和 Kenny（1986）[334]及温忠麟（2004）[335]的方法。主要的检验步骤如图 4-4 所示。

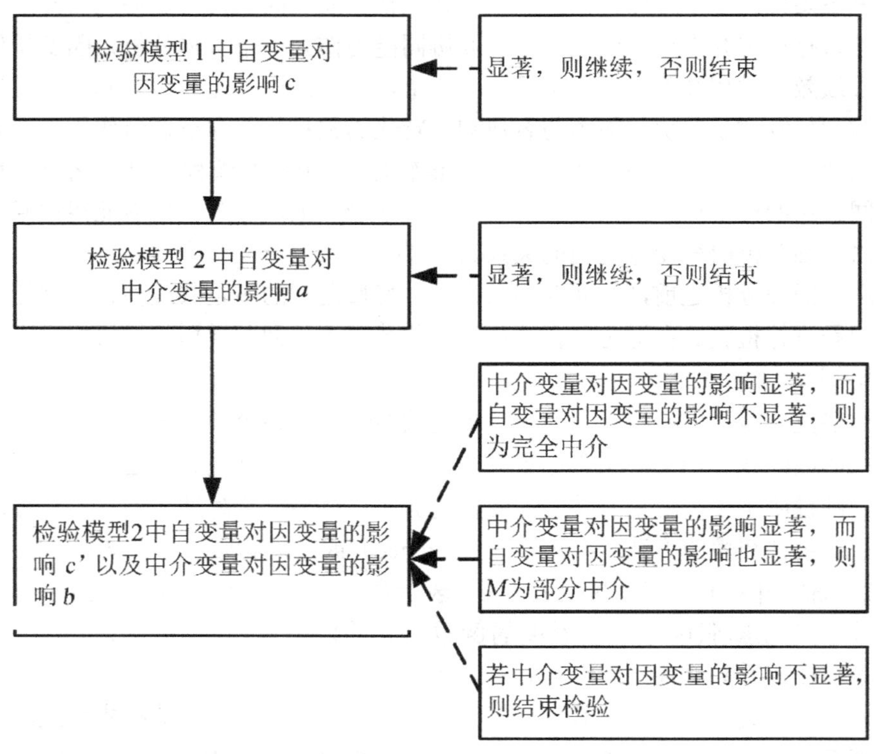


图 4-4　中介效应检验步骤

其次进行关于多元回归模型调节作用的检验。调节作用示意图如图 4-5 所示。

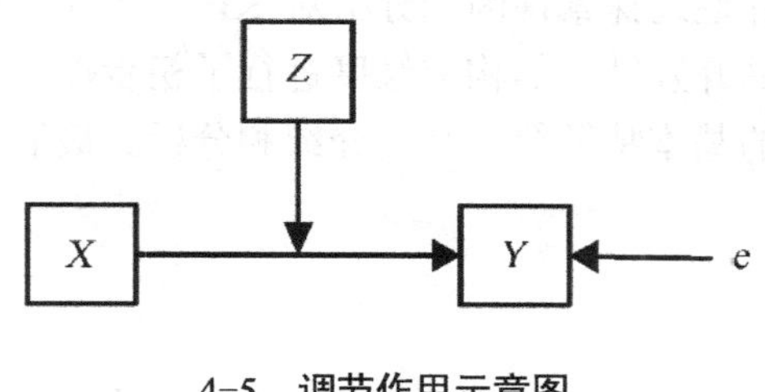


4-5 调节作用示意图

一般认为，含有调节效应的回归模型为：$y = b_0 + b_1x_1 + b_2x_2 + b_3x_1x_2 + \varepsilon$，在这里，$y$ 是因变量，$x_1$ 是自变量，$x_2$ 是调节变量，$b_0$ 是常数项，$b_1$, $b_2$, $b_3$ 是回归系数，$\varepsilon$ 是误差项；如果要证明 $x_2$ 在 $x_1$ 与 $y$ 之间具有调节效应，只要证明回归模型中 $b_3$ 不等于 0 即可[33]。

检验调节变量的影响之前，需对自变量和调节变量进行中心化处理[324]。调节作用的检验步骤如图 4-6 所示。

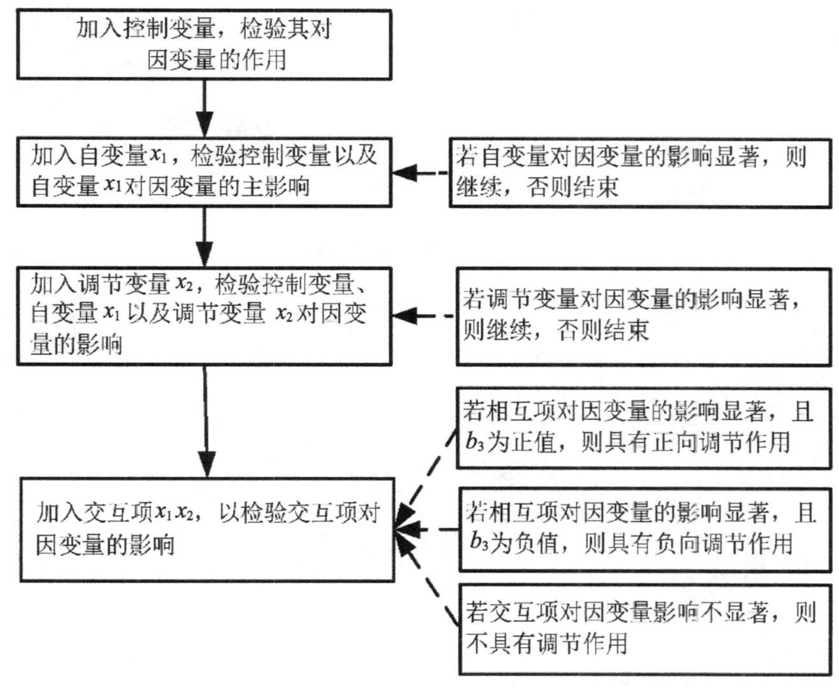


图 4-6 调节效应检验步骤

## 4.5 本章小结

本章对研究设计与方法进行了分析。首先进行问卷设计，涉及问卷设计原则和流程以及防止偏差的措施。其次进行变量测量，根据研究目的，对自变量、因变量、中介变量和调节变量以及控制变量的初始测量量表进行设计。再次进行样本选择和数据收集，涉及使用初始问卷进行预测试、小样本检验以及数据收集内容，其中小样本检验主要通过信度分析对量表进行了纯化，并通过探索性因子分析对 KIBS 企业协同能力、客户知识转化、协同治理机制以及服务产品开发绩效的构成维度进行了初步探索。另外，对调研对象、数据收集过程以及样本数据的基本特征等进行了介绍和分析。最后，对研究中运用的方法进行了介绍。

# 5 实证分析与假设检验

在第四章研究设计与方法的基础上，本章主要通过实证研究检验 KIBS 企业协同能力构成维度及其对服务产品开发绩效的直接作用、客户知识转化在 KIBS 企业协同能力对服务产品开发绩效影响过程中起到的中介作用以及协同治理机制在 KIBS 企业协同能力与客户知识转化关系中的调节作用。本章首先对样本数据进行描述性统计分析，其次对信度和效度进行检验，最后通过结构方程模型以及回归分析对研究假设进行验证，并进一步对假设检验结果进行了稳健性检验。

## 5.1 描述性统计分析

本书对研究中变量的测量题项的偏度和峰度、标准差以及均值进行检验，结果见表 5-1。根据数据分析结果可知，样本数据的偏度绝对值＜3 以及峰度绝对值＜10，说明样本数据基本服从正态分布[278, 328]，可进行下一步的统计检验。

表 5-1 样本数据的描述性统计（$N$=206）

| | $N$ | 均值 | 标准差 | 偏度 | | 峰度 | |
|---|---|---|---|---|---|---|---|
| | 统计量 | 统计量 | 统计量 | 统计量 | 标准误差 | 统计量 | 标准误差 |
| KAC1 | 206 | 5.470 9 | 1.360 28 | −0.643 | 0.169 | −0.051 | 0.337 |
| KAC2 | 206 | 5.466 0 | 1.331 17 | −0.766 | 0.169 | 0.367 | 0.337 |
| KAC3 | 206 | 5.330 1 | 1.298 32 | −0.701 | 0.169 | 0.242 | 0.337 |
| KAC4 | 206 | 5.233 0 | 1.311 89 | −0.518 | 0.169 | 0.072 | 0.337 |
| CC2 | 206 | 4.946 6 | 1.355 05 | −0.425 | 0.169 | −0.129 | 0.337 |
| CC4 | 206 | 5.237 9 | 1.345 90 | −0.915 | 0.169 | 0.891 | 0.337 |
| CC5 | 206 | 4.538 8 | 1.680 87 | −0.535 | 0.169 | −0.392 | 0.337 |
| FAC3 | 206 | 5.417 5 | 1.350 88 | −0.650 | 0.169 | 0.075 | 0.337 |
| FAC4 | 206 | 5.451 5 | 1.141 28 | −0.436 | 0.169 | −0.002 | 0.337 |
| FAC5 | 206 | 5.291 3 | 1.198 63 | −0.339 | 0.169 | −0.098 | 0.337 |
| CKES1 | 206 | 4.830 1 | 1.489 89 | −0.438 | 0.169 | −0.265 | 0.337 |
| CKES2 | 206 | 5.213 6 | 1.254 46 | −0.306 | 0.169 | −0.562 | 0.337 |
| CKES3 | 206 | 5.286 4 | 1.329 04 | −0.552 | 0.169 | −0.055 | 0.337 |
| CRA1 | 206 | 5.267 0 | 1.354 87 | −0.793 | 0.169 | 0.528 | 0.337 |
| CRA2 | 206 | 5.247 6 | 1.358 57 | −0.552 | 0.169 | −0.141 | 0.337 |
| CRA3 | 206 | 5.208 7 | 1.302 95 | −0.581 | 0.169 | 0.182 | 0.337 |
| CGM1 | 206 | 5.398 1 | 1.232 41 | −0.592 | 0.169 | −0.055 | 0.337 |
| CGM2 | 206 | 5.310 7 | 1.241 79 | −0.686 | 0.169 | 0.434 | 0.337 |

续表

| | N | 均值 | 标准差 | 偏度 | | 峰度 | |
|---|---|---|---|---|---|---|---|
| | 统计量 | 统计量 | 统计量 | 统计量 | 标准误差 | 统计量 | 标准误差 |
| CGM3 | 206 | 5.286 4 | 1.152 10 | −0.231 | 0.169 | −0.525 | 0.337 |
| RGM2 | 206 | 5.082 5 | 1.385 64 | −0.516 | 0.169 | −0.032 | 0.337 |
| RGM4 | 206 | 5.276 7 | 1.228 18 | −0.750 | 0.169 | 0.986 | 0.337 |
| RGM6 | 206 | 5.063 1 | 1.390 17 | −0.521 | 0.169 | −0.054 | 0.337 |
| PP1 | 206 | 5.000 0 | 1.221 75 | −0.097 | 0.169 | −0.461 | 0.337 |
| PP2 | 206 | 5.043 7 | 1.304 04 | −0.361 | 0.169 | 0.001 | 0.337 |
| PP3 | 206 | 5.160 2 | 1.188 80 | −0.332 | 0.169 | −0.150 | 0.337 |
| RP2 | 206 | 5.038 8 | 1.378 74 | −0.713 | 0.169 | 0.494 | 0.337 |
| RP3 | 206 | 5.121 4 | 1.280 18 | −0.497 | 0.169 | −0.097 | 0.337 |

## 5.2　信度与效度检验

关于信度和效度检验方法在第四章 4.4 节中进行了介绍。其中：关于信度检验，主要通过计算每个变量的一致性指数 Cronbach's *a*（>0.7，也有学者指出大于 0.5 也可以）以及“题项-总体”相关系数（*CITC*>0.35）来测度[329]。关于效度检验，主要运用结构方程模型，通过验证性因子分析进行测量模型的效度检验。如果测量模型拟合指数较好，则可通过效度检验[331]。

### 5.2.1　KIBS 企业协同能力的信度与效度

根据前面的分析可知，本书中把 KIBS 企业协同能力分为 3 个维度，即知识集聚能力（包括 4 个测量题项）、组织间协调能力（包括 3 个测量题项）以及关系调整能力（包括 3 个测量题项）。本节主要对 KIBS 企业协同能力量表进行信度与效度检验。

1）信度检验

KIBS 企业协同能力的信度检验结果见表 5-2。由表 5-2 可知，知识集聚能力的“题项-总体”间相关系数（*CITC*）最低值 0.633，均大于 0.35；而且，知识集聚能力所有题项的所有测量题项的 Cronbach's *a* 均大于 0.7，整体信度系数为 0.832＞0.7；组织间协调能力中各题项的 *CITC* 的最低值为 0.529，均大于 0.35，组织间协调能力所有测量题项的 Cronbach's *a* 基本上大于 0.7（ICC5＞0.5，基本接近 0.7），整体信度系数为 0.765＞0.7；关系调整能力的所有题项的 *CITC* 最低值 0.507，均大于 0.35，Cronbach's *a* 大于或接近 0.7（均大于 0.5），整体信度系数为 0.780＞0.7。这些数据表明，已无法通过剔除测量题项提高测量量表的内部一致性。因此，本书关于 KIBS 企业协同能力量表中 3 个变量的测度具有较好的内部一致性信度，即信度较好。

**表 5-2 KIBS 企业协同能力的信度检验结果**

| 题项 | "题项-总体"（*CITC*）相关系数 | 删除题项后 Cronbach's *α* 系数 | 信度系数 |
|---|---|---|---|
| 知识集聚能力（KAC1） | 0.633 | 0.800 | Alpha＝0.832 |
| 知识集聚能力（KAC2） | 0.676 | 0.781 | |
| 知识集聚能力（KAC3） | 0.719 | 0.762 | |
| 知识集聚能力（KAC4） | 0.616 | 0.807 | |
| 组织间协调能力（ICC2） | 0.659 | 0.761 | Alpha＝0.765 |
| 组织间协调能力（ICC4） | 0.645 | 0.747 | |
| 组织间协调能力（ICC5） | 0.529 | 0.672 | |
| 关系调整能力（RAC3） | 0.568 | 0.663 | Alpha＝0.780 |
| 关系调整能力（RAC4） | 0.641 | 0.681 | |
| 关系调整能力（RAC5） | 0.507 | 0.725 | |

2）效度检验

效度检验主要通过验证性因子分析进行。验证性因子分析强调对测量模型的限定，主要探讨如何在消除测量误差的情况下观察测量指标与假设模型的拟合程度。根据前面的信度和探索性因子分析可知，KIBS 企业协同能力最终有 10 个题项作为指标变量，3 个一阶因子（知识集聚能力、组织间协调能力和关系调整能力）作为潜变量，建立验证性因子分析测量模型。最终，得到 KIBS 企业协同能力验证性因子分析模型，如图 5-1 和表 5-3 所示。

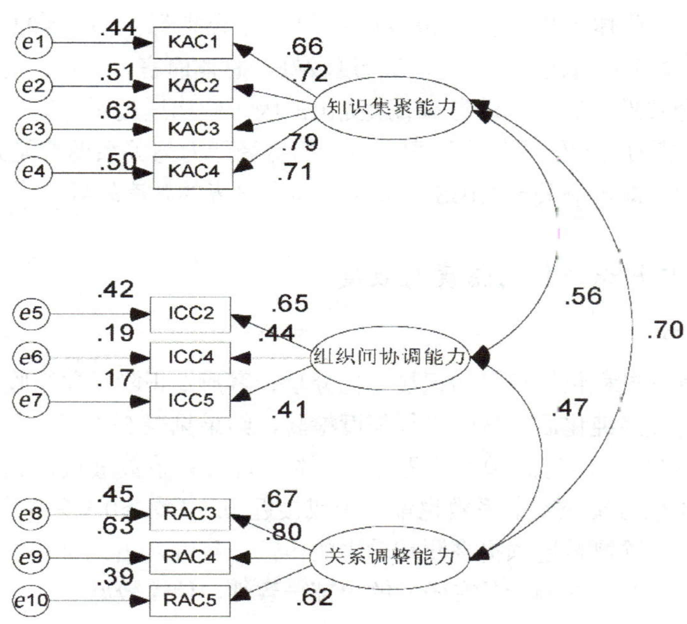


**图 5-1 KIBS 企业协同能力的验证性因子分析模型**

表 5-3　KIBS 企业协同能力的验证性因子分析结果

| 路径 | | | 标准化路径系数 | S. E. | T 值 | *P* |
|---|---|---|---|---|---|---|
| KAC1 | ← | 知识集聚能力 | 0.662 | 0.108 | 9.284 | *** |
| KAC2 | ← | 知识集聚能力 | 0.716 | 0.106 | 9.867 | *** |
| KAC3 | ← | 知识集聚能力 | 0.793 | 0.105 | 10.536 | *** |
| KAC4 | ← | 知识集聚能力 | 0.705 | — | — | *** |
| ICC2 | ← | 组织间协调能力 | 0.651 | 0.188 | 4.844 | *** |
| ICC4 | ← | 组织间协调能力 | 0.438 | 0.219 | 5.250 | *** |
| ICC5 | ← | 组织间协调能力 | 0.414 | — | — | — |
| RAC3 | ← | 关系调整能力 | 0.674 | 0.153 | 7.670 | *** |
| RAC4 | ← | 关系调整能力 | 0.797 | 0.144 | 8.405 | *** |
| RAC5 | ← | 关系调整能力 | 0.624 | — | — | — |
| 拟合优度指标 $\chi^2=66.547$，df=32，$P=0.000$ | | | | | | |
| $\chi^2$/df | GFI | AGFI | RMSEA | TLI | CFI | NFI |
| 2.072 | 0.946 | 0.902 | 0.074 | 0.935 | 0.955 | 0.913 |

注：***表示显著性水平 $P<0.001$，**表示显著性水平 $P<0.01$，*表示显著性水平 $P<0.05$。

从图 5-1 和表 5-3 可知，对于协同能力的标准路径系数，除“组织间协调能力对 ICC5（技术组织间协调能力）”这条路径系数较小（>0.4 的合适标准），其余大部分路径系数接近于或大于 0.7 的标准，路径系数均在 $P<0.001$ 的水平上显著。而且，绝对拟合指标：$\chi^2/\mathrm{df}=2.072$（<3），GFI＝0.946（>0.9），AGFI＝0.902（>0.9）；RMSEA＝0.074（<0.08），总体上模型拟合得较好；相对拟合指标：TLI＝0.935，CFI＝0.955，NFI＝0.913，均>0.9；表明模型整体拟合度较好。总体而言，KIBS 企业协同能力测量模型与数据的拟合效果良好，即说明本书所提出的因子结构通过了验证，也就是说本书对于 KIBS 企业协同能力关于知识集聚能力、组织间协调能力与关系调整能力 3 个变量的划分与测度是有效的，即本书关于 KIBS 企业协同能力量表的效度较好。

### 5.2.2　客户知识转化的信度与效度

1）信度检验

客户知识管理过程包括客户知识显性化分享、客户知识隐性化吸收 2 个维度，共计 6 个测量题项。对最终纯化后的量表进行信度检验，结果见表 5-4。

由表 5-4 可知，所有题项的“题项-总体”间相关系数最低值为 0.579，均都大于 0.35，且变量的 Cronbach's *a* 系数也都大于或接近 0.7（均>0.5 的最低标准）。这些数据表明已无法通过剔除测量题项提高测量量表的内部一致性，由此可知，本书对于客户知显性化分享与隐性化吸收的测量具有较好的内部一致性，信度较好。

表 5-4 客户知识转化的信度检验结果

| 题项 | “题项-总体”相关系数 | 删除题项后 Cronbach's $a$ 系数 | 信度系数 |
|---|---|---|---|
| 客户知识显性化分享（CKES1） | 0.612 | 0.746 | Alpha=0.790 |
| 客户知识显性化分享（CKES2） | 0.673 | 0.679 | |
| 客户知识显性化分享（CKES3） | 0.622 | 0.726 | |
| 客户知识隐性化吸收（CKRA1） | 0.675 | 0.688 | Alpha=0.816 |
| 客户知识隐性化吸收（CKRA2） | 0.738 | 0.811 | |
| 客户知识隐性化吸收（CKRA3） | 0.594 | 0.727 | |

2）效度检验

客户知识转化中关于客户知识显性化分享与隐性化吸收的验证性因子分析结果如图 5-2 和表 5-5 所示。

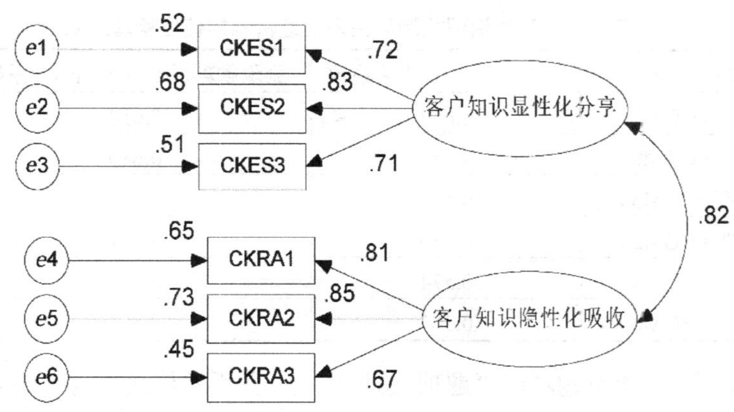


图 5-2 客户知识转化的验证性因子分析模型

表 5-5 客户知识转化的验证性因子分析结果

| 路径 | | | 标准化路径系数 | S. E. | T 值 | $P$ |
|---|---|---|---|---|---|---|
| CKES1 | ← | 客户知识显性化分享 | 0.719 | 0.119 | 9.220 | *** |
| CKES2 | ← | 客户知识显性化分享 | 0.826 | 0.103 | 10.537 | *** |
| CKES3 | ← | 客户知识显性化分享 | 0.713 | — | — | — |
| CKRA1 | ← | 客户知识隐性化吸收 | 0.805 | 0.126 | 9.887 | *** |
| CKRA2 | ← | 客户知识隐性化吸收 | 0.854 | 0.129 | 10.133 | *** |
| CKAR3 | ← | 客户知识隐性化吸收 | 0.670 | — | — | — |
| 拟合优度指标 $\chi^2$=21.429，df=8，$P$=0.020 | | | | | | |
| $\chi^2$/df | GFI | AGFI | RMSEA | TLI | CFI | NFI |
| 2.679 | 0.948 | 0.921 | 0.077 | 0.958 | 0.965 | 0.954 |

注：***表示 $P$<0.001，**表示 $P$<0.01，*表示 $P$<0.05。

从表 5-5 可知，客户知识转化的标准路径系数，除“客户知识隐性化吸收对 CKAR3 这条路径系数小于 0.7（>0.5），其余均大于 0.7 的标准，而且，路径系数均在 $P$<0.001 的水平上显著。同时，从拟合指标来看，$\chi^2$=21.429，df=8，$\chi^2$/df=2.679（2>2.679<

5)；RMSEA＝0.077，小于 0.08 的临界要求；GFI，AGFI，TLI，CFI，NFI 以及 CFI 均大于 0.9；表明测量模型拟合结果良好。因此，总体上客户知识转化测量模型与数据的拟合效果良好，说明本书提出的客户知识转化因子结构通过了验证，即本书对客户知识转化中客户知识显性化分享与客户知识隐性化吸收 2 个维度的划分与测度是有效的，即本书关于客户知识转化量表具有良好的效度。

### 5.2.3　协同治理机制的信度与效度

1）信度检验

协同治理机制包括契约治理机制和关系治理机制 2 个维度。通过计算每个变量的“题项-总体”相关系数（*CITC*＞0.35）以及 Cronbach’s *a* 系数评价变量的信度，协同治理机制的信度检验结果见表 5-6。

**表 5-6　契约治理机制与关系治理机制的信度检验结果**

| 题项 | “题项-总体”相关系数 | 删除题项后 Cronbach’s *a* 系数 | 信度系数 |
|---|---|---|---|
| 契约治理机制（CGM1） | 0.662 | 0.654 | Alpha＝0.781 |
| 契约治理机制（CGM2） | 0.639 | 0.680 | |
| 契约治理机制（CGM3） | 0.557 | 0.766 | |
| 关系治理机制（RGM2） | 0.530 | 0.631 | Alpha＝0.714 |
| 关系治理机制（RGM4） | 0.574 | 0.583 | |
| 关系治理机制（RGM6） | 0.503 | 0.664 | |

由表 5-6 可知，所有题项的“题项-总体”间相关系数值最低为 0.503，均大于 0.35，且协同治理机制的 2 个维度——契约治理机制和关系治理机制的 Cronbach’s *a* 系数也都大于 0.7。这些数据表明已无法通过剔除测量题项提高测量量表的内部一致性，由此可以认为，本书关于协同治理机制的量表对于契约治理机制和关系治理机制的测度具有较好的内部一致性，量表信度较好。

2）效度检验

对协同治理机制的验证性结果分析如图 5-3 和表 5-7 所示。

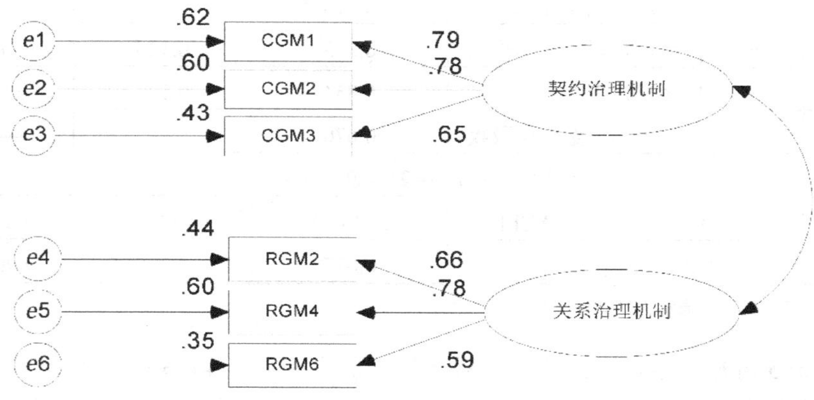


图 5-3　契约治理机制与关系治理机制的验证性因子分析模型

表 5-7　契约治理机制和关系治理机制的验证性分析结果

| 路径 | | | 标准化路径系数 | S. E. | T 值 | *P* |
|---|---|---|---|---|---|---|
| CGM1 | ← | 契约治理机制 | 0.788 | 0.148 | 8.688 | *** |
| CGM2 | ← | 契约治理机制 | 0.777 | 0.148 | 8.640 | *** |
| CGM3 | ← | 契约治理机制 | 0.653 | — | — | — |
| LGM2 | ← | 关系治理机制 | 0.665 | 0.164 | 6.866 | *** |
| LGM4 | ← | 关系治理机制 | 0.776 | 0.160 | 7.288 | *** |
| LGM6 | ← | 关系治理机制 | 0.589 | — | — | — |
| 拟合优度指标 $\chi^2$=19.642，df=8，$P$=0.030 | | | | | | |
| $\chi^2$/df | GFI | AGFI | RMSEA | TLI | CFI | NFI |
| 2.455 | 0.991 | 0.976 | 0.068 | 0.976 | 0.992 | 0.985 |

注：***表示 $P$<0.001，**表示 $P$<0.01，*表示 $P$<0.05。

从表 5-7 可知，协同治理机制各题项在各自潜变量上的标准路径系数均大于或接近 0.7 的标准（>0.5），路径系数均在 $P$<0.001 的水平上显著。除关系治理机制对 RGM6 的路径系数 0.589 较小外（>0.5），其余观测变量对潜变量的路径系数均接近或大于 0.7 的标准，而且，路径系数均在 $P$<0.001 的水平上显著。同时，从拟合指标来看，$\chi^2$=19.642，df=8，$\chi^2$/df=2.455（2>2.075<5），RMSEA=0.068，小于临界要求 0.08，GFI、AGFI，TLI，CFI，NFI 以及 CFI 的值均大于 0.9，表明测量模型拟合结果良好。因此，总体上协同治理机制的测量模型与数据的拟合效果良好，说明本书所提出协同治理机制的因子结构通过了验证，即将协同治理机制划分为契约治理机制、关系治理机制是有效的，说明本书关于协同治理机制的测量量表具有良好的效度。

### 5.2.4　服务产品开发绩效的信度与效度

1）信度检验

服务产品开发绩效包括过程绩效和结果绩效 2 个维度，通过计算每个变量的“题项-总体”相关系数（*CITC*>0.35）以及 Cronbach’s *a* 系数（>0.7）评价变量的信度。最终，服务产品开发绩效信度检验结果见表 5-8。

表 5-8　服务产品开发绩效的信度检验结果

| 题项 | “题项-总体”相关系数 | 删除题项后 Cronbach’s *a* 系数 | 信度系数 |
|---|---|---|---|
| 过程绩效（PP1） | 0.627 | 0.763 | Alpha=0.736 |
| 过程绩效（PP2） | 0.591 | 0.730 | |
| 过程绩效（PP3） | 0.560 | 0.735 | |
| 结果绩效（RP1） | 0.453 | 0.871 | Alpha=0.742 |
| 结果绩效（RP2） | 0.565 | 0.759 | |
| 结果绩效（RP3） | 0.583 | 0.732 | |

由表 5-8 可知，服务产品开发绩效所有题项的“题项-总体”相关系数（*CITC*）均>0.35，Cronbach’s *a* 系数均>0.7，这些数据表明已无法通过剔除测量题项提高测量量表的

内部一致性，由此可以认为，本书中关于服务产品开发绩效量表中 2 个维度的测度具有较好的内部一致性信度。

2）效度检验

对服务产品开发绩效最终进行验证性因子分析，在分析过程中，RP1 由于路径系数小于 0.4 的最低标准，所以给予删除，其余题项的验证性因子分析结果如图 5-4 和表 5-9 所示。

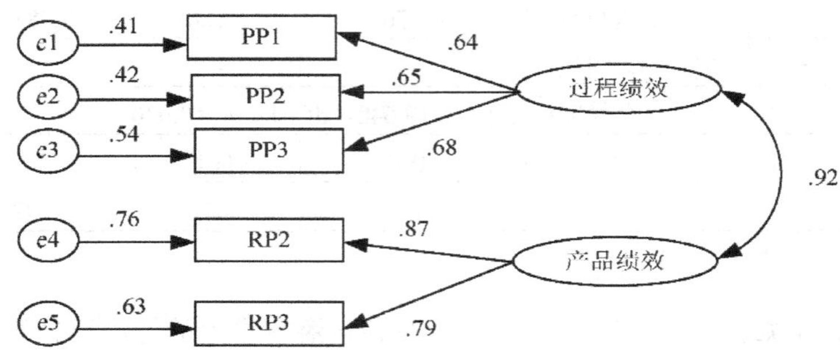


**图 5-4　服务产品开发绩效的验证性因子分析模型**

**表 5-9　服务产品开发绩效的验证性因子分析结果**

| 路径 | | | 标准化路径系数 | S. E. | T 值 | *P* |
|---|---|---|---|---|---|---|
| PP1 | ← | 过程绩效 | 0.642 | 0.105 | 9.136 | *** |
| PP2 | ← | 过程绩效 | 0.653 | 0.097 | 9.289 | *** |
| PP3 | ← | 过程绩效 | 0.678 | — | — | — |
| RP2 | ← | 结果绩效 | 0.874 | 0.096 | 11.734 | *** |
| RP3 | ← | 结果绩效 | 0.791 | — | — | — |
| | 拟合优度指标 $\chi^2$ =16.986，df=6，$P$=0.030 | | | | | |
| $\chi^2$ /df | GFI | AGFI | RMSEA | TLI | CFI | NFI |
| 2.831 | 0.962 | 0.916 | 0.070 | 0.944 | 0.913 | 0.904 |

注：***表示 $P<0.001$，**表示 $P<0.01$，*表示 $P<0.05$。

通过表 5-9 可知，服务产品开发绩效的标准路径系数中，“服务产品开发时间 PP1”以及“服务产品开发速度 PP2”以及“服务产品开发过程质量 PP3”这 3 条路径系数接近 0.7，其余两条路径系数大于 0.7 的标准，而且，路径系数均在 $P<0.001$ 的水平上显著。同时，从拟合指标来看，$\chi^2$ =16.986，df=6，$\chi^2$ /df=2.831（2>2.075<5），RMSEA=0.070（<0.08），其余指标 GFI，AGFI，TLI，CFI 以及 NFI 均大于 0.9，表明测量模型拟合结果良好。说明了本书所提出的服务产品开发绩效结构通过了验证，即本书将服务产品开发绩效划分为过程绩效和结果绩效这 2 个维度是有效的，也说明了本书关于服务产品开发绩效的测量量表具有良好的效度。

## 5.3 KIBS企业协同能力构成维度检验

在对KIBS企业协同能力测量量表进行信度和效度分析的基础上，本书进一步采用SPSS22.0以及AMOS19.0对KIBS企业协同能力3维度进行探索性以及验证性因子分析，从而进一步通过实证研究深入探索和验证KIBS企业协同能力3维度构成。根据相关学者的研究方法，本节首先将陕西、北京地区的样本数据（$N$=95）作为一组，进行探索性因子分析，随后剩余的样本数据（$N$=111）作为一组，进行验证性因子分析，以准确分析和检验KIBS企业协同能力的构成维度。

### 5.3.1 KIBS企业协同能力构成维度的探索性因子分析

对于同一批次回收的问卷数据，先用部分数据进行探索性因子分析，然后再用剩余的数据进行验证性因子分析。关于探索性因子分析样本量，Rumer（1970）建议，样本量与测量项目比例应在4：1以上，Schwab（1908）认为，样本量与测量项目比例应至少是10：1。本书中需要处理的关于KIBS企业协同能力的最多变量数为3，变量的最多题项数为5，本书首先从206份有效问卷中提取了陕西、北京地区95份数据来进行探索性因子分析，这95份样本完全满足探索性因子分析最低样本量的要求。

在进行因子分析之前，需要先进行样本的充分性检验（KMO，Kaiser Meyer-Olykin），判断是否适合进行因子分析。本书中，KMO值为0.887（>0.7），且Bartlett球形检验的$P$值为0.000，因此，本书的数据很适合进行因子分析（见表5-10）。

**表5-10 企业协同能力探索性因子分析的KMO和Bartlett检验**

| Kaiser-Meyer-Olkin 取样适当性测量值 | | .887 |
|---|---|---|
| Bartlett 球体检验 | 近似卡方 | 1.106E3 |
| | df | 78 |
| | Sig. | .000 |

研究采用主成分法提取公因子，旋转方法为最大方差法，按特征根大于1的方式抽取因子个数进行探索性因子分析。其中，10个题项共抽取3个公因子，特征值均大于1。而且，KIBS企业协同能力探索性因子分析的累积方差贡献率62.55%，其中，第一个因子的方差贡献率为26.37%，第二个因子的方差贡献率为20.34%，第三个因子的方差贡献率为15.84%。大部分题项因子载荷量均在0.7以上，表示各题项均能反映其对应的构念，因而都符合统计要求。具体地，KIBS企业协同能力的探索性因子分析见表5-11。

根据表5-11可知，KIBS企业协同能力各个题项的大部分因子载荷量均在0.7以上，而且均按照预期分布于3个公因子上，各题项在各自公因子上因子载荷接近于1，在其不所属的公因子上的载荷接近于0，即各题项所在的3个因子间均具有较好的收敛性和区分度。同时，各变量（因子）相关系数的置信区间均不含数值1，对应$P$值在显著水平0.01或0.05上达到显著，量表的区分效度得到验证。

**表 5-11　KIBS 企业协同能力的探索性因子分析结果（$N$=95）**

| 题项 | 描述性统计分析 | | 因子载荷 | | | 变量指标相关系数（范围） |
|---|---|---|---|---|---|---|
| | 均值 | 标准差 | 1 | 2 | 3 | |
| KAC1：我们具有较强的客户知识资源搜索的能力 | 5.5071 | 1.36406 | 0.765 | 0.021 | 0.194 | 0.055～0.603 |
| KAC2：我们具有较强的获取客户知识资源的能力 | 5.3697 | 1.30779 | 0.749 | 0.178 | 0.290 | |
| KAC3：我们具有较强的整合客户知识资源的能力 | 5.5024 | 1.33586 | 0.748 | 0.149 | 0.246 | |
| KAC4：我们具有较强的积累客户知识资源的能力 | 5.2749 | 1.32388 | 0.695 | 0.335 | 0.174 | |
| ICC2：我们通过与内外部的分享交流，分享和汇集专门知识解决遇到的问题 | 4.9905 | 1.36971 | 0.271 | 0.629 | 0.203 | 0.103～0.326 |
| ICC4：我们通过制订工作流程标准、工作计划、规则标准化等制度与客户沟通和协调 | 5.2796 | 1.35665 | 0.265 | 0.655 | 0.242 | |
| ICC5：我们通过客户关系系统（CRM）、Q&A 问答平台、第三方平台等技术手段与客户进行沟通 | 4.5972 | 1.70260 | 0.102 | 0.877 | 0.007 | |
| RAC3：我们具备基于信任和互惠与客户建立长期合作的能力 | 5.4550 | 1.35633 | 0.162 | 0.083 | 0.840 | 0.077～0.564 |
| RAC4：遇到问题，我们具备快速响应客户需求的能力 | 5.4882 | 1.15206 | 0.303 | 0.204 | 0.776 | |
| RAC5：我们具备对合作关系中的突发问题及时应变和处理的能力 | 5.3318 | 1.21259 | 0.301 | 0.244 | 0.623 | |

另外，KAC1 至 KAC4 的 4 个题项在公因子 1 上最小载荷量为 0.695，大于 0.5，根据其各题项的内容，将公因子 1 命名为“知识集聚能力”。ICC2，ICC4，ICC5 在公因子 2 上最小载荷量为 0.629，大于 0.5，根据这 3 个题项涵盖的内容，将公因子 2 命名为“组织间协调能力”。RAC3，RAC4，RAC5 在公因子 3 上的最小载荷量为 0.623，大于 0.5，根据这 3 个题项涵盖的内容，将公因子 3 命名为“关系调整能力”。可见，根据 KIBS 企业协同能力的因子载荷分布来判断，KIBS 企业协同能力中的知识集聚能力、组织间协调能力以及关系调整能力 3 个变量的题项按照理论预期归入了相应的公共因子，因此通过探索性因子分析验证了 KIBS 企业协同能力由知识集聚能力、组织间协调能力以及关系调整能力 3 个维度构成。

### 5.3.2　KIBS 企业协同能力构成维度的验证性因子分析

在探索性因子分析的基础上，本节主要对探索性因子分析后精简的量表进行验证性因子分析（剩余样本量 $N$=111），以验证 KIBS 协同能力 3 维度构成的合理性。同时，对 KIBS 企业协同能力 3 维度的子要素进行检验。主要通过结构方程模型分析对基准模型与替代模型的竞争进行比较（Mathieu 和 Farr，1991）[290]，从而对 KIBS 企业协同能力的构成维度进行进一步验证。

首先，KIBS 企业协同能力的构成维度进行验证性因子分析（表 5-12）。

表 5-12 KIBS 协同能力验证性因子分析结果（$N$=111）

| 模型 | RMSEA | $\chi^2$/ df | GFI | CFI | IFI | NFI |
|---|---|---|---|---|---|---|
| 竞争模型 1：单因子模型 | 0.139 | 4.933 | 0.866 | 0.904 | 0.764 | 0.875 |
| 竞争模型 2：KAC/ICC 合并 | 0.156 | 3.320 | 0.754 | 0.809 | 0.743 | 0.720 |
| 竞争模型 3：KAC/RAC 合并 | 0.162 | 3.486 | 0.723 | 0.813 | 0.724 | 0.694 |
| 竞争模型 4：ICC/RAC 合并 | 0.158 | 3.345 | 0.756 | 0.796 | 0.812 | 0.743 |
| 基准模型：3 因子模型 | 0.076 | 2.162 | 0.926 | 0.942 | 0.945 | 0.918 |

注：KAC、ICC、RAC 分别代表知识集聚能力、组织间协调能力和关系调整能力。

表 5-12 的结果表明，基准模型的各项拟合指数要比 4 个竞争模型都要好，各项拟合指标分别为：$\chi^2$/df=2.162（小于 3），GFI=0.926（>0.9），CFI=0.942（>0.9），IFI=0.945（>0.9），NFI=0.918（>0.9），RMSEA=0.076（<0.08），均达到拟合指数的评价标准，说明本书关于 KIBS 企业协同能力 3 维度的划分是合理的。从表 5-12 可以看出，企业协同能力基准模型（3 因子模型）的拟合指标比其他模型拟合度好，因此把 KIBS 企业协同能力划分为知识集聚能力、组织间协调能力和关系调整能力 3 个维度是有效的。

同时，得到 KIBS 企业协同能力的路径分析结果见表 5-13。

表 5-13 KIBS 企业协同能力的验证性因子分析结果（$N$=111）

| 路径 | | | 标准化路径系数 | S. E. | C. R. | $P$ |
|---|---|---|---|---|---|---|
| KAC1 | ← | 知识集聚能力 | 0.637 | 0.102 | 8.503 | *** |
| KAC2 | ← | 知识集聚能力 | 0.758 | 0.100 | 9.643 | *** |
| KAC3 | ← | 知识集聚能力 | 0.841 | 0.099 | 10.486 | *** |
| KAC4 | ← | 知识集聚能力 | 0.744 | — | — | — |
| ICC2 | ← | 组织间协调能力 | 0.617 | 0.342 | 3.768 | *** |
| ICC4 | ← | 组织间协调能力 | 0.553 | 0.297 | 3.495 | *** |
| ICC5 | ← | 组织间协调能力 | 0.586 | — | — | — |
| RAC3 | ← | 关系调整能力 | 0.689 | 0.164 | 7.301 | *** |
| RAC4 | ← | 关系调整能力 | 0.802 | 0.152 | 7.838 | *** |
| RAC5 | ← | 关系调整能力 | 0.719 | — | — | — |
| 拟合优度指标 $\chi^2$ =92.966，df=43，$P$=0.000 | | | | | | |
| $\chi^2$ /df | GFI | AGFI | RMSEA | TLI | CFI | NFI |
| 2.162 | 0.926 | 0.934 | 0.076 | 0.940 | 0.942 | 0.918 |

注：***表示显著性水平 $P$<0.001。

根据 KIBS 企业协同能力的验证性因子分析（表 5-13）可知，除“ICC4（制度协调能力）”以及“ICC5（技术沟通能力）”这 2 条路径系数较小（但均>0.5），其余大部分路径系数接近于或大于 0.7 的标准，而且，标准化路径系数均在 $P$<0.001 的水平上显著。同时，从绝对拟合指标来看，$\chi^2$=92.966，df=43，$\chi^2$/df=2.162（<3，拟合度较好），GFI=0.926，大于 0.9 的临界要求，AGFI=0.934，大于 0.9，RMSEA=0.076，小于 0.08 的临界要求，总体上模型拟合得较好；从相对拟合指标来看，TLI=0.940，CFI=0.942，

均大于 0.9，NFI＝0.918，略大于 0.9。因此，KIBS 企业协同能力测量模型与数据的拟合效果良好，即本书中 KIBS 企业协同能力由知识集聚能力、组织间协调能力与关系调整能力 3 维度构成是有效的。

另外，经过 2 阶因子分析发现，知识集聚能力的标准化路径系数最大 0.711，其次是关系调整能力（标准化路径系数 0.683），最后是组织间协调能力（标准化路径系数 0.570）。因此，知识集聚能力对 KIBS 企业协同能力的影响最大，其次是关系调整能力，最后是组织间协调能力。同时，从各测量指标在 KIBS 企业协同能力 3 维度上的路径系数及其呈现的显著性可知，KIBS 企业知识集聚能力由企业对客户知识的搜索能力、知识获取能力、知识整合能力、知识积累能力 4 个要素构成，其路径系数分别为 0.637，0.758，0.841，0.744，均大于 0.5。组织间协调能力由互动交流能力、制度协调能力以及技术沟通能力 3 个基本要素构成，路径系数分别为 0.617，0.553，0.586，均大于 0.5。关系调整能力由保持信任能力、快速响应能力和合作应变能力 3 个基本要素构成，路径系数分别为 0.689，0.802，0.719，均大于 0.5。因此，经过因子分析后得出最终的 KIBS 协同能力构成维度及其子要素如图 5-5 所示。

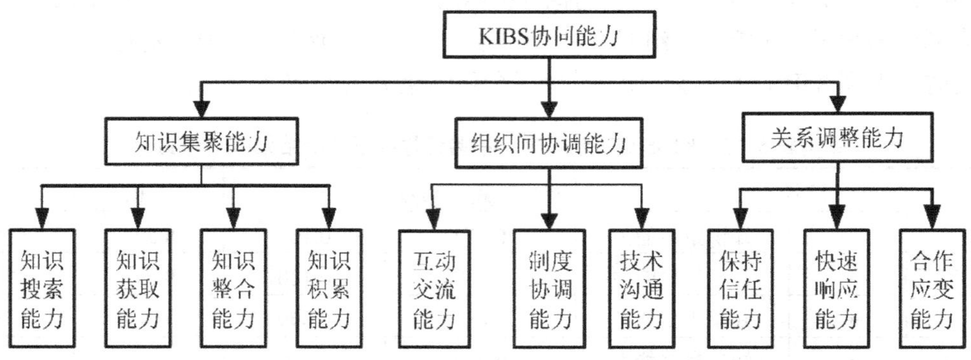


**图 5-5　KIBS 企业协同能力构成维度及其基本要素**

## 5.4　假设检验

通过描述性统计分析中对样本均值、标准差、偏度和峰度的检验，以及对总体样本的信度、效度检验，说明了研究的样本数据的容量、分布状态以及信度和效度均达到结构方程建模的要求，可以用来进行进一步的结构模型分析。在上一节对 KIBS 企业协同能力构成维度进行验证的基础上，本节主要对 KIBS 企业协同能力对服务产品开发绩效的直接作用、客户知识转化在 KIBS 企业协同能力与服务产品开发绩效影响过程中起到的中介作用以及协同治理机制在 KIBS 企业协同能力与客户知识转化关系中的调节作用进行检验。

### 5.4.1　KIBS 企业协同能力对服务产品开发绩效的直接作用检验

在对 KIBS 企业协同能力构成维度进行检验的基础上，主要探讨 KIBS 企业协同能力各维度对服务产品开发绩效的直接影响作用。验证假设：KIBS 企业协同能力 3 维度（知识集聚能力、组织间协调能力、关系调整能力）对服务产品开发绩效（过程绩效和结果绩效）是否具有显著的正向影响作用。

采用 AMOS19.0 软件，对本节对第三章所构建的 KIBS 企业协同能力 3 维度对服务产品开发绩效的直接影响模型和相应的研究假设进行检验，结果见表 5-14。

**表 5-14 KIBS 企业协同能力各维度对服务产品开发绩效影响的路径分析结果**

| 假设及路径 | | | 标准化路径系数 | S. E. | C. R. | *P* | 结论 |
|---|---|---|---|---|---|---|---|
| H1a：过程绩效 | ← | 知识集聚能力 | 0.522 | 0.035 | 18.326 | *** | 显著 |
| H1b：结果绩效 | ← | 知识集聚能力 | −0.193 | 0.126 | 17.936 | 0.018 | 不显著 |
| H2a：过程绩效 | ← | 组织间协调能力 | 0.162 | 0.109 | 16.433 | 0.078 | 不显著 |
| H2b：结果绩效 | ← | 组织间协调能力 | 0.279 | 0.132 | 14.143 | *** | 显著 |
| H3a：过程绩效 | ← | 关系调整能力 | 0.234 | 0.035 | 18.326 | *** | 显著 |
| H3b：结果绩效 | ← | 关系调整能力 | 0.201 | 0.098 | 13.250 | *** | 显著 |
| 新路径：结果绩效 | ← | 过程绩效 | 0.815 | 0.063 | 15.761 | *** | 显著 |

| | 拟合优度指标 $\chi^2=172.228$，df=74，$P=0.000$ | | | | | | |
|---|---|---|---|---|---|---|---|
| | $\chi^2$/df | GFI | AGFI | RMSEA | TLI | CFI | NFI |
| | 2.327 | 0.901 | 0.924 | 0.077 | 0.917 | 0.931 | 0.913 |

注：***表示 $P<0.001$，**表示 $P<0.01$，*表示 $P<0.05$。

从表 5-14 路径分析及模型的拟合结果可知，该初始结构模型拟合指标 $\chi^2$/df 的值为 2.327，在 $2<\chi^2/\text{df}<5$ 之间，模型拟合比较好；RMSEA 的值为 0.077，小于 0.08 的要求，属于好的拟合；同时，GFI，AGFI，TLI，CFI 以及 NFI 均在接受范围内（大于 0.9）。结果显示，企业协同能各维度对服务产品开发绩效的影响假设在 $P<0.05$ 的水平上是显著的，验证了本书提出的假设 H1 至 H3 共 6 个假设，其中 2 个假设因结果不显著而没有通过检验。没有验证的假设为：知识集聚能力对过程绩效具有显著的正向影响，但其对结果绩效的正向影响并不显著，即假设 H1a 得到验证，但假设 H1b 并未得到验证；组织间协调能力对结果绩效具有显著的正向影响，但其对过程绩效的正向影响并不显著，即假设 H2b 得到验证，但 H2a 并未得到验证。关系调整能力对过程绩效和结果绩效均具有显著的正向影响，假设 H3a 和 H3b 得到验证。具体验证结果如图 5-6 所示。同时，还发现了一个新路径，即服务产品开发绩效中的过程绩效对结果绩效具有显著的正向影响。

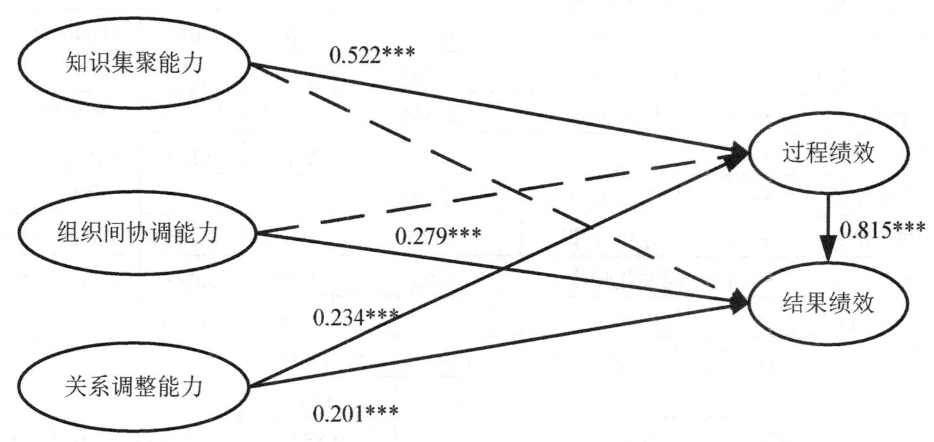


**图 5-6 KIBS 协同能力对服务产品开发绩效直接影响作用模型结果**

### 5.4.2　客户知识转化的中介作用检验

本节主要检验客户知识转化的中介作用。首先通过结构方程模型对客户知识转化在企业协同能力对服务产品开发绩效中的整体中介模型进行检验。其次，由于客户知识转化包括客户知识显性化分享和客户知识隐性化吸收，因此通过层次回归分别验证客户知识显性化分享在企业协同能力对服务产品开发绩效影响过程中起到的中介作用以及客户知识隐性化吸收在企业协同能力对服务产品开发绩效影响过程中起到的中介作用。

1）客户知识转化在企业协同能力对服务产品开发绩效影响的整体中介模型检验

根据本书的理论模型，构建其结构方程模型，如式 5-1 所示：

$$\begin{cases} \eta_1 = \gamma_{11}\xi_1 + \gamma_{12}\xi_2 + \gamma_{13}\xi_3 + \zeta_1 \\ \eta_2 = \gamma_{21}\xi_1 + \gamma_{22}\xi_2 + \gamma_{23}\xi_3 + \zeta_2 \\ \eta_3 = \beta_{31}\eta_1 + \beta_{32}\eta_2 + \zeta_3 \\ \eta_4 = \beta_{41}\eta_1 + \beta_{42}\eta_2 + \zeta_4 \end{cases} \tag{5-1}$$

其中，$\eta_1$表示客户知识显性化分享，$\eta_2$表示客户知识隐性化吸收，$\eta_3$表示过程绩效绩效，$\eta_4$表示结果绩效，$\xi_1$表示知识集聚能力，$\xi_2$表示组织间协调能力，$\xi_3$表示关系调整能力，$\gamma$表示外生变量与内生变量之间的关系，$\beta$表示内生变量之间的关系，$\zeta$表示内生变量的残差项。

本书首先采用 AMOS19.0 软件，对理论模型和研究假设进行了检验。为了检验客户知识转化是否在 KIBS 企业协同能力对服务产品开发绩效的影响过程中起到中介作用，根据本书构建的初始结构方程模型，通过结构方程模型分析并对初始作用模型进行不断的拟合和优化调整，最终的整体中介模型的最优拟合结果及路径系数见表 5-15。

**表 5-15　企业协同能力对服务产品开发绩效中介作用整体模型的最优拟合结果及路径系数**

| 假设及路径 | | | 标准化路径系数 | S. E. | C. R. | $P$ | 结论 |
|---|---|---|---|---|---|---|---|
| H4a：显性化分享 | ← | 知识集聚能力 | 0.365 | 0.044 | 4.213 | *** | 显著 |
| H5a：显性化分享 | ← | 组织间协调能力 | 0.505 | 0.086 | 3.928 | *** | 显著 |
| H6a：显性化分享 | ← | 关系调整能力 | 0.348 | 0.083 | 3.560 | *** | 显著 |
| H4b：隐性化吸收 | ← | 知识集聚能力 | 0.383 | 0.050 | 5.026 | *** | 显著 |
| H5b：隐性化吸收 | ← | 组织间协调能力 | 0.182 | 0.076 | 2.057 | 0.040 | 显著 |
| H6b：隐性化吸收 | ← | 关系调整能力 | 0.169 | 0.076 | 1.840 | 0.050 | 显著 |
| H7a：隐性化吸收 | ← | 显性化分享 | 0.566 | 0.052 | 13.974 | *** | 显著 |
| H7b：显性化分享 | ← | 隐性化吸收 | 0.092 | 0.136 | 0.127 | 0.120 | 不显著 |
| H8a：过程绩效 | ← | 显性化分享 | 0.468 | 0.052 | 13.974 | *** | 显著 |
| H8b：结果绩效 | ← | 显性化分享 | 0.086 | 0.052 | 0.145 | 0.080 | 不显著 |
| H9b：过程绩效 | ← | 隐性化吸收 | 0.032 | 0.127 | 0.098 | 0.150 | 不显著 |
| H9b：结果绩效 | ← | 隐性化吸收 | 0.737 | 0.066 | 12.599 | *** | 显著 |
| 拟合优度指标 $\chi^2=530.197$，df=183，$P$=0.000 | | | | | | | |

| $\chi^2$/df | GFI | AGFI | RMSEA | TLI | CFI | NFI |
|---|---|---|---|---|---|---|
| 2.897 | 0.939 | 0.897 | 0.079 | 0.887 | 0.900 | 0.901 |

注：***表示 $P<0.001$，**表示 $P<0.01$，*表示 $P<0.05$。

从表 5-15 可以看出，经过多次修正的结构模型的 $\chi^2$/df=2.897（2< $\chi^2$/df<5），拟合指标 TLI 和 AGFI 接近 0.9 的标准，指标 GFI，CFI，NFI 均大于 0.9，RMSEA=0.079（小于 0.08），据此可知，本书所构建的理论模型和实际数据拟合情况较好。总之，经中介效应检验可知，本书关于中介效应 12 条研究假设共有 3 条假设未通过验证，其中，客户知识隐性化吸收对显性化吸收的正向影响作用并未得到验证（H8b 未验证）；客户知识显性化分享对结果绩效的正向影响作用未得到验证（H8b 未验证）；客户知识隐性化吸收对过程绩效的正向影响作用未得到验证（H9a）。具体的中介模型检验结果如图 5-7 所示。

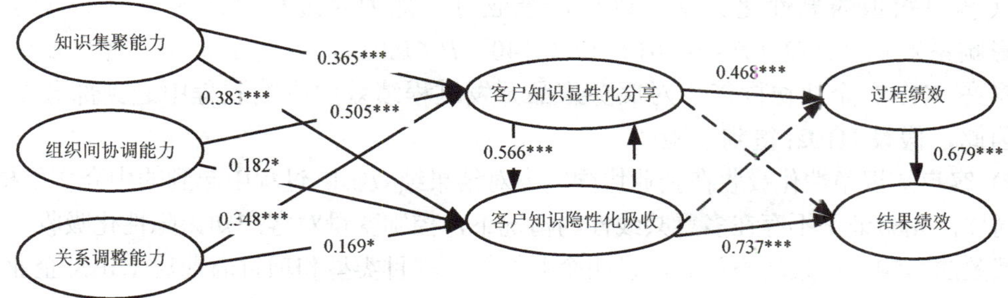


**图 5-7 客户知识转化中介模型验证结果**

另外，根据 5.4 节介绍的中介效应检验程序，对假设 H10a、H10b 进行检验。根据表 5-15 和图 5-7 的结果可知：客户知识显性化分享仅对服务产品开发的过程绩效有显著正向影响；客户知识隐性化吸收对服务产品开发的结果绩效有显著影响。因此，本节主要检验：客户知识显性化分享在企业协同能力对服务产品开发过程绩效的影响过程中是否起到中介作用（H10$a_1$），以及客户知识隐性化吸收在企业协同能力对服务产品开发结果绩效的影响过程中是否起到中介作用（H10$b_2$）。

2）客户知识显性化分享在企业协同能力对过程绩效影响过程中起到的中介作用检验

在不存在多重共线性的情况下，首先验证控制变量对客户知识的显性化分享以及对结果绩效的影响，结果均不显著，说明企业规模、项目类型和项目周期对知识密集型服务企业客户知识显性化分享以及结果绩效均无显著影响。在此基础上，主要验证客户知识显性化分享在 KIBS 企业协同能力对过程绩效影响过程中起到的中介作用（表 5-16）。

**表 5-16 客户知识显性化分享的中介作用检验结果**

| 变量 | 过程绩效 | 客户知识显性化分享 | 过程绩效 |
|---|---|---|---|
| | 模型 1 | 模型 2 | 模型 3 |
| 常数 | 0.225 | −0.251 | 0.207 |
| 自变量 | | | |
| 企业协同能力 | 0.572*** | 0.596*** | 0.140** |
| 中介变量 | | | |
| 客户知识显性化分享 | | | 0.724*** |
| $R^2$ | 0.343 | 0.373 | 0.671 |
| Adjusted $R^2$ | 0.330 | 0.360 | 0.663 |
| F-value | 19.399*** | 29.865*** | 31.704*** |

注：***表示 $P<0.001$，**表示 $P<0.01$，*表示 $P<0.05$。

根据表 5-16 的回归分析结果可知，3 个模型的 $R^2$ 值分别能解释因变量的 34.3%、37.3% 以及 67.1%。其中，模型 1 的检验结果表明：企业协同能力对过程绩效具有显著的正向作用，影响系数为 0.572（$P<0.001$）。模型 2 的检验结果表明：企业协同能力对客户知识显性化分享具有显著的正向影响，影响系数为 0.596（$P<0.001$）。模型 3 同时加入自变量（企业协同能力）、中介变量（客户知识的显性化分享），考察它们对过程绩效的影响作用，结果表明：企业协同能力和客户知识转化对过程绩效均具有显著的正向影响，影响系数分别为 0.140（$P<0.01$），0.724（$P<0.001$）。综合模型 1～模型 3 可知，加入中介变量（客户知识的显性化分享）以后，企业协同能力对过程绩效的正向影响明显减弱，影响系数从 0.572（$P<0.001$）到 0.140（$P<0.01$），说明了企业对客户知识显性化分享在 KIBS 企业协同能力对服务产品开发过程绩效的影响过程中起到部分中介作用。因此，假设 $H10a_1$ 得到了验证。

3）客户知识隐性化吸收在企业协同能力对结果绩效影响过程中起到的中介作用检验

同样，先验证了不存在多重共线性的情况下，控制变量对客户知识隐性化吸收以及对过程绩效的影响，结果均不显著，说明企业规模、项目类型和项目周期对 KIBS 企业中客户知识的隐性化吸收以及结果绩效无显著影响。因此，主要验证客户知识的隐性化吸收在 KIBS 企业协同能力对结果绩效影响过程中起到的中介作用（表 5-17）。

**表 5-17　客户知识的隐性化吸收的中介作用检验结果**

| 变量 | 结果绩效 | 客户知识隐性化吸收 | 结果绩效 |
|---|---|---|---|
| | 模型 1 | 模型 2 | 模型 3 |
| 常数 | −4.235 | −2.243 | 4.027 |
| 自变量 | | | |
| 企业协同能力 | 0.598*** | 0.695*** | 0.342*** |
| 中介变量 | | | |
| 客户知识隐性化吸收 | | | 0.368*** |
| $R^2$ | 0.358 | 0.483 | 0.528 |
| Adjusted $R^2$ | 0.355 | 0.480 | 0.422 |
| F-value | 13.689*** | 19.473*** | 25.963*** |

注：***表示 $P<0.001$，**表示 $P<0.01$，*表示 $P<0.05$。

同样，根据表 5-17 的结果可知，3 个模型的 $R^2$ 值分别能解释因变量的 35.8%、48.3%、52.8%。其中，模型 1 的检验结果表明：企业协同能力对结果绩效具有显著的正向作用，影响系数为 0.598（$P<0.001$）。模型 2 的检验结果表明：企业协同能力对客户知识的隐性化吸收具有显著的正向影响，影响系数为 0.695（$P<0.001$）。模型 3 是同时加入自变量（企业协同能力）、中介变量（客户知识隐性化吸收）以后，考察它们对结果绩效的影响作用，检验结果表明：企业协同能力对结果绩效具有显著的正向影响（影响系数为 0.342，$P<0.001$），客户知识隐性化吸收对结果绩效有显著的正向影响（影响系数为 0.368，$P<0.001$）。综合模型 1 和模型 3，加入中介变量（客户知识的隐性化吸收）以后，企业协同能力对结果绩效的正向影响减弱，影响系数从 0.598（$P<0.001$）到 0.342（$P<0.001$），说明了客户知识隐性化吸收在 KIBS 企业协同能力对服务产品开发结果绩效

的影响过程中起到部分中介作用。因此，假设 $H10b_2$ 得到了验证。

### 5.4.3 协同治理机制的调节作用检验

本节主要采用多元线性回归分析对第三章关于协同治理机制的调节作用假设进行实证检验。多元回归分析步骤如下。首先，模型 1 包含控制变量（企业规模、项目类型和项目周期）的回归模型分析结果。然后，模型 2 包含控制变量和自变量（知识集聚能力、组织间协调能力、关系调整能力）的回归模型分析结果。接着，模型 3 包括控制变量、自变量、调节变量的分析结果。最后，模型 4 和模型 5 包括控制变量、自变量、调节变量以及交互项回归模型的分析结果。接下来，本书采用上述步骤检验协同创新情境下协同治理机制对 KIBS 企业协同能力与客户知识转化关系的调节作用。主要验证：①关系治理机制分别对企业协同能力 3 维度与客户知识显性化分享关系是否具有显著的正向调节作用；②契约治理机制分别对企业协同能力 3 维度与客户知识隐性化吸收关系是否具有显著的正向调节作用。

1）关系治理机制的调节作用检验

在检验调节作用之前，首先对回归模型的多重共线性、序列相关和异方差问题进行检验，在排除这 3 个问题的前提下，回归模型的结果才具有稳定性与可靠性[324]。因此，本书对这 3 个问题分别进行检验。①多重共线性的检验。经检验，本书各回归模型的 Tolerance（容忍度）均大于 0.8，即接近于 1，VIF（方差膨胀因子）介于 1 和 2 之间（0＜VIF＜10），因此，不存在多重共线性问题[337]。②序列相关问题检验。由于本书所使用的数据属于截面数据的类型，而截面数据不存在序列相关的问题。③异方差问题检验。经检验，本书中残差的散点图分布呈现无序的状态。因此不存在异方差问题。

在完成回归模型 3 个问题检验的基础上，通过对相关自变量和调节变量的中心化处理，并得出相应的交互项后对变量进行多元回归分析，得到关系治理机制调节作用的验证结果，见表 5-18。

**表 5-18 关系治理机制调节作用的验证结果**

| | 因变量：客户知识显性化分享 | | | | | |
|---|---|---|---|---|---|---|
| | Model1 | Model2 | Model3 | Model4 | Model5 | Model6 |
| **常数项** | 0.017 | 0.012 | 0.056 | −0.007 | −0.043 | 0.072 |
| **控制变量** | | | | | | |
| 企业规模 | −0.005 | 0.009 | 0.016 | 0.021 | 0.012 | 0.008 |
| 项目类型 | −0.021 | −0.029 | −0.043 | −0.037 | −0.030 | −0.034 |
| 项目周期 | 0.0270 | 0.023 | 0.016 | 0.018 | 0.012 | 0.013 |
| **自变量** | | | | | | |
| | Model1 | Model2 | Model3 | Model4 | Model5 | Model6 |
| 知识集聚能力（KAC） | | 0.358*** | 0.356*** | 0.337*** | 0.326*** | 0.360*** |
| 组织间协调能力（ICC） | | 0.432*** | 0.440*** | 0.242*** | 0.421*** | 0.453*** |
| 关系调整能力（RAC） | | 0.325*** | 0.322** | 0.281*** | 0.286*** | 0.335*** |
| **调节变量** | | | | | | |
| 关系治理机制（RGM） | | | 0.238*** | 0.229*** | 0.196** | 0.206** |

续表

| | 因变量：客户知识显性化分享 | | | | | |
|---|---|---|---|---|---|---|
| | Model1 | Model2 | Model3 | Model4 | Model5 | Model6 |
| **交互项** | | | | | | |
| KAC*RGM | | | | 0.156** | | |
| ICC*RGM | | | | | 0.052+ | |
| RAC*RGM | | | | | | 0.198** |
| 模型统计量 $R^2$ | 0.013 | 0.404 | 0.430 | 0.446 | 0.450 | 0.456 |
| 调整后的 $R^2$ | −0.007 | 0.386 | 0.396 | 0.413 | 0.425 | 0.431 |
| $R^2$ 的变动 | — | 0.391 | 0.026 | 0.016 | 0.004 | 0.006 |
| F 值 | 0.885 | 23.004*** | 29.620*** | 20.784*** | 18.667*** | 20.874*** |

注：***表示 $P<0.001$（双尾检验），**表示 $P<0.01$（双尾检验），*表示 $P<0.05$（双尾检验），+表示 $P<0.1$（双尾检验）。

从表 5-18 的回归分析结果可知，除模型 1 外，其余 5 个模型的总体回归效果都是显著的（F 统计值的显著性水平都小于 0.001）。从 $R^2$ 的变动上来看，模型 6 的 $R^2$ 为 0.456，变动 0.006，与其他模型相比，模型 6 的解释力有显著意义的提高，这说明了相对于其他模型而言，最终模型 6 有更好的解释力。

模型 1 中只包括控制变量，主要用来控制企业规模、项目类型和项目周期对客户知识显性化分享的影响。从模型 1 中可以看出，控制变量（企业规模、项目类型和项目周期）解释了客户知识显性化分享总体方差的 1.3%，影响较少。另外，在所有 6 个模型中，企业规模项目类型、项目周期这几个控制变量的回归系数均小于 0，在 $P<0.05$ 的水平上不显著，说明其对客户知识显性化分享的影响并不显著。因此，后续模型研究中可以不考虑企业规模、项目类型和项目周期对客户知识显性化分享的影响。

模型 2 在模型 1 的基础上加入了知识集聚能力、组织间协调能力和关系调整能力 3 个自变量，从表 6-14 的模型 2 回归结果可以看出，知识集聚能力、组织间协调能力和关系调整能力对客户知识的显性化分享都具有显著的影响，其非标准化回归系数分别为 0.358（$P<0.001$），0.432（$P<0.001$），0.325（$P<0.001$）；相对于模型 1 来说，$R^2$ 值为 0.404，增加了 0.391，F 值为 23.004（$P<0.001$），回归方程显著，这说明模型 2 比模型 1 更好地解释了客户知识显性化分享的方差。说明了在协同创新背景下协同能力中的知识集聚能力、组织间协调能力和关系调整能力均对客户知识显性化分享具有有显著的正向影响，其中，组织间协调能力对客户知识的显性化分享作用最强，其次为知识集聚能力，最后为关系调整能力。

模型 3 在模型 2 的基础上加入了调节变量关系治理机制。加入后的模型 3 的 $R^2$ 值为 0.430，比模型 2 的 $R^2$ 值增加了 0.026，F 值为 29.620（$P<0.001$），回归方程显著，说明模型 3 比模型 2 具有更强的解释力。其中，加入调节变量后，知识集聚能力、组织间协调能力和关系调整能力对客户知识显性化分享依旧具有显著的正向影响，不过影响减弱。关系治理机制对客户知识显性化分享的回归系数分别为 0.238（$P<0.001$），说明了关系治理机制对客户知识的显性化分享具有显著的正向影响。

模型 4 在模型 3 的基础上加入了知识集聚能力与关系治理机制的交互项。由表 5-18 可知，对比模型 3，加入交互项后的模型 4 的 $R^2$（0.446）比模型 3 的 $R^2$（0.430）提高了

0.015，且 F 值为 20.784（$P<0.001$），回归方程显著，这说明模型 4 比模型 3 更好地解释了客户知识显性化分享的方差。在模型 4 中，交互项（知识集聚能力×关系治理机制）的回归系数为 0.156（$P<0.01$），说明了关系治理机制对知识集聚能力与客户知识显性化分享关系具有显著的正向调节作用。因此，假设 H11a 得到验证。

模型 5 在模型 4 的基础上加入了组织间协调能力与关系治理机制的交互项。由表 6-14 可知，对比模型 4，加入表征关系治理机制调节作用的交互项（组织间协调能力×关系治理机制）后，模型 5 的 $R^2$（0.450）比模型 4 的 $R^2$（0.430）提高了 0.004，且 F 值为 18.657（$P<0.001$），回归方程显著，这说明模型 5 比模型 4 更好地解释了客户知识显性化分享的方差。对于关系治理机制的调节作用，在模型 5 中，交互项（组织间协调能力×关系治理机制）的回归系数为 0.052（$P<0.1$），在 $P<0.05$ 水平上不显著，说明了关系治理机制在组织间协调能力与客户知识显性化分享关系中不具有显著的正向调节作用。因此，假设 H11b 未得到验证。

模型 6 在模型 5 的基础上加入了关系调整能力与关系治理机制的交互项。对比模型 5，加入表征关系治理机制调节作用的交互项（关系调整能力×关系治理机制）后，模型 6 的 $R^2$（0.456）比模型 5 的 $R^2$（0.450）提高了 0.006，且 F 值为 20.874（$P<0.001$），回归方程显著，这说明模型 6 比模型 5 更好地解释了客户知识显性化分享的方差。对于关系治理机制的调节作用，在模型 6 中，交互项（关系调整能力×关系治理机制）的回归系数为 0.193（$P<0.01$），说明了关系治理机制在关系调整能力与客户知识显性化分享关系中具有显著的正向调节作用。因此，假设 H11c 得到验证。

为了更直观和精确地揭示知识集聚能力和关系调整能力分别与关系治理机制的交互效应对客户知识显性化分享的回归模型的分析结果，研究采用刘军（2008）[338]以及 Aiken 和 West（1991）[339]提出的实证方法分析调节变量与自变量之间的交互作用并进行图解。图 5-8 显示了关系治理机制对知识集聚能力与客户知识显性分享关系的调节效应。

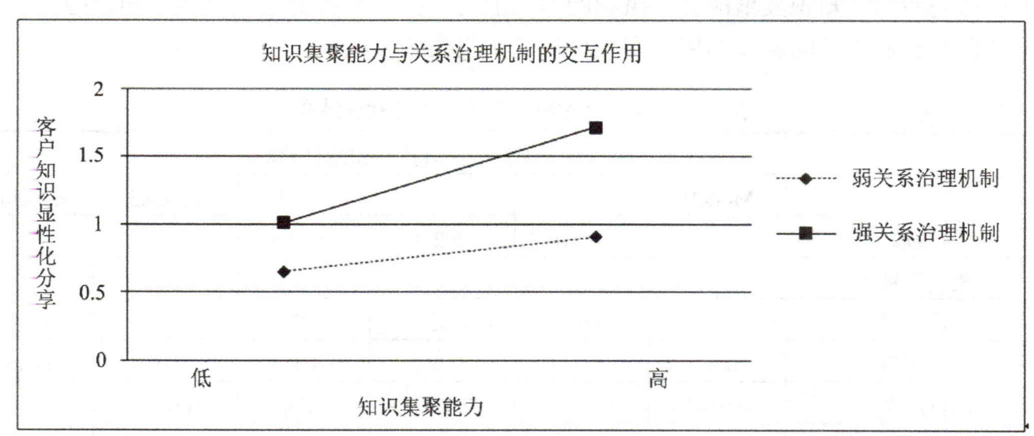


**图 5-8 关系治理机制对知识集聚能力与客户知识显性化分享关系的调节效应图**

从图 5-8 可以看出，关系治理机制较强时，知识集聚能力与关系治理机制斜率明显高于关系治理机制较弱时，说明关系治理机制对知识集聚能力与客户知识显性化分享关系具有显著的正向调节作用。关系治理机制越强，知识集聚能力对客户知识显性化分享的正向作用越大。关系治理机制越弱，知识集聚能力对客户知识分享机制的正向作用越小。

同样，画出关系治理机制对关系调整能力与客户知识显性化分享关系的调节效应图，如图 5-9 所示。

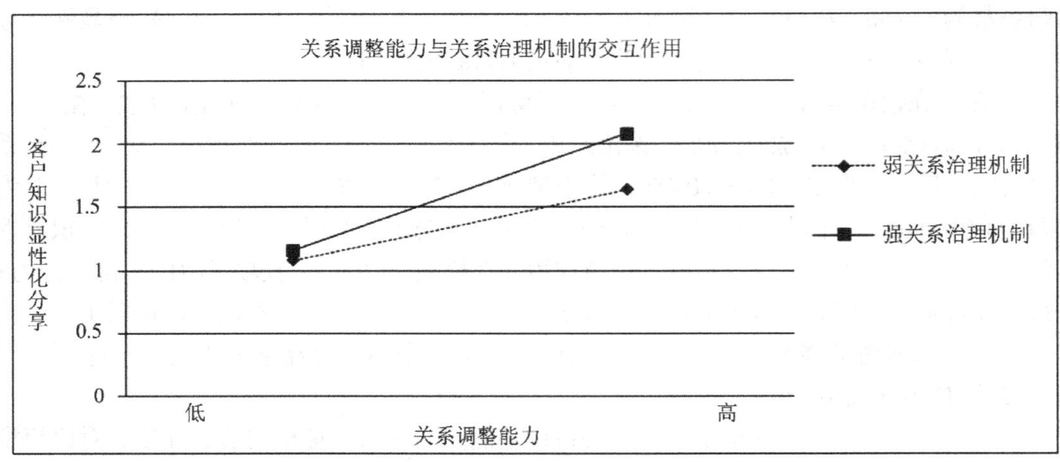


**图 5-9　关系治理机制对关系调整能力与客户知识显性化分享关系的调节效应图**

从图 5-9 可以看出，关系治理机制较强时，关系调整能力与关系治理机制斜率明显高于关系治理机制较弱时，说明关系治理机制对关系调整能力与客户知识显性化分享关系具有显著的正向调节作用。关系治理机制越强，关系调整能力对客户知识显性化分享的正向作用越大。关系治理机制越弱，关系调整能力对客户知识显性化分享的正向作用越小。

2）契约治理机制的调节作用检验

首先，分别对回归模型的 VIF 值、DW 值和散点图进行检验，结果显示变量间不存在多重共线性、序列相关以及异方差问题，可进行调节作用的检验。接着对契约治理机制在企业协同能力对客户知识隐性化吸收关系中的调节作用进行检验。主要考察契约治理机制在企业协同能力（知识集聚能力、组织间协调能力、关系调整能力）对客户知识隐性化关系中是否具有显著正向调节作用。回归分析结果见表 5-19。

**表 5-19　契约治理机制调节作用的验证结果**

| | 因变量：客户知识隐性化吸收 | | | | | |
|---|---|---|---|---|---|---|
| | Model1 | Model2 | Model3 | Model4 | Model5 | Model6 |
| **常数项** | −0.089 | −0.216 | −0.218 | −0.198 | −0.197 | −0.181 |
| **控制变量** | | | | | | |
| 企业规模 | −0.022 | 0.019 | 0.026 | 0.027 | 0.025 | 0.024 |
| 项目类型 | −0.019 | −0.013 | −0.015 | −0.014 | −0.014 | −0.013 |
| 项目周期 | 0.0243 | 0.0261 | 0.0263 | 0.0242 | 0.0219 | 0.0217 |
| **自变量** | | | | | | |
| 知识集聚能力（KAC） | | 0.386*** | 0.367*** | 0.358*** | 0.359*** | 0.365*** |
| 组织间协调能力（ICC） | | 0.187** | 0.176** | 0.180** | 0.184** | 0.189** |
| 关系调整能力（RAC） | | 0.172** | 0.168** | 0.176** | 0.179** | 0.182** |
| **调节变量** | | | | | | |
| 契约治理机制（CGM） | | | 0.503*** | 0.498*** | 0.502*** | 0.506*** |

**续表**

| | 因变量：客户知识隐性化吸收 | | | | | |
|---|---|---|---|---|---|---|
| | Model1 | Model2 | Model3 | Model4 | Model5 | Model6 |
| **交互项** | | | | | | |
| KAC*CGM | | | | 0.066+ | 0.102* | |
| ICC*CGM | | | | | | |
| RAC*CGM | | | | | | 0.138** |
| 模型统计量 $R^2$ | 0.011 | 0.396 | 0.420 | 0.421 | 0.425 | 0.432 |
| 调整后的 $R^2$ | −0.002 | 0.389 | 0.413 | 0.416 | 0.418 | 0.426 |
| $R^2$ 的变动 | —— | 0.385 | 0.024 | 0.002 | 0.001 | 0.007 |
| F 值 | 0.488 0 | 25.298*** | 28.821*** | 23.732*** | 26.331*** | 21.482*** |

注：***$P<0.001$（双尾检验），**表示 $P<0.01$（双尾检验），*表示 $P<0.05$（双尾检验），+表示 $P<0.1$（双尾检验）。

从表 5-19 的回归分析结果中可以看到，除模型 1 外，其余所有的 5 个模型的总体回归效果都是显著的（F 统计值的显著性概率都小于 0.001）。从 $R^2$ 的变动上来看，模型 6 的 $R^2$ 为 0.432，变动 0.007，与其他模型相比，模型 6 的解释力有显著意义的提高，这说明了相对于其他模型而言，全模型 6 有更好的解释力。

模型 1 中只包括控制变量，主要用来控制企业规模、项目类型和项目周期对客户知识隐性化吸收的影响。从模型 1 中可以看出，控制变量解释了服务产品开发绩效总体方差的 1.1%。其中，企业规模、项目类型以及项目周期对客户知识隐性化吸收的影响较小，也并不显著。因此，后续模型研究中可以不考虑企业规模、项目类型和项目周期对服务产品开发绩效的影响。

模型 2 在模型 1 的基础上加入了知识集聚能力、组织间协调能力和关系调整能力 3 个自变量，从模型 2 的回归结果可以看出，知识集聚能力、组织间协调能力、关系调整能力对客户知识隐性化吸收都具有显著的影响，非标准化回归系数分别为 0.386（$P<0.001$），0.187（$P<0.01$），0.172（$P<0.01$）；相对于模型 1 来说，$R^2$ 增加了 0.385，F 值为 25.298（$P<0.001$），回归方程显著，这说明模型 2 比模型 1 更好地解释了客户知识隐性化吸收的方差。说明了企业协同能力 3 维度均对客户知识隐性化吸收具有显著的正向影响。

模型 3 在模型 2 的基础上加入了调节变量契约治理机制。加入后的模型 3 的 $R^2$ 值为 0.420，比模型 2 的 $R^2$ 值增加了 0.024，F 值为 28.821（$P<0.001$），回归方程显著，说明了模型 3 比模型 2 具有更强的解释力。其中，加入调节变量后，知识集聚能力、组织间协调能力以及关系调整能力对客户知识隐性化吸收依旧具有显著的正向影响。契约治理机制对客户知识隐性化吸收的回归系数为 0.503（$P<0.001$），说明了契约治理机制对客户知识隐性化吸收具有显著的正向影响。

模型 4 在模型 3 的基础上加入了知识集聚能力与契约治理机制的交互项。对比模型 3，加入交互项后的模型 4 的 $R^2$（0.421）比模型 3 的 $R^2$（0.420）提高了 0.001，且 F 值为 23.732（$P<0.001$），回归方程显著，这说明模型 4 比模型 3 更好地解释了客户知识隐性化吸收的方差。在模型 4 中，交互项（知识集聚能力×契约治理机制）的回归系数为 0.66（$P<0.1$），在 $P<0.05$ 的水平上不显著，说明了契约治理机制对知识集聚能力与客户知识

隐性化吸收关系的正向调节作用并未通过检验。因此，假设 H12a 未得到验证。

模型 5 在模型 4 的基础上加入了组织间协调能力与契约治理机制的交互项。对比模型 4，加入表征契约治理机制调节作用的交互项（组织间协调能力×契约理机制）后，模型 5 的 $R^2$（0.425）比模型 4 的 $R^2$（0.421）提高了 0.004，且 F 值为 26.331（$P<0.001$），回归方程显著，这说明模型 5 比模型 4 更好地解释了客户知识隐性化吸收的方差。对于契约治理机制的调节作用，在模型 5 中，交互项（组织间协调能力×契约治理机制）的回归系数为 0.102（$P<0.05$），说明了契约治理机制对组织间协调能力与客户知识隐性化吸收关系具有显著的正向影响。因此，假设 H12b 得到验证。

模型 6 在模型 5 的基础上加入了关系调整能力与契约治理机制的交互项。对比模型 5，加入表征契约治理机制调节作用的交互项（关系调整能力×契约治理机制）后，模型 6 的 $R^2$（0.432）比模型 5 的 $R^2$（0.425）提高了 0.007，且 F 值为 21.482（$P<0.001$），回归方程显著，这说明模型 6 比模型 5 更好地解释了客户知识隐性化吸收的方差。对于契约治理机制的调节作用，在模型 6 中，交互项（关系调整能力×契约治理机制）的回归系数为 0.138（$P<0.01$），说明了契约治理机制对关系调整能力与客户知识隐性化吸收关系具有显著的正向调节作用。因此，假设 H12c 得到验证。

同样，为了更直观和精确地揭示组织间协调能力和关系调整能力分别与契约治理机制的交互效应对客户知识隐性化吸收绩效的回归模型的分析结果，本书采用刘军（2008）[289] 以及 Aiken 和 West（1991）[286]提出的实证方法分析调节变量与自变量间的交互作用并进行图解。

图 5-10 显示了契约治理机制对组织间协调能力与客户知识隐性化吸收关系的调节效应。

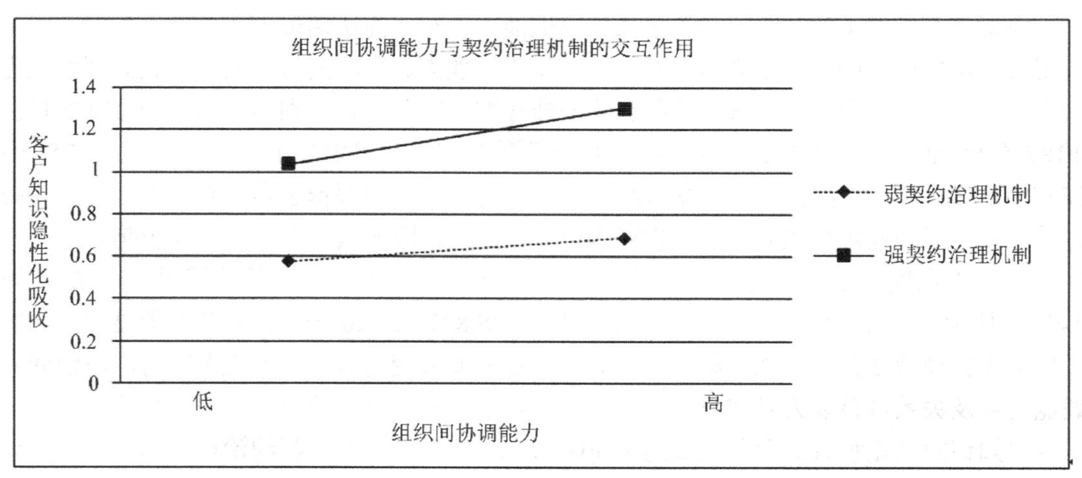


**图 5-10　契约治理机制对组织间协调能力与客户知识隐性化吸收的调节效应图**

从图 5-10 可以看出，契约治理机制较强时，组织间协调能力与契约治理机制斜率明显高于契约治理机制较弱时，说明契约治理机制在组织间协调能力与客户知识隐性化吸收关系中具有显著的正向调节作用。契约治理机制越强，组织间协调能力对客户知识隐性化吸收的正向作用越大。契约治理机制越弱，组织间协调能力对客户知识隐性化吸收的正向作用越小。

同样，画出契约治理机制在关系调整能力对客户知识隐性化吸收中的调节效应图，如图 5-11 所示。

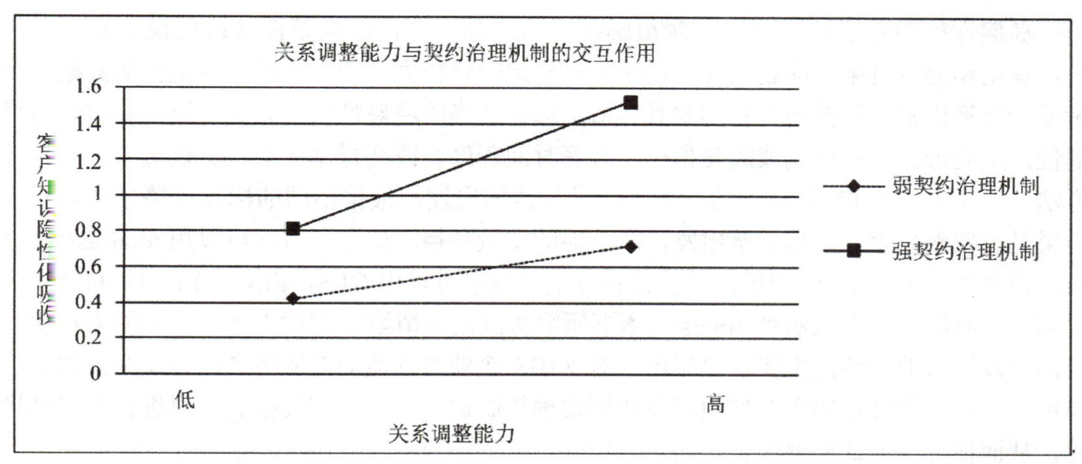


**图 5-11 契约治理机制对关系调整能力与客户知识隐性化吸收的调节效应图**

从图 5-11 可以看出，契约治理机制较强时，关系调整能力与契约治理机制斜率明显高于契约治理机制较弱时，说明契约治理机制在关系调整能力与客户知识隐性化吸收的关系中具有显著的正向调节作用。契约治理机制越强，关系调整能力对客户知识隐性化吸收的正向作用越大。契约治理机制越弱，关系调整能力对客户知识隐性化吸收的正向作用越小。

综上，得到协同治理机制在 KIBS 协同能力对客户知识转化的调节作用验证结果如图 5-12 所示。

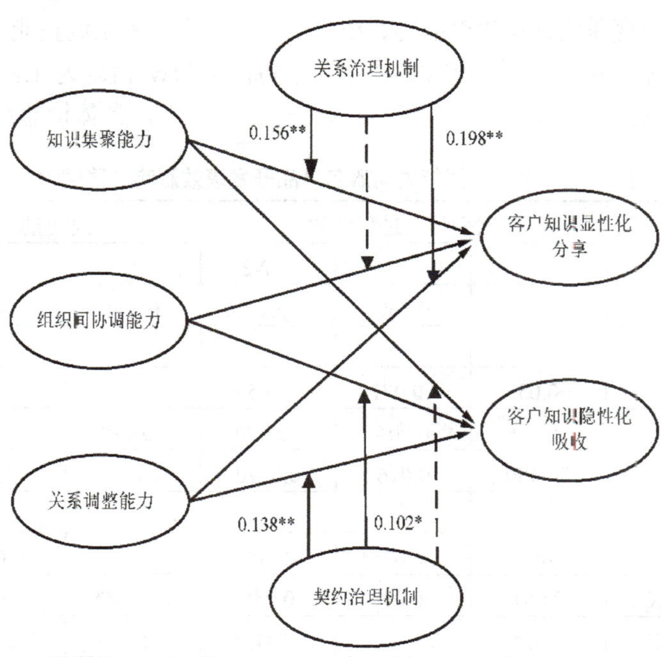


**图 5-12 协同治理机制在 KIBS 协同能力对客户知识转化的调节作用验证结果**

## 5.5　稳健性检验

稳健性检验考察的是理论和变量解释能力的强壮性，即当条件（或假设）发生变化时，理论和变量对某一问题或现象仍然具有稳定的解释力。通常稳健性检验会从数据、变量或者计量出发，根据研究目的的具体情况选择适当的稳健性检验方式，以检验结果的稳健性，主要形式有：增删或改变指标、改变时间跨度、改变样本大小、更换可替代的计量方法（李文颖，2014）。具体的方法是：①从数据出发，根据不同的标准调整分类，检验结果是否依然显著；②从变量出发，从其他的变量替换，如公司 size 可以用 total assets 衡量，也可以用 total sales 衡量；③从计量方法出发，可以用 OLS，FIX EFFECT，GMM 等来回归，看结果是否依然是 robust。本书研究协同创新情境下 KIBS 企业协同能力对服务产品开发绩效的影响，主要从数据出发对 KIBS 企业协同能力对服务产品开发绩效的直接作用、客户知识转化的中介作用以及协同治理机制调节作用的假设检验结果进行稳健性检验，从而估计结果的稳健性。

### 5.5.1　KIBS 企业协同能力对服务产品开发绩效直接作用的稳健性检验

根据研究的可行性，本书从数据出发，根据不同的标准调整数据分类（鉴于前面关于 KIBS 企业协同能力构成维度的研究，为保持研究统一性，本书中继续以全样本 $N$=206，陕西、北京地区样本 $N1$＝95 以及上海、广东、福建等剩余地区样本 $N2$＝111 进行分类）的检验方法。即通过分群体检验进一步分析 KIBS 企业协同能力对服务产品开发绩效直接作用结果的稳健性。在对不同样本群体进行回归分析之前，需要对回归模型中变量之间的多重共线性、序列相关和异方差这三大问题进行检验。经检验可知，在因变量分别为过程绩效和结果绩效，自变量为知识集聚能力、组织间协调能力和关系调整能力的回归模型中，其多重共线性的容差 VIF 值均为 0<VIF<10，序列相关 DW 值均为 1.5<DW<2.5，异方差检验中散点图呈无序状态。因此，可对模型进行回归分析，具体检验结果见表 5-20。

**表 5-20　企业协同能力对服务产品开发绩效影响的稳健性检验**

| | 因变量：过程绩效 | | | 因变量：结果绩效 | | |
|---|---|---|---|---|---|---|
| | *N* | *N1* | *N2* | *N* | *N1* | *N2* |
| **常数项** | 0.016 | 0.200 | −0.105 | 0.304 | −0.408 | 0.236 |
| **控制变量** | | | | | | |
| 企业规模 | −0.055 | −0.081 | −0.053 | −0.076 | −0.088 | −0.075 |
| 项目类型 | −0.016 | 0.004 | −0.020 | −0.019 | −0.027 | −0.012 |
| 项目周期 | 0.0480 | 0.016 | 0.0170 | 0.010 | −0.011 | 0.026 |
| **自变量** | | | | | | |
| 知识集聚能力（KAC） | 0.508*** | 0.440*** | 0.478*** | 0.180 | 0.089 | 0.192 |
| 组织间协调能力（ICC） | 0.081 | −0.098 | 0.050 | 0.276** | 0.245** | 0.281** |
| 关系调整能力（RAC） | 0.266** | 0.194** | 0.211** | 0.267** | 0.215** | 0.297** |
| 模型统计量 | | | | | | |

**续表**

| | 因变量：过程绩效 | | | 因变量：结果绩效 | | |
|---|---|---|---|---|---|---|
| | *N* | *N*1 | *N*2 | *N* | *N*1 | *N*2 |
| $R^2$ | 0.389 | 0.379 | 0.485 | 0.353 | 0.247 | 0.462 |
| 调整后的 $R^2$ | 0.370 | 0.337 | 0.455 | 0.333 | 0.196 | 0.431 |
| $R^2$ 的变动 | — | 0.346 | 0.450 | — | 0.366 | 0.449 |
| F 值 | 21.078*** | 16.346*** | 30.287*** | 18.060*** | 14.809*** | 28.921*** |

注：*** $P<0.001$（双尾检验），**表示 $P<0.01$（双尾检验），*表示 $P<0.05$（双尾检验）。

通过表 5-20 可知，控制变量中企业规模、项目类型和项目周期对服务产品开发中的过程绩效以及结果绩效均没有显著影响。KIBS 企业协同能力各维度对服务产品开发的过程绩效和结果绩效具有不同的影响，其中，知识集聚能力对结果绩效的影响并不显著，组织间协调能力对过程绩效的影响不显著，关系调整能力对过程绩效以及结果绩效均具有显著的正向影响，此结论和表 5-14 中通过结构方程模型分析的企业协同能力对服务产品开发绩效直接作用的结果基本相同，说明 KIBS 企业协同能力对服务产品开发绩效直接作用的结果具有稳健性。另外，通过不同样本群体的回归分析结果可知，无论对于总体样本量 $N=206$，陕西和北京的样本 $N1=95$ 以及上海、广东、福建等地的样本量 $N2=111$，企业协同能力中的知识集聚能力对过程绩效、组织间协调能力对结果绩效以及关系调整能力对过程绩效和结果绩效均具有显著性影响，因此针对不同地区的样本，KIBS 企业协同能力对服务产品开发绩效的影响并无显著差异。然而，从表中还可以看出，$N=111$ 的样本群体（上海、广东、福建等地）所得回归系数略微高于陕西、北京地区的回归系数，说明在这些地区 KIBS 企业协同能力中的知识集聚能力、组织间协调能力和关系调整能力对于服务产品开发绩效的影响更为明显。

### 5.5.2 客户知识转化中介作用的稳健性检验

对于客户知识转化中介作用的稳健性检验，本书主要通过对前面结构方程模型的路径分析和本节中的多元回归分析结果进行比较，从而分析客户知识转化在企业协同能力对服务产品开发绩效关系影响过程中起到的中介作用的稳健性。同样，对回归模型中变量之间的多重共线性、序列相关和异方差进行检验后可知，在因变量分别为过程绩效和结果绩效，自变量为知识集聚能力、组织间协调能力和关系调整能力的回归模型中，多重共线性的容差 VIF 值均为 0<VIF<10，序列相关 DW 值均为 1.5<DW<2.5，异方差检验中散点图呈无序状态，因此，可对模型进行回归分析。基于前面的分析，主要检验客户知识显性化分享在企业协同能力 3 维度对过程绩效的中介效应以及客户知识隐性化吸收在企业协同能力 3 维度对结果绩效的中介效应的稳健性。具体检验结果见表 5-21。

**表 5-21　客户知识转化的中介作用检验（$N$=206）**

| | 因变量：过程绩效 | | | 因变量：结果绩效 | | |
|---|---|---|---|---|---|---|
| | Model1 | Model2 | Model3 | Model1 | Model2 | Model3 |
| **常数项** | 0.294 | 0.160 | 0.365 | −0.143 | 0.016 | 0.021 |
| **控制变量** | | | | | | |
| 企业规模 | −0.082 | −0.050 | −0.044 | 0.075 | −0.055 | −0.061 |
| 项目类型 | −0.026 | −0.018 | −0.025 | −0.082 | −0.016 | −0.015 |
| 项目周期 | 0.029 | 0.0270 | −0.040 | −0.023 | 0.078 | 0.0280 |
| **自变量** | | | | | | |
| 知识集聚能力（KAC） | | 0.417*** | 0.138** | | 0.440*** | 1.737* |
| 组织间协调能力（ICC） | | 0.249*** | 0.086* | | 0.184** | 0.734* |
| 关系调整能力（RAC） | | 0.325*** | 0.082+ | | 0.098* | 0.949+ |
| **中介变量** | | | | | | |
| 客户知识显性化分享（CKES） | | | 0.721*** | | | |
| 客户知识隐性化吸收（CKRA） | | | | | | −2.214+ |
| 模型统计量 $R^2$ | 0.018 | 0.357 | 0.677 | 0.022 | 0.389 | 0.497 |
| 调整后的 $R^2$ | 0.003 | 0.337 | 0.666 | 0.008 | 0.370 | 0.376 |
| $R^2$ 的变动 | 0.012 | 0.331 | 0.663 | 0.022 | 0.366 | 0.009 |
| F 值 | 1.223 | 18.385*** | 29.302*** | 1.544 | 21.078*** | 28.635*** |

注：*** $P$<0.001（双尾检验），**表示 $P$<0.01（双尾检验），*表示 $P$<0.05（双尾检验），+表示 $P$<0.1（双尾检验）。

通过表 5-21 可知，控制变量中企业规模、项目类型以及项目周期对服务产品开发中的过程绩效以及结果绩效均没有显著影响。在因变量为过程绩效的模型 2 中，企业协同能力中的知识集聚能力、组织间协调能力以及关系调整能力均对服务产品开发绩效中的过程绩效具有显著的正向影响，但在模型 3 中，加入客户知识显性化分享这一中介变量后，企业协同能力各维度对过程绩效的显著性降低，说明了客户知识显性化分享在企业协同能力对过程绩效的影响过程中起到部分中介作用；在因变量为结果绩效的模型 2 中，企业协同能力中的知识集聚能力、组织间协调能力以及关系调整能力均对服务产品开发绩效中的结果绩效具有显著的正向影响。但在模型 3 中，加入客户知识隐性化吸收这一中介变量后，企业协同能力各维度对结果绩效影响的显著性降低，说明了客户知识隐性化吸收在企业协同能力对结果绩效的影响过程中起到部分中介作用。此结果和假设检验中研究的不同点在于：客户知识隐性化吸收在企业协同能力各维度对服务产品开发绩效结果绩效影响中起到的中介作用显著性较低（在 $P$<0.1 水平上显著），而且为负值-2.214。除此之外，表 5-21 的研究结果与前面假设检验中客户知识转化中介作用的结果基本相同，由于通过不同方法得到基本相同结论，说明客户知识转化在 KIBS 企业协同能力对服务产品开发绩效的影响过程中起到的部分中介作用这一结果具有一定的稳健性。

### 5.5.3　协同治理机制调节作用的稳健性检验

根据 5.4.3 中协同治理机制研究结果，为了进一步检验关系治理机制以及契约治理机制调节作用的稳健性，本书进一步通过多元回归分析，从数据出发，根据不同的标准调整数据分类（陕西、北京地区样本 $N1=95$ 以及上海、广东、福建等地区样本 $N2=111$）的检验结果，与全样本 $N=206$ 的回归结果进行比较，如果结果接近，则稳健，否则不稳健。即通过分群检验进一步检验关系治理机制在企业协同能力各维度对客户知识显性化分享中起到调节作用的稳健性以及契约治理机制在企业协同能力各维度对客户知识隐性化吸收中起到调节作用的稳健性。本书在加入控制变量（模型 1），控制变量和自变量（模型 2），控制变量、自变量和调节变量（模型 3）进行回归分析的基础上，主要对加入调节变量的交互项后的模型 4、模型 5 和模型 6 通过采用不同样本群体进行进一步回归分析，以分析全样本数据回归结果的稳健性。首先，对回归模型中变量之间的多重共线性、序列相关和异方差这 3 个问题进行检验。经检验可知，在因变量分别为客户知识显性化分享和客户知识隐性化吸收，自变量为知识集聚能力、组织间协调能力和关系调整能力的回归模型中，其多重共线性的容差 VIF 值均为 0＜VIF＜10，序列相关 DW 值均为 1.5＜DW＜2.5，异方差检验中散点图呈无序状态，可对模型进行回归分析。具体检验结果见表 5-22 和表 5-23。

**表 5-22 关系治理机制的稳健性检验**

| | 因变量：客户知识显性化分享 | | | | | |
|---|---|---|---|---|---|---|
| | $N1=95$ | | | $N2=111$ | | |
| | Model4 | Model5 | Model6 | Model4 | Model5 | Model6 |
| **常数项** | −0.294 | −0.300 | −0.245 | −0.022 | 0.111 | 0.093 |
| **控制变量** | | | | | | |
| 企业规模 | 0.049 | 0.049 | 0.040 | −0.026 | −0.029 | −0.030 |
| 项目类型 | 0.034 | 0.035 | 0.029 | 0.060 | −0.059 | 0.058 |
| 项目周期 | −0.001 | 0.002 | 0.002 | −0.001 | −0.030 | −0.022 |
| **自变量** | | | | | | |
| 知识集聚能力（KAC） | 0.299*** | 0.278*** | 0.287*** | 0.315*** | 0.309*** | 0.356*** |
| 组织间协调能（ICC） | 0.385*** | 0.326*** | 0.360*** | 0.257*** | 0.413*** | 0.432*** |
| 关系调整能力（RAC） | 0.224*** | 0.237*** | 0.213*** | 0.293*** | 0.267*** | 0.297*** |
| **调节变量** | | | | | | |
| 关系治理机制（RGM） | 0.220** | 0.170** | 0.192** | 0.241** | 0.225** | 0.264** |
| **交互项** | | | | | | |
| KAC*RGM | 0.098* | | | 0.163** | | |
| ICC*RGM | | 0.081* | | | 0.098* | |
| RAC*RGM | | | 0.136** | | | 0.190** |
| 模型统计量 $R^2$ | 0.357 | 0.458 | 0.591 | 0.368 | 0.417 | 0.522 |
| 调整后的 $R^2$ | 0.319 | 0.435 | 0.546 | 0.359 | 0.438 | 0.534 |
| $R^2$ 的变动 | 0.001 | 0.001 | 0.033 | 0.005 | 0.049 | 0.005 |
| F 值 | 14.390*** | 13.390*** | 19.510** | 16.452*** | 18.809*** | 22.934*** |

注：*** $P<0.001$（双尾检验），**表示 $P<0.01$（双尾检验），*表示 $P<0.05$（双尾检验）。

通过表 5-22 可知，控制变量中企业规模、项目类型以及项目周期对客户知识显性化分享没有显著影响。在样本量为 $N1=95$ 的回归模型分析中，基于知识集聚能力、组织间协调能力以及关系调整能力均对客户知识显性化分享具有显著的正向影响，加入关系治理机制这一调节变量后，企业协同能力各维度及其与关系治理机制的交互项对客户知识显性化分享仍旧具有显著的正向影响，说明了关系治理机制在企业协同能力各维度对客户知识显性化分享关系的影响过程中具有显著调节作用这一结论的稳健性；在样本量为 $N2=111$ 的回归模型分析中，基于知识集聚能力、组织间协调能力以及关系调整能力均对客户知识显性化分享具有显著的正向影响，加入关系治理机制这一调节变量后，企业协同能力各维度及其与关系治理机制的交互项同样对客户知识显性化分享具有显著的正向影响，这也同样说明了关系治理机制在企业协同能力各维度对客户知识显性化分享关系的影响过程中具有显著的调节作用这一结论的稳健性。此结果和前面研究结果的不同点在于对 $N2=111$ 的样本群体中，关系治理机制与组织间协调能力的交互项在对客户知识显性化分享关系的影响过程中的调节作用在 $P<0.05$ 的水平上显著。除此之外，表 5-22 中不同样本群体的回归结果与假设验证中表 5-18 中关系治理机制调节作用的结果基本相同，由于通过不同数据样本群体得到基本相同结论，说明关系治理机制对 KIBS 企业协同能力与客户知识显性化分享关系的调节作用结果的稳健性。

**表 5-23　契约治理机制的稳健性检验**

| | 因变量：客户知识隐性化吸收 | | | | | |
|---|---|---|---|---|---|---|
| | $N1=95$ | | | $N2=111$ | | |
| | Model4 | Model5 | Model6 | Model4 | Model5 | Model6 |
| **常数项** | 0.429 | 0.469 | 0.521 | 0.126 | 0.137 | 0.077 |
| **控制变量** | | | | | | |
| 企业规模 | -0.050 | -0.055 | -0.056 | -0.069 | -0.047 | -0.054 |
| 项目类型 | -0.032 | -0.032 | -0.033 | -0.020 | -0.017 | -0.012 |
| 项目周期 | -0.050 | -0.065 | -0.072+ | 0.080+ | 0.079+ | 0.087+ |
| **自变量** | | | | | | |
| 知识集聚能力（KAC） | 0.262*** | 0.274*** | 0.224** | 0.359*** | 0.346*** | 0.358*** |
| 组织间协调能（ICC） | 0.161** | 0.185** | 0.171** | 0.142** | 0.177*** | 0.170** |
| 关系调整能力（RAC） | 0.142** | 0.153** | 0.187* | 0.131** | 0.146** | 0.194** |
| **调节变量** | | | | | | |
| 契约治理机制（CGM） | 0.627*** | 0.620*** | 0.533*** | 0.439*** | 0.441*** | 0.427*** |
| **交互项** | | | | | | |
| KAC*CGM | -0.136 | | | 0.0170 | | |
| ICC*CGM | | 0.129+ | | | 0.136* | |
| RAC*CGM | | | 0.144** | | | 0.197** |
| 模型统计量 $R^2$ | 0.536 | 0.550 | 0.576 | 0.611 | 0.627 | 0.634 |
| 调整后的 $R^2$ | 0.493 | 0.503 | 0.521 | 0.581 | 0.594 | 0.597 |
| $R^2$ 的变动 | 0.021 | 0.014 | 0.021 | 0.000 | 0.016 | 0.007 |
| F 值 | 12.416*** | 11.555*** | 11.207*** | 20.055*** | 18.859*** | 17.328*** |

注：*** $P<0.001$（双尾检验），**表示 $P<0.01$（双尾检验），*表示 $P<0.05$（双尾检验），+表示 $P<0.1$（双尾检验）。

通过表 5-23 可知，控制变量中企业规模、项目类型对客户知识显性化分享没有显著影响，而项目周期对客户知识隐性化吸收在 $P<0.1$ 的水平上显著，但回归系数很小，影响可忽略。在样本量为 $N1=95$ 的回归模型分析中，基于知识集聚能力、组织间协调能力以及关系调整能力均对客户知识隐性化吸收具有显著的正向影响，加入契约治理机制这一调节变量后，除了企业协同能力中的知识集聚能力与契约治理机制的交互项对客户知识隐性化吸收的影响不显著外，组织间协调能力和关系调整能力及其与契约治理机制的交互项同样对客户知识隐性化具有较为显著的正向影响，说明了契约治理机制在企业协同能力各维度对客户知识隐性化吸收关系的影响过程中具有显著的调节作用这一结论的稳健性。同样，在样本量为 $N2=111$ 的回归模型分析中，除了知识集聚能力与契约治理机制的交互项对客户知识隐性化吸收的影响不显著外，企业协同能力中的组织间协调能力和关系调整能力及其与契约治理机制的交互项也对客户知识隐性化具有较为显著的正向影响，这也同样说明了契约治理机制在组织间协调能力和关系调整能力对客户知识隐性化吸收关系的影响过程中具有显著调节作用这一结论的稳健性。由于表 5-23 中不同样本群体回归结果与假设验证表 5-19 中契约治理机制调节作用检验的结果基本相同，即通过不同数据样本群体得到基本相同的结论，从而说明了契约治理机制对 KIBS 企业协同能力与客户知识隐性化吸收关系的调节作用结果的稳健性。

## 5.6 本章小结

本章在第四章研究设计与方法的基础上，通过对样本数据的描述性统计分析，经过量表的信度、效度检验后，对 KIBS 企业协同能力构成维度进行了探索性和验证性因子分析，论证了 KIBS 企业协同能力由知识集聚能力、组织间协调能力和关系调整能力 3 个维度 10 个基本要素构成，并分析了各维度包含的基本要素及其重要程度。同时，通过结构方程分析以及多元回归分析等方法，对“KIBS 企业协同能力对服务产品开发绩效的影响”的假设进行验证。具体假设验证结果如下。

首先，验证了 KIBS 企业协同能力 3 维度对服务产品开发绩效的过程绩效和结果绩效具有直接影响作用。除了知识集聚能力对结果绩效以及组织间协调能力对过程绩效的正向作用不显著外，其余关于企业协同能力的 3 维度（知识集聚能力、组织间协调能力、关系调整能力）对不同的服务产品开发绩效（过程绩效和结果绩效）均具有显著的正向影响。其中，知识集聚能力对过程绩效具有显著的正向影响作用，但其对结果绩效的影响并不显著。组织间协调能力对过程绩效的影响不显著，但对结果绩效具有显著的影响。关系调整能力对过程绩效及结果绩效均具有显著的正向影响。

其次，通过结构方程模型以及回归分析对客户知识转化在 KIBS 企业协同能力对服务产品开发绩效影响过程中起到的中介作用假设进行了检验，结果显示，14 条假设中 11 条均得到验证。其中，知识集聚能力、组织间协调能力和关系调整能力对客户知识显性化分享以及客户知识隐性化吸收均具有显著的正向影响。客户知识显性化分享对客户知识隐性化吸收具有显著的正向影响，但客户知识隐性化吸收对客户知识显性化分享的正向影响并未得到验证。客户知识显性化分享对过程绩效具有显著的正向影响，但其对结果绩效的正向影响并没有得到验证；客户知识隐性化吸收对结果绩效具有显著的正向影响，但其对过程绩效的正向影响并没有得到验证。同时，验证了客户知识显性化分享在企业协同能力对过程绩效影响过程中起到部分中介作用，客户知识隐性化吸收在企业协同能力对结果绩效影响过程中起到部分中介作用。

再次，通过层次回归等方法论证了协同治理机制（关系治理机制和契约治理机制）在 KIBS 企业协同能力与客户知识转化关系中的调节作用。结果显示，6 条假设中 4 条均得到验证。其中，关系治理机制分别对知识集聚能力和关系调整能力与客户知识显性化分享关系具有显著的正向调节作用，但是，关系治理机制对企业组织间协调能力与客户知识显性化分享关系的正向调节作用并未得到验证；契约治理机制分别对组织间协调能力和关系调整能力与客户知识隐性化吸收关系具有显著的正向调节作用，但是，契约治理机制对知识集聚能力与客户知识隐性化吸收关系的正向调节作用并未得到验证。即关系治理机制越强，知识集聚能力和关系调整能力对客户知识显性化分享的正向作用越大；契约治理机制越强，组织间协调能力和关系调整能力对客户知识隐性化吸收的正向作用越大。

总之，本章检验了 KIBS 企业协同能力构成维度及其对服务产品开发绩效的直接作用，客户知识转化在 KIBS 企业协同能力对服务产品开发绩效影响过程中起到的中介作用，以及协同治理机制对 KIBS 企业协同能力与客户知识转化关系的调节作用。本书提出的大部分假设均得到验证，而且结果稳健。本章的实证研究为下一章的分析奠定了基础。

最后，通过针对不同样本的回归分析 KIBS 企业协同能力对服务产品开发绩效的直接作用结果，客户知识转化在企业协同能力与服务产品开发绩效关系影响过程中的中介作用结果以及协同治理机制对企业协同能力与客户知识转化关系的调节作用结果的稳健性进行进一步分析，说明了本书假设检验结果的稳健性。

# 6 结果讨论与启示

在第五章实证分析和假设检验的基础上，本章将针对假设验证的结果进行讨论，并给出理论启示与实践启示。主要对 KIBS 企业协同能力构成维度、KIBS 企业协同能力对服务产品开发绩效的直接影响作用、客户知识转化在 KIBS 企业协同能力对服务产品开发绩效影响过程中的中介作用以及协同治理机制在 KIBS 企业协同能力与客户知识转化关系中的调节作用进行深入讨论，并给出研究启示。首先对实证结果进行讨论，其次给出理论启示，最后提出实践启示。

## 6.1 结果讨论

### 6.1.1 KIBS 企业协同能力的构成维度

本章通过前文对 KIBS 企业协同能力构成维度的实证分析可知，KIBS 企业协同能力由知识集聚能力、组织间协调能力和关系调整能力 3 个维度 10 个基本要素构成。具体结论如下。

首先，经过探索性因子分析可知，KIBS 企业协同能力测量量表中有 10 个题项通过了验证，其中知识集聚能力包括 KAC1，KAC2，KAC3，KAC4 共 4 个题项；组织间协调能力包括 ICC2，ICC4，ICC5 共 3 个题项；关系调整能力包括 RAC3，RAC4，RAC5 共 3 个题项。经过探索性因子分析的因子旋转后，提取出 3 个公因子，各个题项的因子载荷量大部分均在 0.7 以上。同时，论证了量表具有较好的收敛和区分度。另外，KIBS 企业协同能力中的知识集聚能力、组织间协调能力以及关系调整能力 3 个变量的题项按照预期归入了相应的公因子。而且，累计方差贡献率为 62.55%，其中，第一个因子（知识集聚能力）的方差贡献率为 26.37%，第二个因子（组织间协调能力）的方差贡献率为 20.34%，第三个因子（关系调整能力）的方差贡献率为 15.84%。即知识集聚能力对 KIBS 企业协同能力贡献最大，其次为组织间协调能力，最后为关系调整能力。

其次，通过验证性因子分析可知，各题项的路径系数均大于 0.5，且大部分路径系数均大于 0.7。各拟合指标符合要求，模型拟合得较好，表明测量模型拟合结果良好。由此可知，本书关于 KIBS 企业协同能力的测量模型与数据的拟合效果良好，即说明了本书所提出的 KIBS 企业协同能力 3 维度通过了验证，即本书将 KIBS 企业协同能力划分为知识集聚能力、组织间协调能力与关系调整能力 3 个维度是有效的。

另外，对于 KIBS 企业协同能力中的知识集聚能力、组织间协调能力与关系调整能力 3 个维度而言，知识集聚能力包括了企业对客户知识搜索能力（KAC1）、知识获取能力

（KAC2）、知识整合能力（KAC3）、知识积累能力（KAC4）4 个子要素，各子要素对其影响大小顺序为：知识整合能力、知识获取能力、知识积累能力、知识搜索能力。因此，在实践中，KIBS 企业要想提升自身的知识集聚能力就需要快速对客户知识进行整合，通过多种途径获取客户知识并积累客户知识，对客户知识进行有效搜索，从而增强企业的知识集聚能力。组织间协调能力包括了企业内部互动交流能力（ICC2）、制度协调能力（ICC4）、技术沟通能力（ICC5）3 个子要素，各要素对其影响的大小顺序为：互动交流能力、技术沟通能力、制度协调能力。因此，在实践中，KIBS 企业就需要通过双方的互动交流能力、技术沟通能力以及制度协调能力等促进组织间协调能力。关系调整能力包括企业与客户保持信任能力（RAC3）、快速响应能力（RAC4）、合作应变能力（RAC5）3 个子要素，各要素对其影响的大小顺序为快速响应能力、合作应变能力、保持信任能力。因此，在实践中，对于 KIBS 企业而言，需要及时快速响应客户需求的变化，能够对突发问题进行快速应变，保持与客户的信任关系，从而提升关系调整能力。最终，在知识集聚能力、组织间协调能力以及关系调整能力有效提升的基础上，有效增强 KIBS 企业协同能力。

综合而言，在协同创新情境下，KIBS 企业协同能力由知识集聚能力、组织间协调能力、关系调整能力 3 个维度构成。其中，知识集聚能力对企业协同能力的解释性最强，随后依次为组织间协调能力以及关系调整能力。知识集聚能力、组织间协调能力和关系调整能力 3 个维度由 10 个基本要素构成，而且各要素在 3 个维度中的重要程度不同。

### 6.1.2　KIBS 企业协同能力对服务产品开发绩效的直接影响作用

本书通过问卷调研和结构方程模型，对 KIBS 企业协同能力对服务产品开发绩效的直接影响进行了检验。结果表明，6 条假设中 4 条均得到验证，具体情况见表 6-1。

**表 6-1　企业协同能力对服务产品开发绩效直接影响研究的假设验证汇总**

| 假设序号 | 假设具体描述 | 验证情况 |
| --- | --- | --- |
| H1a | 知识集聚能力对过程绩效具有显著的正向影响 | 通过 |
| H1b | 知识集聚能力对结果绩效具有显著的正向影响 | 未通过 |
| H2a | 组织间协调能力对过程绩效具有显著的正向影响 | 未通过 |
| H2b | 组织间协调能力对结果绩效具有显著的正向影响 | 通过 |
| H3a | 关系调整能力对过程绩效具有显著的正向影响 | 通过 |
| H3b | 关系调整能力对结果绩效具有显著的正向影响 | 通过 |

由表 6-1 可知，本书有力地支持了协同创新情境下，KIBS 企业协同能力（知识集聚能力、组织间协调能力、关系调整能力）对服务产品开发绩效（过程绩效、结果绩效）的直接影响作用。具体而言，知识集聚能力对过程绩效具有显著的正向影响作用（影响系数 0.522，$P<0.001$），但其对结果绩效的影响并不显著。组织间协调能力对过程绩效的影响不显著，但对结果绩效具有显著的影响（影响系数 0.279，$P<0.001$）。关系调整能力对过程绩效（影响系数 0.234，$P<0.001$）及结果绩效均具有显著的正向影响（影响系数 0.201，$P<0.001$）。相比以往国内外学者基于技术创新背景，分别探讨了知识集聚（Lengnick-

Hall，2000[177]；张钢和王宇峰，2010；Chen，2011[89]；倪自银和熊伟，2016[42]；Hervas-Oliver，2017[276]；王新华，等，2018[277]；等）、组织间协调（Steensma，2000；Tsou，2012[32]；Helfat 和 Petera，2012[279]；岳德洋，2017[29]；谷丽等，2018[340]；等）以及关系调整对企业相关绩效的影响（Uzzi，2002[97]；Andersson 和 Forsgren，2002[79]；Zhang，2018[341]；等）。本书的贡献体现在：①根据企业协同开发的实际需求，从企业多元化能力需求角度出发，将动态能力/吸收能力/IT 能力以及客户参与/互动/合作等影响服务产品开发绩效的前因拓展到对企业协同能力的探讨，从而丰富和拓展了对服务产品开发绩效的前因研究；②提出了企业协同能力各维度对不同的服务产品开发绩效的影响差异，揭示了企业协同能力各维度实现协同效应（提升服务产品开发绩效）的机理，为知识密集型企业通过协同能力不同维度促进服务产品开发绩效的不同目标提供实践指导。

对于没有验证的假设：①知识集聚能力对结果绩效的影响并不显著。也就是说，KIBS 企业知识集聚能力能够提升服务开发中的过程绩效，但是其对结果绩效的促进作用并未体现。原因有可能是：知识集聚能力对结果绩效的影响并不是简单直接的相关关系，可能存在其他中介影响因素。本书在研究中也论证了服务开发中的过程绩效对结果绩效具有显著的正向影响作用（影响系数 0.815，$P<0.001$），说明了企业对外部客户知识资源集聚最直接的目的在于提升过程绩效，而在过程绩效提升的基础上改善了结果绩效。②组织间协调能力对过程绩效的影响并不显著。也就是说，组织间协调能力有助于客户满意度、竞争力等结果绩效的提升，但并不一定能够直接有效地促进服务产品开发的过程绩效。可能的原因是：借鉴资源依赖理论，从企业对资源处理的需求角度来解释。首先，组织间协调能力主要指对企业通过内部技术、组织、战略、文化等要素与客户等主体资源之间互动达到协调发展的效果。但是，过多的客户参与到服务产品开发过程中，需要企业具备更好的消化、吸收和应用客户知识的能力，协调关系越多，客户传递给企业的资源内容越复杂，冗余度越高，面对错综复杂以及冗余的知识时，项目成员将难以有效挑选有用的知识资源，进而阻碍了企业对客户知识资源的有效转化，反而会扰乱企业产品服务产品开发项目的正常进行，从而降低过程绩效。尤其是在服务产品开发的“设计开发阶段”，包括服务内容设计、内外部论证与外部检测等环节，对服务产品开发进度与开发成本的控制要求企业降低与客户的互动参与程度（王琳，2009）。因此，在协同创新情境下，一味地对客户知识进行集聚以及与客户进行互动协调，要么降低了结果绩效，要么降低了过程绩效，只有充分考虑企业协同能力中知识集聚能力、组织间协调能力的相互匹配性，才能有效根据客户知识和需求的变化作出快速响应。

通过理论与实证检验可知，企业与客户的协同，使得企业面对更多的新的理念、知识信息和机会，也会从外部客户或合作伙伴那里获得相应的竞争能力[16]，从而降低企业自身服务生产与创新的不确定性[73]，最为关键的是在此过程中企业协同能力的发挥，使企业在服务产品开发过程中能够有效分享、吸收并应用客户的知识资源，从而有效促进服务开发绩效。因此，在实践中，企业需要借助知识集聚能力、组织间协调能力和关系调整能力对服务产品开发绩效中的过程绩效和结果绩效的不同影响机理进行研究，有效地提升 KIBS 服务产品开发绩效。

### 6.1.3　客户知识转化在企业协同能力对服务产品开发绩效影响过程中的中介作用

本书通过问卷调研，信度、效度分析以及结构方程模型和回归分析的方法，对企业协同能力通过客户知识转化影响服务产品开发绩效的假设模型进行了检验。结果表明，大部分研究假设都得到了证实（14 条假设中 3 条未得到验证）。各假设验证的具体情况见表 6-2。

**表 6-2　客户转化中介作用研究假设的验证汇总**

| 假设序号 | 假设具体描述 | 验证情况 |
|---|---|---|
| H4a | 知识集聚能力对客户知识的显性化分享具有显著的正向影响 | 通过 |
| H4b | 知识集聚能力对客户知识的隐性化吸收具有显著的正向影响 | 通过 |
| H5a | 组织间协调能力对客户知识的显性化分享具有显著的正向影响 | 通过 |
| H5b | 组织间协调能力对客户知识的隐性化吸收具有显著的正向影响 | 通过 |
| H6a | 关系调整能力对客户知识的显性化分享具有显著的正向影响 | 通过 |
| H6b | 关系调整能力对客户知识的隐性化吸收具有显著的正向影响 | 通过 |
| H7a | 客户知识显性化分享对客户知识隐性化吸收具有显著的正向影响 | 通过 |
| H7b | 客户知识隐性化吸收对客户知识的显性化分享具有显著的正向影响 | 未通过 |
| H8a | 客户知识显性化分享对过程绩效具有显著的正向影响 | 通过 |
| H8b | 客户知识显性化分享对结果绩效具有显著的正向影响 | 未通过 |
| H9a | 客户知识隐性化吸收对过程绩效具有显著的正向影响 | 未通过 |
| H9b | 客户知识隐性化吸收对结果绩效具有显著的正向影响 | 通过 |
| H10a | 客户知识显性化分享在企业协同能力对服务产品开发绩效（$a_1$：过程绩效；$a_2$：结果绩效）的影响过程中起到中介作用（其中，H10$a_1$ 通过） | 部分通过 |
| H10b | 客户知识隐性化吸收在企业协同能力对服务产品开发绩效（$b_1$：过程绩效；$b_2$：结果绩效）的影响过程中起到中介作用（其中，H10$b_2$ 通过） | 部分通过 |

由表 6-2 可以看出，14 条假设中 11 条均得到验证（2 条部分通过），3 条假设未得到验证（假设 H7b“客户知识隐性化吸收对客户知识的显性化分享具有显著的正向影响”，假设 H8b“客户知识显性化分享对结果绩效具有显著的正向影响”以及假设 H9a“客户知识隐性化吸收对过程绩效具有显著的正向影响”这 3 条路径因路径系数不显著而不成立）。实证结果表明：KIBS 企业协同能力 3 维度（知识集聚能力、组织间协调能力、关系调整能力）对客户知识转化的 2 维度（知识显性化分享和知识隐性化吸收）均有显著的正向影响。客户知识显性化分享对过程绩效有显著的正向影响，客户知识隐性化吸收对结果绩效有显著的正向影响。客户知识的显性化分享和客户知识的隐性化吸收分别在 KIBS 企业协同能力对服务产品开发的过程绩效和结果绩效的影响中起到部分中介作用。由于本书所提出的 14 条假设中 11 条假设（2 条部分通过）均得到验证，说明了本书所提出的理论模型的合理性。因此，可以说，KIBS 企业协同能力各维度对服务产品开发绩效的影响是通过企业对客户知识的转化（客户知识的显性化分享和客户知识的隐性化吸收）来实现的。

1）KIBS 企业协同能力对客户知识转化影响的机理分析

在企业与客户协同创新情境下，客户自身拥有很多知识和能力，可以为知识密集型服务业企业提供最佳解决方案[27]，增强企业对于客户知识的有效管理，这也是服务产品开发的重要源泉和关键因素，从而促进了服务产品开发绩效的提升[47]。因此，KIBS 企业协同能力可通过对客户知识转化的影响提升服务产品开发绩效。实证结果具体讨论如下。

首先，本书论证了知识集聚能力对客户知识显性化分享、客户知识隐性化吸收具有显著的正向影响。结合图 5-7 可知，“知识集聚能力对客户知识显性化分享”的标准化路径系数为 0.365（$P<0.001$），“知识集聚能力对客户知识隐性化吸收”的标准化路径系数为 0.383（$P<0.001$），这说明知识密集型服务企业的知识集聚能力对客户知识显性化分享、隐性化吸收的促进作用非常显著。这也进一步验证了 Cohen 和 Levinthal（1990）[275]，Muller（2001）[12]，陈劲等（2009），Ordanini（2011）[31]，Brentani（2015）[40]奉小斌等（2015）[44]，倪自银（2016）[42]，王新华等（2018）[277]等学者的研究。而且，知识集聚能力对客户知识隐性化吸收的作用大于其对客户知识显性化分享的作用。因此，在企业与客户协同创新情境下，企业的知识集聚能力（对知识的搜索、获取、整合、积累能力）使得企业可以通过对客户对产品、市场、环境等客户知识资源的显性化分享以及隐性化吸收有效促进服务产品开发绩效。

其次，在协同创新情境下，本书有力地支撑了组织间协调能力对客户知识转化（显性化分享、隐性化吸收）具有显著的正向影响这一结论。由图 5-7 可知，“组织间协调能力对知识显性化分享”路径系数为 0.505（$P<0.001$），“组织间协调能力对知识隐性化吸收”的路径系数为 0.182（$P<0.05$），由此可见，组织间协调能力对客户知识的显性化分享以及隐性化吸收均具有显著的正向影响作用。研究结果与 Grant（1996）[121]，Foss（1996）[127]，Fang（2008）[222]，Hung Tai Tsou（2012）[32]，Chung-Jen Chen et al.（2014）[28]，岳德洋（2017）[29]等学者的研究有相同之处。其中，在本书的研究中，组织间协调能力对客户知识显性化分享的作用大于其对客户知识的隐性化吸收作用。因此，在企业与客户协同创新背景下，企业应通过提升组织间协调能力促进企业与客户双方掌握不同信息和知识和技能的成员之间（企业员工与客户之间）的显性知识分享和隐性知识吸收，解决服务产品开发中遇到的问题，以提升服务产品开发绩效。

再次，在协同创新情境下，关系调整能力对客户知识转化（显性化分享、隐性化吸收）具有显著的正向影响。结合图 5-7 可知，“关系调整能力对客户显性化分享”的标准化路径系数为 0.348（$P<0.001$），对客户知识隐性化吸收的标准化路径系数为 0.169（$P<0.01$），说明关系调整能力能够促进企业对客户知识的显性化分享和隐性化吸收。这与 Dyer 和 Singh（1998）[230]，Carson et al.（2003）[304]，McEvily 和 Marcus（2005）[80]，洪茹燕（2012）[171]，李圭泉（2016）[307]，He et. al（2018）[22]等学者的研究结论相似。而且，关系调整能力对客户知识显性化分享的作用大于其对客户知识隐性化吸收的作用，说明了企业通过互惠、信任的合作关系，可以有效促进客户知识的分享和沟通，但是针对知识复杂性、隐性的难以理解的特点，对于促进信息、技术客户知识等的隐性化吸收的效果较弱（应洪斌，2010[36]）。总体而言，在协同创新背景下，企业需要通过彼此之间的信任关系维持与快速响应客户需求，提升适应客户个性化需要的应变能力，促进客户的知识资源有效共享吸收，从而进一步有效地促进服务产品开发绩效。

2）客户知识转化对服务产品开发绩效的作用机理分析

首先，由本书结论可知，客户知识显性化分享与客户知识隐性化吸收之间具有密切关系。结果表明：企业对客户知识的显性化分享和隐性化吸收均具有显著的正向影响作用，路径系数为 0.566（$P<0.001$）。而客户知识隐性化吸收对客户知识显性化分享的正向影响作用并没有得到验证，说明对知识密集型服务企业而言，客户知识显性化分享是企业对客户知识转化的前端过程，其对客户知识的隐性化吸收发挥作用具有促进效应，而知识转化中关于知识创造螺旋的实现是一个复杂的过程，企业对客户知识的隐性化吸收要转化为企业对客户知识的显性化分享还受到诸多组织内外部因素的影响。

同时，在协同创新情境下，对知识密集型服务企业而言，客户知识转化对服务产品开发绩效具有显著的正向影响作用。通过图 5-7 可知，“知识显性化分享对过程绩效具有显著的正向影响”，路径系数为 0.468（$P<0.001$），“知识隐性化吸收对结果绩效具有显著的正向影响”，路径系数为 0.737（$P<0.001$），而且，客户知识隐性化吸收对结果绩效的作用大于客户知识显性化分享对过程绩效的作用。

然而，客户知识显性化分享对结果绩效的影响以及客户知识隐性化吸收对过程绩效的影响并不显著。原因可能在于：过程绩效重点关注企业产品的开发时间、速度以及产品的过程质量。而结果绩效重点关注客户满意度、产品的竞争力等。这 2 种绩效对客户知识转化的要求不同，过程绩效强调产品开发中的过程效率，需要项目成员及时、有效地进行客户知识分享，来快速地设计和改进服务。结果绩效强调产品的新颖性以及是否满足客户的个性化需求，因此，重点在于项目成员对客户知识的挖掘和吸收应用。这一结论能够帮助企业根据绩效的不同要求，选择合适的客户知识转化策略。另一种解释是，对于知识密集型服务业企业而言，客户知识的显性化分享并不能够直接促进结果绩效，而可能借助于客户知识的隐性化吸收而间接作用于结果绩效。而客户知识的隐性化吸收的主要目的在于促进结果绩效，其对过程绩效的影响可能需要其他因素或机制给予保证。本书关于客户知识转化对服务产品开发绩效的影响作用的研究结论，与学者 Gaines 和 Shaw（1985）[220]，Gallouj（2001）[125]，Sundbo（2008）[95]，朱秀梅等（2011）[50]，张红琪（2012）[77]，Jie Bin, W. et al.（2013）[43]，刘良灿等（2016）[202]，陈晓芳和黄文才（2017）[214]等关于客户知识管理相关过程对服务创新/产品开发的研究结论基本相同。本书的创新之处在于：学术界对服务创新/开发绩效的影响多数从知识转移/共享/整合等角度展开，本书则基于知识的显隐性类型以及知识创造的关键，从客户知识转化的视角研究了企业协同能力对服务产品开发绩效的影响。一方面，明晰了客户知识显性化分享和客户知识隐性化吸收的重要作用，有助于学者从新知识产生和创造的知识转化角度促进服务产品开发绩效。另一方面，说明了企业协同能力通过客户知识显性化分享/隐性化吸收对服务产品开发绩效影响的双重作用路径，从而弥补了现有协同能力作用路径的不足，为提升不同的服务产品开发绩效目标选择相匹配的客户知识转化策略提供指导。

3）客户知识转化在企业协同能力对服务产品开发绩效影响过程的中介作用机理分析

本书研究结果表明：客户知识显性化吸收对企业协同能力影响服务产品开发的过程绩效起到部分中介作用，客户知识隐性化吸收对企业协同能力影响服务产品开发的结果绩效起到部分中介作用。此结论体现了 KIBS 企业协同能力对服务产品开发绩效的直接影响作用，也说明了客户知识转化在 KIBS 企业协同能力对推动服务产品开发绩效起到重要的桥梁作用。具体来说，KIBS 企业协同能力的 3 维度（知识集聚能力、组织间协调能力和关系调整能力）有效地推动了客户知识向企业组织转化的效率和质量，即关于客户的知识、客户拥有的知识以及企业与客户互动产生的新知识有效地转变为企业需要的知识，并通过快速获取、分享、消化、吸收、整合并应用于企业服务创新活动中，推动服务产品开发项目的顺利开展并保证创新性结果。这一研究结论，一方面拓展了 Fang[32]、张若勇[49]及卢俊义[50]等针对客户参与合作的相关研究，丰富了现有企业协同能力作用于产品开发绩效的理论框架。另一方面，系统地剖析并检验了企业协同能力通过客户知识转化影响服务产品开发绩效的中介作用路径，从客户知识转化视角打开了企业协同能力对服务产品开发绩效的影响机理“黑箱”，有助于企业通过不同的服务产品开发目标，借助不同的企业协同能力选择相匹配的客户知识转化策略。

通过理论与实证检验可知，对知识密集型服务业企业而言，一方面可以通过企业协同能力的提升，促进企业对客户知识转化的效率，另一方面，也可以借助客户知识转化的中介作用提升服务产品开发绩效。因此在实践中，一方面，企业需要借助其协同能力 3 维度的作用促进客户知识转化效率和效果；另一方面，企业需要借助协同能力 3 维度对客户知识的显性化分享以及隐性化吸收的不同作用路径，有效地提升企业服务产品开发的过程绩效和结果绩效。

### 6.1.4 协同治理机制对企业协同能力与客户知识转化关系的调节作用

通过层次回归分析，本书对关系治理机制和契约治理机制对 KIBS 企业协同能力与客户知识转化关系的调节作用进行了检验。结果表明，6 项假设中有 4 项假设均得到了证实。各假设验证具体情况见表 6-3。

**表 6-3 协同治理机制的调节作用验证结果汇总**

| 假设序号 | 假设具体描述 | 验证情况 |
| --- | --- | --- |
| H11a | 关系治理机制对知识集聚能力与客户知识显性化分享关系具有显著的正向调节作用 | 通过 |
| H11b | 关系治理机制对组织间协调能力与客户知识显性化分享关系具有显著的正向调节作用 | 未通过 |
| H11c | 关系治理机制对关系调整能力与客户知识显性化分享关系具有显著的正向调节作用 | 通过 |
| H12a | 契约治理机制对知识集聚能力与客户知识隐性化吸收关系具有显著的正向调节作用 | 未通过 |
| H12b | 契约治理机制对组织间协调能力与客户知识隐性化吸收关系具有显著的正向调节作用 | 通过 |
| H12c | 契约治理机制对关系调整能力与客户知识隐性化吸收关系具有显著的正向调节作用 | 通过 |

由表 6-3 可知，关系治理机制和契约治理机制在企业协同能力与客户知识转化关系中具有较为显著的调节作用。具体而言，关系治理机制越强，知识集聚能力和关系调整能力对客户知识显性化分享的正向调节作用越大，但关系治理机制在组织间协调能力对客户知

识显性化分享关系中的正向调节作用并未得到验证。契约治理机制越强，组织间协调能力和关系调整能力对客户知识隐性化吸收的正向调节作用越大，但契约治理机制在知识集聚能力对客户知识隐性化吸收关系中的正向调节作用并未得到验证。

1）关系治理机制的调节作用机理分析

由表 5-18 的回归结果可知，本书假设 H11a 通过了验证（回归系数 0.156，$P<0.01$），即关系治理机制对知识集聚能力与客户知识显性化分享关系具有显著的正向调节作用。知识集聚能力是企业跨越时间和空间对内外部客户知识的搜索、获取、整合、积累等一系列动态的知识管理能力。而关系治理机制是通过企业与客户之间的信任和互惠等关系实现的非正式合作关系。关系治理机制越强，企业与客户之间的信任度越高，当企业与客户双方面临的复杂的决策问题时，鉴于彼此之间的充分信任，企业可以借助其对于客户知识的集聚能力快速搜索、获取、整合客户的知识，找出问题产生的原因和解决问题的办法，有利于问题的快速解决。因此，在较强的关系治理下，企业的知识集聚能力有利于促进客户知识的显性化分享。

由表 5-18 可知，本书假设 H11b 未通过验证（回归系数 0.052，$P<0.1$），即在强关系治理机制作用下，组织间协调能力对客户知识显性化分享具有显著的正向影响并未得到验证。可能的原因在于：关系治理机制意味着协同双方具有更多的信任和互惠的基础，而组织间协调能力主要体现了组织内部要素以及企业与客户之间的互动沟通和分享、规章制度的协调以及技术接口的调整。在服务产品开发的过程中，企业自身会制定出一整套规范的组织制度、流程以及合作的行为规范与客户进行沟通与协调，同时具有相应的互动协调的技术标准，然而，过多的信任和互惠行为可能会使得对企业相关流程、规章制度以及相关标准的遵守受到挑战，可能还会影响双方的关系，甚至诱发矛盾的产生[175]，因此，其结果并不一定有利于互动、协调等行为对客户知识的显性化分享。

另外，本书的假设 H11c 通过了验证（回归系数 0.198，$P<0.01$），关系治理机制对关系调整能力与客户知识分享关系具有显著的正向调节作用。即关系治理机制越强，越有利于关系调整能力对客户知识的显性化分享。关系调整能力是指企业灵活地处理、培养、调整以及与合作伙伴（客户）达成合作关系的能力[283]。关系治理机制以企业与客户彼此之间的诚信和信任为基础，是一种非正式的合作方式[234-235]。Jones（1998）等认为建立在信任和互惠基础上的关系治理机制创造了联合行动的基础，有助于促进合作和问题的解决，从而提高了服务产品开发的效率[312]。在较弱的关系治理下，企业所获得的客户知识较少，不利于关系调整能力获得和分享更多的客户知识和信息；而在较强的关系治理机制下，可以减少使用复杂合同、契约等的可能性，从而提高双方交易的效率[313-314]。因此，在较强的关系治理机制下，关系调整能力有利于促进客户知识的显性化分享。

2）契约治理机制的调节作用机理分析

由表 5-19 的分析结果可知，本书假设 H12a 未通过验证（回归系数为 0.066，不显著）。即契约治理机制对知识集聚能力与客户知识隐性化吸收之间的关系并没有显著的正向调节作用。这就意味着，在越强的契约治理机制下，知识集聚能力对客户知识的隐性化吸收的促进作用越不明显。企业的知识集聚能力是一个组织知识管理层面的构念，是认识新的外部信息的价值，透彻地理解它，并将其收集、整合后运用于商业用途的能力，同时也是一种累积发展的能力，包括了从环境中搜索、获取、整合和积累等各种客户知识资源的能力[156]。契约治理机制以市场契约为基础，是一种正式的合作方式，它强调使用高强制性的、具有法律约束效力的协议或者合同治理协同双方之间的合作关系[247]。在双方协同进行服务产品开发的过程中，企业对客户知识的分享、吸收、应用等过程要求合作双方有较多时间和情感的投入，为解决问题而进行频繁的互动、交流和分享，这就需要合作双方保持充分的信任和依赖，而契约治理机制带来了怀疑和不信任的氛围，善意和能力都被置于不信任之中（Jones（1998）[312]；Roach（2002）[234]；Yikuan（2006）[235]；Lumineau（2012）[236]；王辉（2012）[93]；白鸥，2015[175]；彭月芹，2016[315]；等），这样可能会降低其对客户知识隐性化吸收效果的发挥。如白鸥和魏江等（2015）通过实证研究认为，契约治理机制不利于企业对于客户知识的获取，其对客户知识的获取具有负向调节效应。而且，在较强的契约治理下，企业所能从外界消化和吸收以及利用的信息或知识可能会受到相关法律制约，牵涉知识产权等问题，延长了企业服务产品开发所需的信息匹配时间，从而有可能失去服务产品开发的机会[175]。因此，越强的契约治理机制可能越不利于知识集聚能力对客户知识的隐性化吸收。

本书假设 H12b 通过了验证（回归系数 0.102，$P<0.05$），即契约治理机制对组织间协调能力与客户知识隐性化吸收关系具有显著的正向影响。意味着契约治理越强，组织间协调能力对客户知识隐性化吸收的正向作用越大。组织间协调能力主要是在服务产品开发过程中，企业与客户对组织战略、人员、资金、技术等要素进行协调的相关工作与职责，也可以指在协同创新具体环节中企业与客户之间通过沟通、协调、协作等增加横向交互的能力[278-279]。Kale（2000）认为契约治理机制为知识的共享与转移提供了良好的环境，能够有效促进服务产品开发，说明了在契约治理机制较强的情况下，就越能促进促进成员间的相互沟通、配合与协作，解决服务产品开发中遇到的问题并攻克难关，从而提高组织效率，降低服务产品任务开发的时间，促进服务产品开发绩效[240]。在较弱的契约治理机制下，企业和用户对于彼此所掌握的以及需要的信息并不是十分了解，企业与客户之间的分歧相应增加，企业需要花费较多的时间对客户的隐性知识进行消化。因此，越强的契约治理越有利于组织间协调能力对客户知识的隐性化吸收。

本书假设 H12c 通过验证（回归系数 0.138，$P<0.01$），即契约治理机制对关系调整能力与客户知识隐性化吸收关系具有显著的正向调节作用。由于契约治理机制以市场契约为基础，是一种正式的合作方式，强调使用高强制性的、具有法律约束效力的协议或者合同治理协同双方之间的合作关系，而关系调整能力是指企业灵活地培养、调整、发展和执行伙伴关系的能力[95]，以信任和互惠为主要基础。学者王辉（2012）通过实证研究证实了契约和关系治理机制在网络能力与产品创新价值链关系中具有正向调节作用[93]。较强的契约治理机制意味着企业与客户之间保持着契约、法律约束等关系，而以信任和互惠为基础关系，维护、开拓以及调整合作伙伴关系，这两者在某种程度上相互补充，以保证企业和客户保持高频率和长期的合作关系，从而促进企业与客户隐性知识的吸收。因此，契约治理机制越强，越有利于关系调整能力对客户知识的隐性化吸收。

综合以上分析可知，关系治理机制分别对知识集聚能力和关系调整能力与客户知识显性化关系具有显著的正向调节作用。契约治理机制分别对组织间协调能力和关系调整能力与客户知识隐性化吸收关系具有显著的正向调节作用。本书的研究结论与此领域相关学者的研究（Jones，1998[312]；Kale，2000[240]；王辉，2012[93]；白鸥和魏江等，2015[175]；彭月芹，2016[315]；邢青松等，2016[229]；等）具有相似之处。具体而言，关系治理机制越强，越有利于知识集聚能力以及关系调整能力对客户知识的显性化分享。契约治理机制越强，越有利于组织间协调能力和关系调整能力对客户知识的隐性化吸收。本书关于协同治理机制调节作用研究的贡献在于：通过理论和实证分析明晰了关系治理机制在企业协同能力对客户知识显性化分享关系具有显著的正向调节作用，契约治理机制对企业协同能力与客户知识隐性化吸收关系具有显著的正向调节作用，研究结果在一定程度上回答了现有研究结论不一致的问题，进一步丰富和拓展了研究的情境因素，为推动和明确关系治理机制和契约治理机制的作用提供了研究思路；同时，丰富和拓展了企业协同能力的条件及其作用边界，为企业根据不同类型和强度的协同治理机制制定相应的协同能力组合模式，促进客户知识转化，进而提升服务产品开发绩效提供决策支持。在实践中，应针对不同类型和强度的协同治理机制，分别有针对性地促进客户知识的显性化分享和隐性化吸收。即说明了在协同创新情境下，知识密集型服务企业需要结合自身实际情况，采用不同类型的协同治理机制促进企业协同能力对客户知识的转化，从而进一步促进企业的服务产品开发绩效。

## 6.2 理论启示

针对“KIBS 企业协同能力对服务产品开发绩效的影响”这一研究主题，本书分析并验证了 KIBS 企业协同能力的构成维度及其对服务产品开发绩效的直接影响作用、客户知识转化在 KIBS 企业协同能力对服务产品开发绩效影响过程中起到的中介作用以及协同治理机制对 KIBS 企业协同能力与客户知识转化关系的调节作用。理论启示如下。

首先，本书构建了 KIBS 企业协同能力 3 维度模型并进行了有效的测量，实证得出 KIBS 企业协同能力由知识集聚能力、组织间协调能力和关系调整能力 3 个维度 10 个基本子要素构成。关于企业协同能力的内涵和构成维度，学者们基于不同的研究目的，从不同的研究视角进行了界定，然而，鲜有针对协同创新情境下 KIBS 企业协同能力内涵和构成维度及其测量的研究。本书在企业能力理论、协同理论等理论的基础上，结合 KIBS 企业协同创新的过程、特点以及客户对企业多元化能力的需求，从“协同系统”的角度提出了 KIBS 企业协同能力的概念和构成维度，并在此基础上验证了 KIBS 企业协同能力的 3 维度模型及其包含的基本子要素。本书遵循严格的量表开发程序以及规范的研究方法，设计了企业协同能力的测量量表并对其 KIBS 企业协同能力的构成维度进行了探索和验证，这在一定程度上弥补了以往的研究中关于协同创新情境下 KIBS 企业协同能力的概念界定、构成维度以及测量的缺乏，为后续相关实证研究提供了良好的基础。同时，本书的研究结论也对企业能力理论和协同理论等具有一定的丰富和拓展。

其次，本书拓宽了关于服务产品开发的研究视角，分析并验证了 KIBS 企业协同能力各维度对服务产品开发绩效的不同影响作用。针对客户参与/客户互动的研究热潮，大多数关于服务创新/服务产品开发的研究主要是从客户参与/客户互动等角度进行的，说明其对服务创新/产品开发绩效的影响。本书结合 KIBS 企业与客户协同进行服务产品开发活动的过程中客户对企业多元化能力的需求，将协同能力作为企业重要的创新驱动力量纳入提升服务产品开发绩效的实践活动之中。同时，前人对企业协同能力对服务创新绩效的影响虽有涉及，然而，对企业协同能力各维度对服务产品开发绩效影响的研究却相当缺乏，更是鲜有 KIBS 企业协同能力各维度对服务产品开发绩效影响的实证研究，而本书在前人研究的基础上，分析并验证了 KIBS 企业协同能力各维度对服务产品开发绩效的影响及其影响的差异性。在企业与客户协同创新情境下，客户不再是单纯的购买者，而成为企业的"临时员工"，这一角色的变化使得其对企业协同能力的发挥产生了更大的促进作用，同时这也为企业将客户纳入产品开发/创新体系提供了一个良好的机制。因此，针对企业与客户协同创新的情境，本书从企业协同能力角度探讨其对服务产品开发绩效的影响，无疑为服务产品开发的相关研究提供了一个新的视角，进一步拓宽了服务产品开发的研究视角。

再次，本书揭示和丰富了 KIBS 企业协同能力对服务产品开发绩效的影响机理。现有研究多是以知识整合、知识转移、组织学习、动态能力等为中介变量说明客户参与/客户合作等对服务创新/服务产品开发绩效的影响作用，很少有学者从客户知识转化角度来分析企业协同能力对服务产品开发绩效的影响机理，同时也鲜有研究考虑企业协同能力对服务产品开发绩效影响的情境保障因素——也即协同治理机制在此关系中的重要作用。本书在对现有相关研究进行回顾的基础上，结合企业与客户协同创新的情境，提出了通过客户知识转化实现企业协同能力对服务产品开发绩效影响的重要机理。而且，从协同创新的秩序以及保障企业与客户协同进行产品开发顺利进行的情境因素出发，实证检验了协同治理机制对企业协同能力与服务产品开发绩效关系的调节作用。本书对协同创新情境下 KIBS 企业协同能力对服务产品开发绩效影响的研究，为后续探讨企业协同能力对服务产品开发绩效的影响以及关于客户知识转化和协同治理机制作用的相关研究奠定了结实的基础。

## 6.3 实践启示

本书以知识密集型服务业（KIBS）企业为调查对象，结合协同创新情境，研究了 KIBS 企业协同能力对服务产品开发绩效的影响。研究结论对 KIBS 企业在协同创新实践中提升企业的协同能力，促进客户知识转化效率，强化协同治理机制作用，从而提升服务产品开发绩效具有一定的实践意义。具体实践启示如下。

**第一，在企业与客户协同创新情境下，通过增强企业的知识集聚能力、组织间协调能力以及关系调整能力，从而有效提升 KIBS 企业协同能力。**

研究结果表明，协同创新情境下 KIBS 企业协同能力由知识集聚能力、组织间协调能力和关系调整能力 3 个维度 10 个基本要素构成。因此，在企业与客户协同进行服务产品开发的过程中，可通过 KIBS 企业协同能力 3 个维度所包含的 10 个基本要素增强 KIBS 企业的知识集聚能力、组织间协调能力和关系调整能力，从而有效提升 KIBS 企业的协同能力。

首先，由于 KIBS 企业协同能力中的知识集聚能力包括企业对客户知识的搜集、获取、整合和积累能力 4 个基本要素，因此，KIBS 企业可通过搜集、获取、整合和积累客户知识增强企业的知识集聚能力。在实践中，一方面，KIBS 企业需要营造出开放、共享、共赢及有益于情感交流的宽松的学习氛围，把客户当成"一分子"，使项目成员与客户的工作和学习融为一体，通过提供相应的工作和学习机会以及相互之间的工作汇报等，有效促进双方学习与交流，从而搜集和获取客户知识。同时，通过对客户开展广泛的具有吸引性的活动（免费讲座、茶话会、亲子活动、产品互动体验等），增进与客户的互动和情感联系，从而使客户愿意贡献与共享知识。另一方面，通过构建知识整合平台，使不同性质和来源的客户知识得到有效的搜集、整理及整合并进行知识积累。总之，KIBS 企业通过营造宽松学习氛围以及构建知识整合平台促进企业对客户知识的搜集、获取、整合和积累，从而在增强企业知识集聚能力的同时提高 KIBS 企业协同能力。

其次，由于 KIBS 企业协同能力中的组织间协调能力包括互动交流能力、规章制度协调能力以及技术沟通能力 3 个基本要素，因此，可通过企业的互动交流、规章制度协调以及技术手段沟通能力增强组织间协调能力。在实践中，一方面，可通过企业员工与客户“结对子”，形成“一对一”或“一对多”的工作制度，结合一定的物质激励和精神鼓励等措施鼓励企业员工与客户互动交流，以解决企业与客户在服务产品开发过程中遇到的问题。另一方面，可通过制订工作的流程和标准、工作计划、规则和技术标准等措施明确企业各个部门、各个岗位的员工之间以及企业员工与客户之间的工作职责，以协调企业与客户之间的规章和制度。另外，通过技术沟通手段构建企业的互动交流平台，如客户关系管理系统（CRM）、Q&A 问答平台、第三方平台以及 QQ、微信等，实现企业内外部主体之间技术的全方位沟通，并随时保持技术接口的流畅性。同时，可设立专门的客户服务中心和在线呼叫中心，及时解答和快速响应客户业务咨询，重视对客户投诉问题的处理，解决组织协调中出现的问题。由此，通过不断增强企业组织间协调能力提升 KIBS 企业协同能力。

再次，由于 KIBS 企业协同能力中的关系调整能力包括保持信任的能力、快速响应能力以及合作应变能力 3 个基本要素，因此，可通过保持彼此的信任，增强企业快速响应以及合作应变的能力，以提高企业的关系调整能力。在实践中，一方面，通过营造彼此信任的合作氛围提高企业员工与客户的工作激情，营造一个相互帮助、相互激励、相互关心的共同工作氛围，激发企业员工与客户在服务产品开发过程中的工作热情，形成一个共同的工作价值观，进而产生合力，高效完成开发目标。另一方面，企业可通过打折、赠送等相关优惠措施维持与老客户的合作关系，并对客户进行回访，及时了解和响应客户的需求、并据此作出有针对性的应变措施，及时解决双方的矛盾、冲突等，实现与客户的持续合作；同时，企业可通过履行相关公益活动、慈善活动等增强企业的社会责任，通过定期举办相关专题讲座或培训以及提高客户对企业及其产品的了解和认识，促进企业与客户长期合作关系的形成。总之，通过以上措施增强企业的关系调整能力，从而提升企业的协同能力。

**第二，发挥 KIBS 企业协同能力各维度对服务产品开发绩效的积极作用，以有效提升企业的服务产品开发绩效。**

研究结果表明，KIBS 企业协同能力中的知识集聚能力和关系调整能力对服务产品开发的过程绩效具有显著的正向影响。组织间协调能力和关系调整能力对服务产品开发的结果绩效具有显著的正向影响。在实践中，管理者应利用 KIBS 企业协同能力各维度对服务产品开发的过程绩效和结果绩效的不同影响作用，构建不同的协同能力组合模式，以提升服务产品开发绩效。具体措施如下。

首先，通过增强 KIBS 企业协同能力中的知识集聚能力和关系调整能力提升服务产品开发的过程绩效。一方面，可以通过知识集聚能力提升服务产品开发的过程绩效。在实践中，可通过营造宽松的学习氛围，加强企业对客户知识的搜集和获取。还可以通过构建知识整合平台，对客户知识资源进行有效的整合与集聚，即通过对客户知识的搜集、获取、整合、积累等，集聚更多的客户知识资源。同时，由于通过知识整合平台输入的客户知识资源优势程度不一，还需要进一步优化对客户知识资源的有效配置，可通过进一步构建知识资源共享机制，编制双方知识资源的共享目录，通过共享目录对企业与客户各自所需的知识资源进行有效分配，以增强企业对客户优质知识资源的集聚能力，从而缩短服务产品开放时间，有效提升产品开发的速度，即提升服务产品开发的过程绩效。另一方面，通过关系调整能力提升服务产品开发的过程绩效。在实践中，企业通过营造彼此信任的合作氛围，提高企业对客户需求的快速响应和合作应变的能力，以增强企业的关系调整能力。除此之外，还需要进一步对组织的结构和人员进行优化。对组织结构和人员的优化可以使组织（企业）内外部沟通更加便捷迅速。同时，可根据企业实际需求建立相关应急机构/公关部门和相应的负责人员，这些负责人员主要负责企业与客户彼此之间的信任关系的建立，维护与客户的合作关系，以快速响应客户需求，提高企业在合作中的应变能力，从而有针对性地快速解决合作中出现的问题，缩短服务产品开发的时间，提高服务产品开发速度。总之，通过以上措施增强知识集聚能力和关系调整能力，从而提升服务产品开发的过程绩效。

其次，通过 KIBS 企业协同能力中的组织间协调能力和关系调整能力提升服务产品开发的结果绩效。一方面，通过组织间协调能力提升服务产品开发的结果绩效。在实践中，可通过强化企业与客户在工作过程中的互动交流的频率，分享和汇集专门知识，以快速解决遇到的问题。通过建立明确的规则和规章制度，明确企业各个部门、各个岗位的员工与客户之间的工作职责和目标，满足客户对产品品质和性能的需求。同时，通过技术手段构建与客户进行沟通的平台，及时协调与客户之间的合作，增强对客户需求的了解，从而提高服务产品开发的质量和产品竞争力。另一方面，通过关系调整能力提升服务产品开发的结果绩效。在实践中，可通过服务产品的反馈、产品维护以及为服务产品提供技术帮助和指导等，不断保持彼此良好的信任关系，增强双方之间合作的动力和信任度。同时，通过强化项目目标、打造精英项目团队等措施提高企业的快速响应和合作反应能力，以解决客户对产品的多样化需求，从而提高服务产品的品质和竞争力。总之，应通过以上措施增强组织间协调能力和关系调整能力，从而提升服务产品开发的结果绩效。

**第三，通过 KIBS 企业协同能力促进客户知识转化的效率，从而提高服务产品开发绩效。**

由于客户知识转化在 KIBS 企业协同能力对服务产品开发绩效的影响过程中起到中介作用。因此，在企业与客户协同进行服务产品开发的过程中，可通过 KIBS 企业协同能力促进客户知识转化效率，从而提升企业的服务产品开发绩效。

首先，由于企业协同能力对客户知识转化中的显性知识分享和隐性知识吸收具有显著的正向影响作用，因此可通过企业协同能力促进客户知识转化中的显性化知识分享和隐性化知识吸收的效率。如在服务产品开发的创意概念阶段，企业通过举办双方参与的活动，如企业讲座、有奖竞答、客户参与以及企业项目成员之间汇报、项目组会议、项目资料整理分析等对客户相关资源进行搜集和识别、获取，整合、积累等，从而提高企业对客户知识的显性化分享和隐性化吸收。在设计分析阶段，可通过建立客户关系管理系统以及客户信息分析系统，对各种显性和隐性客户知识进行分析与整合，并经常与客户进行沟通与协调，并借助知识推理工具、商业智能手段（如关联规则挖掘、大数据分析、客户行为预测等），分享和挖掘客户显性和隐性知识。在商业推广阶段，在保持企业与客户信任和互惠关系的基础上，快速响应和分析客户关于服务产品开发中的问题并通过增强应急部门人员、优化组织结构等方法增强对一些突发情况的反应和解决，从而对显性和隐性的客户需求进行深入的分析和挖掘，从而促进对客户知识显性化分享和隐性化吸收的效率。

其次，由于客户知识的显性化分享对服务产品开发的过程绩效具有显著的正向影响，客户知识的隐性吸收对服务产品开发的结果绩效具有显著的正向影响，因此可通过促进客户知识的显性化分享和隐性化吸收分别提升服务产品开发绩效中的过程绩效和结果绩效。一方面，可以通过客户知识的显性化分享提升服务产品开发的过程绩效。在实践中，可通过建立客户知识管理系统，对客户显性知识进行删选。企业在研究自身知识（即知识的广度和深度）的基础上，确定其所具有的显性客户知识的特质、内容等优势从而进行搜集、捕获，分析、解释和链接客户知识，并识别和积累企业服务产品开发过程中所需要的客户知识。同时，通过建立客户知识资源筛选系统，提高对所需的客户知识的获取和识别，即时获得所需的重要的客户显性知识，同时剔除重复、冗杂、无效的客户知识，以促进服务产品开发的过程绩效。另一方面，通过客户知识的隐性化吸收提升服务产品开发的结果绩效。在实践中，企业需进一步完善客户知识转化的流程和程序，尤其是完善客户隐性化吸收的流程和程序，经常与客户交流合作中可能存在的问题，挖掘客户隐性需要，通过协同合作、体验式服务等方式尽可能提供对方所需的知识，并将客户隐性知识需求引入到其对服务产品设计理念、产品的分析与发展的要求中，从而开发出客户满意的服务产品。同时，通过设立专门沟通和协调部门，经常与客户交流项目中可能存在的问题，尽可能提供双方所需的异质性知识。如在客户知识隐性化吸收环节，通过市场调查、建立可行性分析报告等，把获取和共享的客户知识快速进行模块化吸收，并准确地引入服务产品设计、分析与发展过程中，最终提升服务的品质和竞争力。另外，具有较好知识管理基础的企业应当聚焦于努力建立和完善并挖掘客户知识以外的外部市场信息及机会等，通过大量客户知识资源的集聚整合进行新市场的开拓，并进一步整合内外部市场客户的显性和隐性需求，从而有效提升服务产品开发的过程绩效和结果绩效。

**第四，通过不同类型和强度的协同治理机制对 KIBS 企业协同能力与客户知识转化关系的积极作用，构建不同的企业协同能力组合模式，以促进不同类型的客户知识转化，最终提升服务产品开发绩效。**

由于关系治理机制对企业协同能力与客户知识的显性化分享关系具有显著的正向调节作用，契约治理机制对企业协同能力与客户知识的隐性化吸收关系具有显著的正向调节作用，而且，与契约治理机制相比，关系治理机制的正向调节作用更强。因此，企业在实践中，需要根据不同类型和强度的关系治理机制和契约治理机制，促进企业协同能力对客户知识的显性化分享和隐性化吸收。

首先，可以通过增强关系治理机制促进企业协同能力对客户知识的显性化分享。关系治理机制以企业与客户彼此间的诚信和信任为基础，是一种非正式的合作方式。在协同创新的情境下，企业有意识地与客户进行协同合作，与客户之间建立起信任和诚信关系，在获得情感支持和财政支持的同时，可以获取和共享更多的客户知识，以提高服务产品开发绩效[205-206]。因此，为了增强关系治理机制，企业应通过彼此之间的信任、诚信以及道德约束建立与客户的长期合作关系，在彼此进行服务产品开发的过程中，当遇到复杂以及存在冲突的问题时，可多考虑客户所需所想，与客户紧密互动以及快速及时地沟通、交流，从而有效促进客户知识显性化分享。

其次，可以通过提升契约治理机制促进企业协同能力对客户知识隐性化吸收。契约治理机制以市场契约为基础，是一种正式的合作方式，它强调具有强制性的、具有法律约束效力的协议或合同治理双方之间的合作关系。因此，为了强化契约治理机制，企业应当通过与客户约定合作协议或签订契约的方式建立和保持与客户之间的长期关系。同时，在协同进行服务产品开发的过程中，企业应鼓励客户参与到企业服务产品开发的市场需求、市场变动、竞争对手等分析中，解决企业在服务产品开发过程中遇到的复杂问题。当企业与客户在协同创新过程中遇到冲突问题，可通过合同约定或法律途径解决。通过以上方式增强契约治理机制，从而使企业在强有力的契约治理机制下，促进企业协同能力对客户知识的隐性化吸收。

同时，由于关系治理机制和契约治理机制对企业协同能力与客户知识显性化分享关系和隐性化吸收关系的正向调节作用不同，因此可根据不同的服务产品开发阶段，有针对性地发挥关系治理机制和契约治理机制的正向调节作用。如在企业与客户协同进行服务产品开发的创意概念阶段，此时客户知识的搜集、获取、整合、积累等知识集聚过程很重要，因此，此阶段需要发挥双方之间的信任、互惠等关系，并加大双方的互动交流以及关系调整等，发挥关系治理机制在知识集聚能力和关系调整能力对客户知识显性化分享的正向调节作用。在设计分析阶段，主要针对服务内容、过程、流程等设计以及服务的可行性分析、测试论证等。此阶段企业内外部人员的沟通交流、互动，随之配套的组织规章制度协调和技术沟通很重要，而过多的信任和依赖可能会阻碍设计的进程，因此，需要加强实施相关章程、契约、合同以及法律等规定的冲突解决模式，发挥契约治理机制在组织间协调能力和关系调整能力对客户知识隐性化吸收的正向调节作用。在商业推广阶段，不仅需要强化企业与客户之间的信赖和互惠基础，也需要企业与客户之间就双方的合作事务签订契约、合同等，以避免后续可能出现的矛盾和冲突，从而促进协同服务产品开发活动的开展，因此，需同时发挥关系治理机制和契约治理机制的联合作用，促进客户知识的显性化分享和隐性化吸收，以最终促进服务产品开发绩效。

# 7 结论与展望

通过前面章节的研究，本书对协同创新情境下 KIBS 企业协同能力对服务产品开发绩效的影响进行了较为系统、深入的分析和验证。本章将对全书的研究进行总结，阐明本书的主要结论、研究的创新点，以及研究局限性与未来展望。

## 7.1 主要研究结论

本书围绕协同创新情境下“KIBS 企业协同能力对服务产品开发绩效的影响”这一基本命题，综合运用文献研究、探索性案例研究提出概念模型和研究假设。在此基础上，通过对知识密集型服务（KIBS）企业调查问卷数据的统计分析，验证了知识密集型服务（KIBS）企业协同能力对服务产品开发绩效影响的模型和假设，并通过稳健性检验进一步说明了研究结果的稳健性。通过研究主要回答了：①关于 KIBS 企业协同能力的维度构成问题；②关于 KIBS 企业协同能力对服务产品开发绩效的直接影响问题；③关于客户知识转化在 KIBS 企业协同能力对服务产品开发绩效影响过程中起到的中介作用问题；④关于不同类型的协同治理机制对 KIBS 企业协同能力与客户知识转化关系的调节作用问题。通过对 4 个问题的解答，深入探索了 KIBS 企业协同能力对服务产品开发绩效的影响，丰富和拓展了企业协同能力、客户知识转化和服务产品开发领域的相关研究，为协同创新情境下 KIBS 企业科学有效地提升自身协同能力活动，通过客户知识转化促进服务产品开发绩效，提供了具体的对策与建议。具体来说，本书的主要研究结论如下。

**第一，在探讨 KIBS 企业协同能力概念内涵的基础上，提出并验证了 KIBS 企业协同能力由知识集聚能力、组织间协调能力和关系调整能力 3 个维度 10 个要素构成。**本书在归纳总结前人对于协同能力定义的基础上，基于 KIBS 企业与客户协同进行服务产品开发的过程及特点，认为 KIBS 企业协同能力是包括知识集聚能力、组织间协调能力以及关系调整能力，从而促进创新实践的一种综合能力。探索性和验证性因子分析表明：①知识集聚能力、组织间协调能力和关系调整能力 3 维度表征了 KIBS 企业协同能力，其中，知识集聚能力对 KIBS 企业协同能力的解释性最强，随后依次是组织间协调能力和关系调整能力。②知识集聚能力包括企业对客户知识资源的搜集能力、获取能力、整合能力、积累能力 4 个基本要素。组织间协调能力包括互动交流能力、制度协调能力以及技术沟通能力 3 个基本要素。关系调整能力包括保持彼此信任能力、快速响应能力、合作应变能力 3 个基本要素。③同时验证了本书关于 KIBS 企业协同能力的测量量表具有较好的信度、效度及稳定性。

**第二，剖析并论证了 KIBS 企业协同能力 3 维度对不同的服务产品开发绩效的影响及**

**其影响的差异。**在验证 KIBS 企业协同能力维度构成和基本要素的基础上，进一步的实证研究表明：KIBS 企业协同能力中的知识集聚能力对过程绩效具有显著的正向影响，但其对结果绩效的正向影响并不显著。组织间协调能力对服务产品开发中的结果绩效具有显著的正向影响，但其对过程绩效的正向影响并不显著。关系调整能力对服务产品开发中的过程绩效和结果绩效均具有显著的正向影响。在对过程绩效的影响过程中，知识集聚能力最大，其次是关系调整能力。在对结果绩效的影响过程中，组织间协调能力的影响最大，其次是关系调整能力。同时，研究还发现了过程绩效对结果绩效具有显著的正向影响。

**第三，探索并验证了客户知识转化在 KIBS 企业协同能力对服务产品开发绩效影响过程中起到的中介影响作用，并论证了客户知识转化 2 个核心流程之间的相互作用关系。**实证研究表明：①KIBS 企业协同能力 3 维度（知识集聚能力、组织间协调能力以及关系调整能力）均对客户知识显性化分享和客户知识隐性化吸收具有不同程度的显著的正向影响。组织间协调能力对客户知识显性化分享的影响最大，其次是知识集聚能力，最后是关系调整能力。知识集聚能力对客户知识隐性化吸收的影响最大，其次是组织间协调能力，最后是关系调整能力。②客户知识显性化分享对服务产品开发绩效影响过程中的过程绩效具有显著的正向影响，但其对结果绩效的影响并不显著。客户知识隐性化吸收对服务产品开发绩效中的结果绩效具有显著的正向影响，但其对过程绩效的正向影响并不显著。③通过对 KIBS 企业协同能力、客户知识转化和服务产品开发绩效的回归分析表明：客户知识显性化分享和客户知识隐性化吸收分别在 KIBS 企业协同能力对服务产品开发绩效影响过程中起到部分中介作用。具体为：客户知识的显性化分享在 KIBS 企业协同能力对过程绩效的影响过程中起到部分中介作用，客户知识的隐性化吸收在 KIBS 企业协同能力对结果绩效的影响过程中起到部分中介作用。同时，论证了客户知识显性化分享对客户知识隐性化吸收具有显著的正向影响作用，而客户知识隐性化吸收对客户知识显性化分享的正向影响并不显著。

**第四，提出并揭示了不同类型和强度的协同治理机制对 KIBS 企业协同能力与客户知识转化关系的调节作用及其作用差异。**基于协同创新活动对情境保障因素的需求，本书将协同治理机制中的关系治理机制和契约治理机制作为调节变量，引入 KIBS 企业协同能力对客户知识转化关系的研究中。结果表明：关系治理机制分别在知识集聚能力和关系调整能力对客户知识显性化分享关系具有显著的正向调节作用，其在组织间协调能力与客户知识显性化分享关系中的正向调节作用不显著。契约治理机制分别在组织间协调能力和关系调整能力对客户知识隐性化吸收关系具有显著的正向调节作用，但其在知识集聚能力与客户知识隐性化吸收关系中的调节作用不显著。也就是说，在服务产品开发过程中，关系治理机制越强，越有利于知识集聚能力和关系调整能力对客户知识进行显性化分享。契约治理机制越强，越有利于组织间协调能力和关系调整能力对客户知识进行隐性化吸收。而且，相对于契约治理机制，关系治理机制在关系调整能力对客户知识显性化分享关系中的正向调节作用大于其在关系调整能力对客户知识隐性化吸收关系中的正向调节作用。

## 7.2 研究创新点

针对协同创新情境，本书基于资源依赖理论、企业知识观理论、企业能力论及协同理论等，围绕“KIBS 企业协同能力对服务产品开发绩效的影响”这一基本问题，在对前人研究进行归纳总结的基础上，提出了 KIBS 企业协同能力对服务产品开发绩效影响的理论框架。通过综合运用探索性案例以及调查问卷数据的统计分析，分析并验证了 KIBS 企业协同能力通过客户知识转化影响服务产品开发绩效的作用机理，论证并揭示了关系治理机制以及契约治理机制在 KIBS 企业协同能力与客户知识转化关系中的调节作用。研究结论为拓展企业协同能力边界、范围及其作用，丰富和拓展服务产品开发绩效的前因研究以及解析和拓展客户知识转化以及协同治理机制的相关研究奠定了基础。具体而言，与现有研究相比，本书具有以下创新点。

**第一，针对协同创新实践中企业对客户知识资源的强依赖性，探索并验证了 KIBS 企业协同能力的构成。研究拓展了企业协同能力的边界和范围，全面而具体刻画和探析了 KIBS 企业协同能力的构成、基本要素及其测量和应用，较之现有研究有所深入并具有针对性，为探究 KIBS 企业协同能力对服务产品开发绩效的影响提供了分析依据。**

KIBS 企业协同能力构成维度及测量对提升 KIBS 协同能力具有重要指导意义。目前，学者们从不同角度对企业协同能力展开了研究[25-35]，这些研究丰富了企业协同能力的研究视角和内容。然而，鲜有从 KIBS 企业与客户协同进行服务产品开发的过程及特征出发对企业的协同能力进行探索，尤其缺乏企业与客户协同创新情境下 KIBS 企业协同能力的构成维度以及测量的研究。

本书的贡献在于：①现有学者关于协同的研究主要是指企业内部或集团内部各单元/各要素/各部门之间的协同，而且，主要从协同功能/行为等单一角度考虑协同企业的协同能力。本书则基于 KIBS 企业与客户协同进行服务产品开发的过程和特征，整合协同理论、资源依赖理论和企业知识观理论以及企业能力理论，从“协同系统”的角度，说明协同创新实践中企业在客户的知识需求、行为控制和合作关系层面的能力特征，从而解析了 KIBS 企业协同能力概念内涵及构成。本书研究将企业内部的协同拓展到企业与客户之间，使得企业协同能力的边界和范围得到进一步拓展。②关于企业协同能力的研究，国内外研究涉及多个行业，主要侧重的是协同能力评价体系或是区域协同创新能力的研究，鲜有针对 KIBS 企业协同能力构成维度的实证研究。本书从协同创新实践中企业对客户资源的强依赖性角度出发，提出了 KIBS 企业协同能力由知识集聚能力、组织间协调能力以及关系调整能力 3 个构成维度共 10 个要素构成。而且，在这 3 个维度中知识集聚能力对 KIBS 企业协同能力的解释力度最强，其次依次为组织间协调能力和关系调整能力。并通过结构方程模型分析了 3 维度所包含的基本要素以及各要素对 KIBS 企业协同能力各维度的影响大小。研究结论为 KIBS 企业依据协同能力各维度及其基本要素不同的作用有效提升其协同能力提供了指导。③前人对不同行业的企业协同能力进行测量，鲜有关于协同创新情境下的 KIBS 企业协同能力测量量表的研究。本书提出并验证了所设计和开发的 KIBS 企业协同能力测量量表，量表具有较好的信度、效度和稳定性。本书在 KIBS 企业协同能力构成、基本要素及其测量和应用方面，较之现有研究有所深入并具有针对性。为探究 KIBS 企业协同能力对服务产品开发绩效的影响提供了分析依据。

**第二，结合协同创新活动的实际，从多元化能力需求角度提出并验证了 KIBS 企业协同能力各维度对服务产品开发绩效的影响及其影响程度的差异。丰富和拓展了服务产品开发绩效的前因研究，为今后“协同能力-绩效”关系的研究提供了基础，也为 KIBS 企业借助其协同能力的不同组合模式实现不同的服务产品开发绩效目标提供了实践指导。**

KIBS 企业协同能力作为客户协同创新及其产品开发的重要推动力，现有关于服务产品开发的研究大多从动态能力/IT 能力/吸收能力[38-39]，客户参与/互动[71-78]、客户关系嵌入[79-84]以及关系网络/网络位置[85-87]、顾客/客户共同生产/合作[88-92]等前因变量展开，鲜有从协同能力视角出发，缺乏对 KIBS 企业协同能力各维度与服务产品开发绩效关系的探索。

本书的拓展在于：基于协同创新活动实际，从企业对多元化能力需求的角度，提出了企业协同能力是影响服务产品开发绩效的重要前因，并论证了 KIBS 企业协同能力各维度对不同的服务产品开发绩效的影响及其影响差异。研究结果表明：知识集聚能力对服务产品开发绩效中的过程绩效具有显著的正向影响，但其对结果绩效的影响并不显著。组织间协调能力对服务产品开发绩效中的结果绩效具有显著的正向影响，但其对过程绩效的正向影响并不显著。关系调整能力对服务产品开发的过程绩效和结果绩效均具有显著的正向影响。同时发现了一条新路径，即服务产品开发绩效中的过程绩效对结果绩效具有显著的正向影响。在对过程绩效的影响中知识集聚能力的影响最大，其次是关系调整能力。在对结果绩效的影响过程中组织间协调能力影响最大，其次是关系调整能力。本书的贡献在于：①丰富和拓展了服务产品开发绩效前因的研究；②研究结论更为具体，丰富和深化了对企业协同能力作用的认识；③为今后“协同能力-绩效”关系模型的深入研究奠定了理论基础，为企业通过企业协同能力不同组织模式实现不同的服务产品开发绩效目标提供了实践指导。

**第三，系统地剖析并验证了客户知识转化中的知识显性化分享和隐性化吸收分别在 KIBS 企业协同能力对服务产品开发过程绩效和结果绩效的影响过程中起到的中介作用。研究突出了企业协同能力 3 维度设置对客户知识转化的促进作用，深化了对客户知识转化作用机理的理解，双重作用路径结果有助于启发企业针对不同的服务产品开发目标，通过协同能力而选择相匹配的客户知识转化策略。**

企业协同能力对促进服务产品开发绩效具有重要作用。目前，较多研究论证了以知识共享/整合[32,73]/转移[72,76]为中介变量说明动态/吸收/IT 能力、关系嵌入、客户参与/互动、客户共同生产等对服务创新/产品开发绩效的影响作用，为本书奠定了坚实的理论基础。然而客户知识转化作为新知识创造的关键环节，缺乏从知识的显隐性特点以及知识创造角度研究 KIBS 企业协同能力影响服务产品开发绩效的中介作用路径，使其并不能完全反映企业协同能力如何通过知识转化的核心流程对服务产品开发绩效产生影响的内在作用机理。

本书通过资源依赖理论、企业知识观理论、企业能力理论、协同理论等相关理论综述，针对服务产品开发对客户显隐性知识的需求以及知识创造的关键，分别探索了 KIBS 企业协同能力通过客户知识转化的 2 个核心流程提升服务产品开发绩效的作用路径。构建了 KIBS 企业协同能力、客户知识转化与服务产品开发绩效关系的概念模型，经过探索性案例研究以及实证研究，结果表明：KIBS 企业协同能力中的知识集聚能力、组织间协调能力、关系调整能力分别通过客户知识的显性化分享和隐性化吸收这 2 条路径分别作用于服务产品开发绩效的过程绩效和结果绩效。客户知识显性化分享在 KIBS 企业协同能力对过程绩效的影响中起到了部分中介作用，客户知识隐性化吸收在 KIBS 企业协同能力对结果绩效的影响中起到了部分中介作用。具体地，知识集聚能力、组织间协调能力、关系调整能力对客户知识的显性化分享和隐性化吸收均具有显著的正向影响。客户知识显性化分享对过程绩效具有显著的正向影响，但其对结果绩效的影响并不显著。客户知识隐性化吸收对结果绩效具有显著的正向影响，但其对过程绩效的影响并不显著。同时，论证了客户知识显性化分享对客户知识隐性化吸收具有显著的正向影响作用，但客户知识隐性化吸收对显性化分享的影响并不显著。本书的贡献在于：①双重作用路径检验结果揭示了企业协同能力对提升服务产品开发绩效的路径选择机制，突出了 KIBS 企业协同能力 3 维度对客户知识转化不同过程的促进作用；②分别探索了 KIBS 企业协同能力通过客户知识转化的 2 个核心流程提升服务产品开发绩效的作用机理，深化了对客户知识显性化分享和隐性化吸收作用机理的认识；③有助于启发企业针对不同的服务产品开发目标，通过企业协同能力作用而选择相匹配的客户知识转化策略。

**第四，提出并揭示了不同类型的协同治理机制在 KIBS 企业协同能力与客户知识转化关系中的调节作用及其作用强度的差异。丰富了对协同治理机制作用的理解，拓展了研究的情境因素，回答了现有研究结论不一致的问题，为企业根据不同类型和强度的协同治理机制，制定不同 KIBS 企业协同能力组合模式以促进客户知识转化提供了决策支持。**

协同治理机制作为协同创新过程中减少风险和促进创新的必须考虑的重要影响因素，对服务产品开发具有重要影响作用[234-235]。前人从不同角度研究了知识特征[95-97]、环境动态性[98-99]、项目特征[100-101]等在关系嵌入、客户参与/互动、网络能力等知识转移/知识整合等关系中的调节作用，部分研究涉及协同治理机制对知识分享/知识获取的调节作用，但是结论不一[93, 175]。协同治理机制作为协同创新活动开展的重要保障机制，缺乏对企业协同能力与客户知识转化关系中调节作用的研究。

本书基于协同创新活动中对情境保障因素的要求，引入协同治理机制分析并验证了其对 KIBS 企业协同能力与客户知识转化关系的调节效应，并在前人研究的基础上，将协同治理机制划分为关系治理机制和契约治理机制，研究其分别对 KIBS 企业协同能力对客户知识转化关系的调节作用。实证研究表明：关系治理机制和契约治理机制对 KIBS 企业协同能力与客户知识转化关系具有显著的正向调节作用。具体地，关系治理机制越强，知识集聚能力、关系调整能力对客户知识显性化分享的正向作用越大。契约治理机制越强，组织间协调能力和关系调整能力对客户知识隐性化吸收的正向作用越大。相对于契约治理机制，关系治理机制对关系调整能力与客户知识显性化分享关系的正向调节作用大于契约治理机制对关系调整能力与客户知识隐性化吸收关系的正向调节作用。研究表明：关系治理机制越强，越有利于知识集聚能力和关系调整能力对客户知识的显性化分享；契约治理机制越强，越有利于组织间协调能力和关系调整能力对客户知识的隐性化吸收。本书的贡献在于：①拓展了研究的情境因素，弥补和深化了协同创新研究中对协同治理机制的忽视，在一定程度上回答了现有研究结论不一致的问题；②丰富了对企业协同能力作用及其边界条件的认识，同时深化了对协同治理机制作用的理解；③为协同创新实践中根据不同强度和类型的协同治理机制构建不同的协同能力组合模式，促进客户知识转化效率进而提升企业服务产品开发绩效提供决策支持。

## 7.3 研究局限与未来研究

本书在相关理论综述的基础上，综合企业协同能力、客户知识转化、协同治理机制以及服务产品开发绩效的研究成果，采用文献研究、探索性案例研究并结合 KIBS 企业服务产品开发项目调研的现实情况，通过理论分析与逻辑推导，构建了 KIBS 企业协同能力对服务产品开发绩效的影响模型，并提出了相关假设。同时，通过对问卷调查数据的统计分析，验证了本书的模型和假设，得出了一些较为有意义的结论。然而，本书还存在以下局限和不足，需要在后续的研究中加强和完善。

### 7.3.1 研究局限

第一，样本量以及样本收集地域有待扩大。尽管本书研究者花费了大量精力，通过实地调研、访谈以及网络等多种途径进行问卷的发放与回收，尽量兼顾不同知识密集型服务企业类型以及不同项目类型、项目周期的服务产品开发项目，以保证有效问卷的数量和质量，但由于条件的限制，本书的样本仅仅根据方便抽样的方式获取，在随机性方面可能存在不足。因此，研究结论的可靠性会受到影响。虽然 206 份有效样本量对于因子分析、结构方程模型以及回归分析这些统计分析方法来说，样本量足够，但是相对而言还是偏少，如果能进一步增大样本量，将会进一步增加研究的可靠性。同时，由于收集到的样本主要以北京、上海、广东、陕西、河北、江苏、福建以及甘肃的有效样本量为主，使得样本数据存在一定地域限制，研究结论的普适化可能会受到影响。因此，本书所得到的研究结论有待通过更多的样本量在更广的区域范围内进行验证。另外，本书虽然在数据获取过程中要求调研对象根据近 3 年的实际情况进行回答，然而这些横截面数据并不能准确地判断企业协同能力与服务产品开发绩效之间的动态关系，通过面板数据进行分析可能更能反映两者之间的动态关系。

第二，关于部分变量的测度有待改进。在本书中，虽然通过借鉴已有相关文献的量表进行问卷设计，并经过实地调研和专家意见等对调查问卷进行修正、补充、调整和完善，同时采用了一系列严格的检验方法，如信度、效度检验等来保证测度的可靠性和有效性，但是问卷设计可能还会存在不足，学者以后可能还需要根据自己的研究目的对问卷题项进行补充和完善。另外，虽然本书尽量寻找项目和组织中的核心和关键人物来回答问题，但个人的主观认识不一定能够完全代表企业整体项目的特点，仍然不可避免地存在偏差和缺陷。今后相关领域学者如果具备合适且多样化数据收集的条件，可以考虑采用客观数据以及采用一些客观指标对模型中的变量进行测度，以提高结论的可信度。

### 7.3.2 未来研究

在本书针对“KIBS 企业协同能力对服务产品开发绩效的影响”这一问题进行研究基础上，未来的研究可以沿着以下方向展开。

首先，对协同的属性进行划分，研究不同类型的协同能力对服务产品开发绩效的影响机理。本书结合协同创新的情境探讨了 KIBS 企业协同能力对服务产品开发绩效的影响，并基于 KIBS 企业协同客户进行服务产品开发的过程及特点，从企业对客户的知识需求、行为控制和合作关系层面，将 KIBS 企业协同能力划分为知识集聚能力、组织间协调能力和关系调整能力 3 个维度。事实上，企业与客户协同创新过程中企业协同能力的内涵是极为丰富的，对协同的刻画还可能有许多其他的更细分的特征维度，如知识协同、制度协同以及文化协同等，未来可以更细地考察企业某一方面的协同能力对服务产品开发绩效的影响。

其次，未来的研究可从时间维度上进行纵向研究，以探究企业协同能力对服务产品开发绩效的动态影响。本书总体上是对企业协同能力在时间截面上的评估以及对协同能力与服务产品开发绩效之间关系的探索，然而，协同创新情境中的 KIBS 企业协同能力本身是根据协同创新的不同过程而形成与演化的，针对企业与客户不同协同创新阶段的协同能力，其对服务产品开发绩效的影响也可能发生变化。因此，未来的研究可从时间维度上进行纵向研究，特别是从“生命周期”的角度，探讨企业协同能力的形成过程和影响因素，不仅可以深入研究企业与客户协同创新情境下企业协同能力的形成规律，亦可深入剖析企业协同能力对服务产品开发绩效影响的动态作用过程和机理。同时，本书针对的是知识密集型服务（KIBS）企业的协同能力，基于不同视角以及不同行业的企业协同能力会有所不同，后续研究可针对其他行业的协同能力进行研究，可进一步挖掘协同能力的研究深度和广度。

再次，本书验证了客户知识转化在 KIBS 企业协同能力对服务产品开发绩效的影响过程中具有中介作用，并将客户知识转化分为显性化分享和隐性化吸收。然而，除了客户转化，其他相关变量，如组织学习、关系嵌入、动态能力等同样对服务产品开发绩效具有重要的作用，今后研究可以从多角度来研究企业协同能力对服务产品开发绩效的影响，企业协同能力通过对不同变量的作用而不断变化的过程，也可以深入细致地考察客户知识转化经典模型——SECI 模型在其中的作用，从而进一步推动服务产品开发绩效作用机理的研究。更进一步地，有学者研究了资源整合、动态能力对企业绩效或竞争优势的影响（Barney，2001[138]；董保宝，2011 等[342]），也有学者研究了资源整合、协同创新与企业动态能力的耦合机理（汪秀婷，程斌武，2014）[39]。而且，Barney（2001）认为，资源、动态能力与知识这 3 方面的研究是密切相关、相辅相成的[138]。那么，除了协同能力对客户知识转化的促进作用外，企业协同能力与客户知识转化之间是否存在耦合关系，以共同促进服务产品开发绩效？另外，企业协同能力会促进服务产品开发绩效的提升，那么，服务产品开发绩效是否会反过来提升企业协同能力？这些问题的思考和后续的研究也许将进一步丰富和深化企业的服务产品开发实践。

除此之外，本书将协同创新情境下 KIBS 企业的服务产品开发绩效划分为过程绩效和结果绩效，未来的研究从不同视角或情境对服务产品开发绩效进行划分。前人有许多关于服务产品开发绩效的相关研究，如 Tsou（2012）把电子服务产品开发绩效划分为渐进性创新和突变性创新[32]，还有学者将新产品开发绩效具体分为时间绩效和创新绩效或运营绩效以及财务绩效等[97-98]。然而，针对不同情境下的服务产品创新绩效，其划分可能有所不同，其所要求的企业协同能力以及客户的知识转化也可能会有所差异。因此，今后学者可以进一步探讨不同情境下企业协同能力对不同服务产品开发绩效的影响，从而进一步拓展和深化关于服务产品开发绩效的相关研究。

# 参考文献


[1] 2019 年统计公报. 2015—2019 年服务业增加值及其增长速度[EB/OL]. [2020-02-28]. https://www. sohu.com/a/376545368_267106.

[2] 中国报告网. 2019 年第二季度信息传输、软件和信息技术服务业增加值当季值为 9324.4 亿元，累计值为 18515.7 亿元[EB/OL]. [2019-07-27]. http://data.chinabaogao.com/it/2019/0HJ359212019.html.

[3] MILES I. Knowledge intensive business services: Prospects and policies[J]. The journal of future studies, strategic thinking and policy, 2005（7）: 39-63.

[4] 魏江，陶颜，王琳. 知识密集型服务业的概念与分类研究[J]. 中国软科学，2007（1）：33-41.

[5] 辛枫冬. 知识密集型服务企业服务创新能力的研究[J]. 宁夏社会科学，2010（2）：56-59.

[6] DOUGHERTY, D. Reimagining the differentiation and integration of work for sustained product innovation[J]. Organization Science, 2001, 12（5）: 612-631.

[7] 刘顺忠. 知识密集型服务业在知识系统中作用机理研究[M]. 北京：科学出版社，2008：46.

[8] 申静. 知识性服务业服务创新[M]. 北京：北京图书馆出版社，2006，7.

[9] NAMBISAN S. Designing virtual customer environments for new product development: toward a theory[J]. Academy of management review, 2002, 27（3）: 392-413.

[10] LARRY J M, MOHAN V T, SCOTT E S. New service development: areas for exploitation and exploration[J]. Journal of operations management. 2002, 20（2）: 135- 157.

[11] SHAWB B. User supplier links and innovation[M]. Cheltenham, UK: Edward Elgar, 1994.

[12] MULLER, ZENKERA. Business services as actors of knowledge transformation: the role of KIBS in regional and national in novation systems[J]. Research policy, 2001, 30: 1501-1516.

[13] HERTOGPD. Knowledge-intensive business services as co-producers of innovation[J]. International journal of innovation management, 2000, 4（4）: 491-528.

[14] 埃里克·冯·希普尔. 民主化创新：用户创新如何提升公司的创新效率[M]. 北京：知识产权出版社，2007.

[15] 马钦海，相辉. 知识服务过程中知识密集型服务业作用机制的系统动力学研究[J]. 科技进步与对策，2012，29（17）：123-127.

[16] 王琳，魏江. 顾客互动对新服务开发绩效的影响——基于知识密集型服务企业的实

证研究[J]. 重庆大学学报（社会科学版），2009，15（1）：35-41.

[17] DAY G. Two dimensional concept of brand loyalty[J]. Journal of advertising research, 1994, 35（9）: 29-35.

[18] 陈光. 企业内部协同创新研究[D]. 成都：西南交通大学，2005.

[19] 张方华. 企业内部要素协同与创新绩效的关系研究[J]. 科研管理，2016，37（2）：20-28.

[20] 李慧，王晓琦. 国防科技企业间协同能力、知识共享与网络组织效率关系研究——以陕西省为例[J]. 科技进步与对策，2017（11）：95-101.

[21] 张大鹏，孙新波. 供应链合作网络中整合型领导力对企业间协同创新绩效的影响研究[J]. 工业工程与管理，2017（6）：128-134.

[22] HE X, YI Y, WEI Z. New product development capabilities in China: the moderating role of TMT cooperative behavior[J]. Asian business & management, 2018（6）.

[23] 李梓涵昕，朱桂龙. 产学研合作中的主体差异性对知识转移的影响研究[J]. 科学学研究，2019（2）：1003-2053.

[24] 贺灵. 区域协同创新能力测评及增进机理研究[D]. 长沙：中南大学，2013.

[25] 毛克宇，杜纲. 基于协同产品商务的企业协同能力及其评价模型[J]. 内蒙古农业大学学报: 社会科学版，2006，8（2）：165-167.

[26] 白巧兵. 协同商务环境下企业协同能力的构成和评价研究[D]. 成都：西南财经大学，2008，11.

[27] 王啸峰，卞致瑞. 产品协同开发能力的基础框架评价模型及评价方法研究[J]. 科技进步与对策，2010，27（17）：135-138.

[28] CHEN C J, HSIAO Y C, CHU M A. Transfer mechanisms and knowledge transfer: the cooperative competency perspective[J]. Journal of business research, 2014（67）: 2531-2541.

[29] 岳德洋. 电商企业物流协同能力、网络关系与运营绩效的关系研究[D]. 武汉：武汉理工大学，2017.

[30] SARIN S, MAHAJAN V. The effect of reward structures on the performance of cross-functional product development teams[J]. Journal of marketing, 2001, 65（2）: 35-53.

[31] ORDANINI A, PARASURAMAN A. Service innovation viewed through a service-dominant logic lens: a conceptual framework and empirical analysis[J]. Journal of service research, 2011, 14（1）: 3-23.

[32] TSOU H T. Collaboration competency and partner match for e-service product innovation through knowledge integration mechanisms[J]. Journal of service management, 2012, 23（5）: 640-663.

[33] 汪延明. 基于技术董事协同能力的产业链治理研究[D]. 南京：南京大学，2012.

[34] 徐建中，徐莹莹. 企业协同能力、网络位置与技术创新绩效——基于环渤海地区制造业企业的实证分析[J]. 管理评论，2015（1）：114-125.

[35] 王小娟，万映红. 客户知识管理过程对服务产品开发绩效的作用——基于协同能力视角的案例研究[J]. 科学学研究，2015，33（2）：264-271.

[36] STRAMBACH S. Innovation processes and the role of knowledge-intensive business services (KIBS)[M]// Innovation Networks, Physica-Verlag HD, 2001, 4: 53-68.
[37] 胡钢. 动态能力对企业多元化及其绩效的影响研究[D]. 长沙：中南大学，2013.
[38] 吴伟伟，于渤，邓强，等. 技术管理能力对新产品开发绩效的影响路径识别——基于动态能力视角[J]. 科学学与科学技术管理，2013，34（5）：106-115.
[39] 汪秀婷. 资源整合、协同创新与企业动态能力的耦合机理[J]. 科研管理，2014，35（4）：44-50.
[40] DE B U, KLEINSCHMIDT E J. The impact of company resources and capabilities on global new product program performance[J]. Project management journal, 2015, 46（1）: 12-29.
[41] 简兆权，吴隆增，黄静. 吸收能力、知识整合对组织创新和组织绩效的影响研究[J]. 科研管理，2008，29（1）：80-86.
[42] 倪自银，熊伟. 企业外部知识搜索能力影响因素研究——一个交互效应模型[J]. 科技进步与对策，2016（4）：84-90.
[43] WU J B, GUO B, SHI Y. Customer knowledge management and IT-enabled business model innovation: a conceptual framework and a case study from China[J]. European management journal, 2013, 31（4）: 359-372.
[44] 奉小斌，陈丽琼. 外部知识搜索能提升中小微企业协同创新能力吗？——互补性与辅助性知识整合的中介作用[J]. 科学学与科学技术管理，2015，36（8）：105-117.
[45] STEVENS E, DIMITRIADIS S. New service development through the lens of organizational learning: evidence from longitudinal case studies[J]. Journal of business research, 2004, 57（10）: 1074-1084.
[46] 吴隆增，简兆权. 组织学习、知识创造与新产品开发绩效的关系研究[J]. 科技进步与对策，2008，25（1）：110-113.
[47] 彭新敏. 企业网络与利用性-探索性学习的关系研究：基于创新视角[J]. 科研管理，2011，32（3）：15-22.
[48] 陈璟菁. 新服务开发创新绩效的实证研究——从组织学习视角分析[J]. 技术经济与管理研究，2013（3）：30-34.
[49] 弋亚群，姬璟，陈玉. 不良竞争对新产品开发速度与质量的作用研究——政府导向的调节作用[J]. 科学学与科学技术管理，2018，39（7）：39-52.
[50] 朱秀梅，姜洋，杜政委. 知识管理过程对新产品开发绩效的影响研究[J]. 管理工程学报，2011，25（4）：113-122.
[51] 王小娟，万映红. 企业协同能力、客户知识管理过程与服务产品开发绩效的关系研究[J]. 软科学，2017（5）：99-102.
[52] MONTOYA-WEISS S M M. The effect of perceived technological uncertainty on japanese new product development[J]. The academy of management journal, 2001, 44（1）: 61-80.
[53] 陈力，宣国良. 跨功能知识整合对新产品开发绩效的影响[J]. 科学学研究，2006，24（6）：921-928.

[54] 吴家喜，吴贵生. 组织整合与新产品开发绩效关系实证研究：基于吸收能力的视角[J]. 科学学研究，2009，27（8）：1220-1227.

[55] 周健明，陈明，刘云枫. 知识惯性、知识整合与新产品开发绩效研究[J]. 科学学研究，2014，32（10）：1531-1538.

[56] 王娟茹，杨瑾. 干系人私人关系、知识共享行为对复杂产品研发绩效的影响[J]. 科研管理，2014，35（8）：16-24.

[57] AKROUSH M N, AWWAD A S. Enablers of NPD financial performance: the roles of NPD capabilities improvement, NPD knowledge sharing and NPD internal learning[J]. International journal of quality & reliability management, 2017, 35（1）.

[58] MARKHAM S K, LEE H. Marriage and family therapy in NPD teams: effects of weness on knowledge sharing and product performance[J]. Journal of product innovation management, 2014, 31（6）: 1291-1311.

[59] 盛伟忠，陈劲. 企业互动学习与创新能力提升机制研究[J]. 科研管理，2018，39（9）：4-13.

[60] WANG G, POLLA G, BENG J T, et al. Knowledge management model: the role of absorptive capacity in improving the new product development (NPD) process[J]. Journal of computational and theoretical nanoscience, 2015, 21（4）.

[61] WANG L, KOUROUKLIS A. Knowledge management for innovation and product development in supply chains[J]. Communications in computer & information Science, 2012（415）: 350-376.

[62] FRANK A, ECHEVESTE, MÁRCIA. Knowledge transfer between NPD project teams[J]. International journal of quality & reliability management, 2012, 29（3）: 242-264.

[63] ALEJANDRO G F, JOSÉ L D R. Influence factors and process stages of knowledge transfer between NPD teams[J]. International journal of quality & reliability management, 2014, 31（3）: 222.

[64] FRANK, ALEJANDRO G, RIBEIRO, et al. Factors influencing knowledge transfer between NPD teams: a taxonomic analysis based on a sociotechnical approach[J]. R&D management, 2015, 45（1）: 1-22.

[65] 王婷，杨建君. 组织控制协同使用、知识转移与新产品创造力——被调节的中介研究[J]. 科学学与科学技术管理，2018（3）：34-49.

[66] PITT M, MACVAUGH J. Knowledge management for new product development[J]. Journal of knowledge management, 2008, 12（4）: 101-116.

[67] 高山行，李炎炎. 生物医药企业政治行为与原始性创新: 知识管理的中介作用[J]. 科学学与科学技术管理，2018，39（7）：26-38.

[68] 李俊. 企业网络与知识管理及新产品开发绩效关系研究[D]. 杭州：浙江大学，2011.

[69] WANG L, KOUROUKLIS A. Knowledge management for innovation and product development in supply chains[J]. Communications in computer & information science,

2012, 415: 350-376.

[70] LIN I C, SEIDEL R, HOWELL D. A framework for knowledge management and new product development[J]. Journal of information & knowledge management, 2013, 12（02）.

[71] KELLEY S W, DONNELLY J H, SKINNER S J. Customer participation in service production and delivery[J]. Journal of retailing, 2000, 66（3）: 315-335.

[72] 张若勇，刘新梅，张永胜. 顾客参与和服务创新关系研究：基于服务过程中知识转移的视角[J]. 科学学与科学技术管理，2007，28（10）：92-97.

[73] 王琳. KIBS 企业-顾客互动对服务创新绩效的作用机制研究[D]. 杭州：浙江大学，2012.

[74] 汪涛，郭锐. 顾客参与对新产品开发作用机理研究[J]. 科学学研究，2010，28（9）：1383-1387.

[75] NG P K, GOH G G G, EZE U C. Customer relationship management: the effect of customer, supplier and employee relations on engineering project performance in a malaysian semiconductor manufacturing firm[C]// International Symposium on Logistics, 2010.

[76] 卢俊义，王永贵. 顾客参与服务创新与创新绩效的关系研究——基于顾客知识转移视角的理论综述与模型构建[J]. 管理学报，2011，8（10）：1566-1574.

[77] 张红琪，鲁若愚. 多主体参与的服务创新影响机制实证研究[J]. 科研管理，2014，35（4）：103-110.

[78] 姚山季，王永贵. 顾客参与新产品开发及其绩效影响: 关系嵌入的中介机制[J]. 管理工程学报，2012，26（4）：39-48.

[79] ANDERSSON U, FORSGREN M, HOLM U. The strategic impact of external network embeddedness on competence development and subsidiary performance in the multinational corporation[J].2002.

[80] MCEVILY B, MARCUS A. Embedded ties and the acquisition of competitive capabilities[J]. Strategic management journal, 2005, 26（11）: 1033-1055.

[81] 俞园园，梅强. 组织合法性中介作用下的产业集群关系嵌入对新创企业绩效的影响[J]. 管理学报，2016（5）：697-706.

[82] 应洪斌. 产业集群中关系嵌入性对企业创新绩效的影响机制研究[D]. 杭州：浙江大学，2011.

[83] 王家宝，陈继祥. 关系嵌入、学习能力与服务创新绩效——基于多案例的探索性研究[J]. 软科学，2011，25（1）：19-23.

[84] DIMITRIADIS S, STEVENS E. Integrated customer relationship management for service activities: an internal/external gap model[J]. Journal of service theory & practice, 2008, 18（5）: 496-511.

[85] 袁喜娜，薛佳丽. 企业社会网络对新产品开发绩效的影响——兼论不正当竞争的调节效应[J]. 厦门大学学报（哲学社会科学版），2016（6）：106-115.

[86] 范钧. 企业-顾客在线互动、知识共创与新产品开发绩效[J]. 科研管理，2016，37

（1）：119-127.

[87] 胡保亮. 网络位置、知识搜索与创新绩效的关系研究——基于全球制造网络与本地集群网络集成的观点[J]. 科研管理，2013，34（11）：18-26.

[88] 韩晓琳，马鹤丹. 面向新产品开发的企业间合作知识创造机理研究[J]. 科技进步与对策，2014（4）：114-119.

[89] CHEN J S, TSOU H T, CHING R K H. Co-production and its effects on service innovation[J]. Industrial marketing management, 2011, 40（8）: 1331-1346.

[90] HUNT D M, GEIGER-ONETO S, VARCA P E. Satisfaction in the context of customer co-production: a behavioral involvement perspective[J]. Journal of consumer behaviour, 2012, 11（5）: 347-356.

[91] WU J, GUO B, SHI Y. Customer knowledge management and IT-enabled business model innovation: a conceptual framework and a case study from China[J]. European management journal, 2013, 31（4）: 359-372.

[92] 李清政，徐朝霞. 顾客共同生产对服务创新绩效的影响机制——基于知识密集型服务企业在 B2B 情境下的实证研究[J]. 中国软科学，2014（8）：120-130.

[93] 王辉. 企业网络能力与吸收能力互动及对产品创新价值链的影响研究[D]. 天津：天津大学，2012.

[94] BELKAHLA W, TRIKI A. Customer knowledgeenabled innovation capability: proposing a measurement scale[J]. Journal of knowledge management, 2011, 15（4）: 648-674.

[95] SUNDBO J, GALLOUJ F. Innovation as a looselycoupled system in services[J]. International journal of services technology & management, 1998, 1（1）: 15-36.

[96] MCEVILY B, ZAHCER A. Bridging ties: a source of firm heterogeneity in competitive capabilities[J]. Strategic management Journal, 1999, 20（12）: 1133-1156.

[97] UZZI B, GILLESPIE J J. Knowledge spillover in corporate financing networks: embeddedness and the firm's debt performance[J]. Strategic management journal, 2002, 23（7）: 595-618.

[98] GE J, XU H, PELLEGRINI M M. The effect of value co-creation on social enterprise growth: moderating mechanism of environment dynamics[J]. Sustainability, 2019（11）.

[99] ANDERSON P, TUSHMAN M L. Organizational environments and industry exit: the effects of uncertainty, munificence and complexity[J]. Industrial & corporate change, 2001, 10（3）: 675- 711.

[100] PAPKE-SHIELDS K E, BOYER-WRIGHT K M. Strategic planning characteristics applied to project management[J]. International journal of project management, 2017, 35（2）: 169-179.

[101] LIEVENS A, MOENAERT R K. Project team communication in financial service innovation[J]. Journal of management studies, 2000, 37（5）: 733-766.

[102] HUANG M C, CHIU Y P, CHEN T L. Relationship governance and collaborative performance: a relational life-cycle perspective[J]. Academy of management annual meeting proceedings, 2015（1）: 11384.

[103] LINS K V, SERVAES H, TAMAYO A. Social capital, trust, and firm performance: the value of corporate social responsibility during the financial crisis[J]. The journal of finance, 2017.

[104] CRUZ P, ASTUDILLO H. Exploring the trust and knowledge obsolescence relation[C]// Chilean Computer Science Society. 2017.

[105] DE REUVER M, BOUWMAN H. Governance mechanisms for mobile service innovation in value networks[J]. Journal of business research, 2012, 65（3）: 347-354.

[106] CHUNG J C, BOU W L, JUN Y L, et al. Learning-from-parents: exploitative knowledge acquisition and the innovation performance of joint venture[J]. The journal of technology transfer, 2018.

[107] 野中郁次郎，竹内弘高. 创造知识的企业：日美企业持续创新的动力[M]. 北京：知识产权出版社，2006：99-107.

[108] LEE N, NATHAN M. Knowledge workers, cultural diversity and innovation: evidence from London[J]. International journal of knowledge-based development, 2017, 1（1/2）: 53-78（26）.

[109] YIKUAN L S, TAMER C. Enhancing alliance performance: the effects of contractual-based versus relational-based governance[J]. Journal of business research, 2006（59）: 896-905.

[110] PENROSE E T. The theory of the growth of the firm[M]. Oxford: Oxford University Press: 1959.

[111] PREFFER, SALANCIK. The external control of organizations: a resource dependence perspective. the external control organizations[M]. New York: Harper and Row, 1978.

[112] LIPPMAN S, RUMELT R. Uncertain limit ability: an analysis of interfirm differences in efficiency under competition[J]. Bell journal of economics, 1982（13）: 418-438.

[113] BARNEY J B. Strategic Factor markets: expectations, luck and business strategy[Jl. Management science, 1986, 32（10）: 1231-1241.

[114] DAFT R L, LENGEL R H. Organizational information requirements, media richness and structural design[J]. Management science, 1986（32）: 554-571.

[115] DIERICKX I, COOL K. Assets tock accumulation and sustainability of competitive advantage[J]. Management science, 1989, 35（12）: 1504-1511.

[116] SARIN S, MAHAJAN V. The effect of reward structures on the performance of cross-functional product development teams[J]. Journal of marketing, 2001, 65（2）: 35-53.

[117] 王庆喜，宝贡敏. 企业资源理论评述[J]. 南京社会科学，2004（9）：6-11.

[118] HOMBURG C, JOZIĆ D, KUEHNL C. Customer experience management: toward implementing an evolving marketing concept[J]. Journal of the academy of marketing science, 2017, 45（3）: 377-401.

[119] LEE S H, LEEM C S, BAE D J. The impact of technology capability, human resources, internationalization, market resources, and customer satisfaction on annual sales growth rates of Korean software firms[J]. Information technology & management, 2018（1）: 1-

14.
[120] SPENDER J C, GRANT R. Knowledge and the firm: overview[J]. Strategic management journal, 1996, 17（5）: 5-9.
[121] GRANT R M. Towards a knowledge-based theory of the firm[J]. Strategic management journal, 1996, 17: 109-223.
[122] PRAHALAD C K, HAMEL G. The core competence of the corporation[J]. Harvard business review, 1990（5-6）: 79-91.
[123] KOGUT B, ZANDER U. Knowledge of the firm, combinative capabilities, and the replication of technology[J]. Organization science, 1992, 3（3）: 383-397.
[124] CONNER K R, PRAHALAD C K. A resource-based theory of the firm: knowledge versus opportunism[J]. Organization science, 1996（7）: 477-501.
[125] 储节旺. 知识管理概论[M]. 北京：北京交通大学出版社，2006.
[126] FIDEL P, SCHLESINGER W, CERVERA A. Collaborating to innovate: Effects on customer knowledge management and performance[J]. Journal of business research, 2015, 68（7）: 1426-1428.
[127] 刘春艳，王伟. 基于耗散结构理论的产学研协同创新团队知识转移模型与机理研究[J]. 情报科学，2016，36（3）：42-47.
[128] LIM M K, TSENG M L, TAN K H, et al. Knowledge management in sustainable supply chain management: improving performance through an interpretive structural modelling approach[J]. Journal of cleaner production, 2017.
[129] PRAHALAD C K, RAMASWAMY V. Co-creating unique value with customers[J]. Strategy & leadership, 2004, 32（3）: 4-9.
[130] TEECE D J. Bookreviews: international technology transfer: concepts, measures, and comparisons[J]. Joumal of economic literature, 1987, 25（1）: 160-161.
[131] BRAGANZA A, BROOKS L, NEPELSKI D, et al. Resource management in big data initiatives: processes and dynamic capabilities[J]. Journal of business research, 2017, 70: 328-337.
[132] HENDERSON R, COCKBURN I. Measuring competence? exploring firm effects in pharmaceutical research[J]. Strategic management journal, 1994, 15（SS1）: 63-84.
[133] YU W, CHAVEZ R, JACOBS M A, et al. Data-driven supply chain capabilities and performance: a resource-based view[J]. Transportation research part E: logistics and transportation review, 2017.
[134] BARNEY J B. Firm resource and sustained competitive advantage[J]. Journal of management, 1991, 17（1）: 99-120.
[135] LEONARD D A. Core capabilities and core rigidities: a paradox in managing new product development[J]. Strategic management journal, 1992, 13（1）: 111-125.
[136] TEECE. Dynamic capabilities and strategic management[J]. Strategic management journal, 1997, 18（7）: 509-533.
[137] HELFAT C E, Raubitschek R S. Product sequencing: co-evolution of knowledge,

capabilities and products[J]. Strategic management journal, 2000, 21（10-11）: 961-979.

[138] BARNEY J B. The resource-based view of the firm: ten years after1991[J]. Journal of management, 2001, 27: 625-641.

[139] 赫尔曼·哈肯. 协同学：大自然构成的奥秘[M]. 上海：上海译文出版社，2005.

[140] 吴彤. 论协同学理论方法——自组织动力学方法及其应用[J]. 内蒙古社会科学（汉文版），2000（6）：19-26.

[141] 陈劲，王方瑞. 再论企业技术和市场的协同创新——基于协同学序参量概念的创新管理理论研究[J]. 大连理工大学学报（社会科学版），2005，26（2）：1-5.

[142] 胡晓瑾，解学梅. 基于协同理念的区域技术创新能力评价指标体系研究[J]. 科技进步与对策，2010，27（2）：101-104.

[143] 余维新，顾新，熊文明. 产学研知识分工协同理论与实证研究[J]. 科学学研究，2017，35（5）：100-108.

[144] 郑刚，梁欣如. 全面协同：创新制胜之道——技术与非技术要素全面协同机制研究[J]. 科学学研究，2006，24（8）：268-273.

[145] HARRIGAN K R, GUARDO M C D, BO C. Multiplicative-innovation synergies: tests in technological acquisitions[J]. Journal of technology transfer, 2017, 42: 1-22.

[146] HULT G T M, HURLEY R F, KNIGHT G A. Innovativeness: its antecedents and impacton business performance[J]. Industrial marketing management, 2004（33）: 429-438.

[147] HADJIMANOLIS A. An investigation of innovation antecedents in small firms in the context of a small developing country[J]. R&D management, 2000, 30（3）: 235-245.

[148] HE F, MIAO X, WONG C W Y, et al. Contemporary corporate eco-innovation research: a systematic review[J]. Journal of cleaner production, 2018, 174.

[149] GERSUNY C, ROSENGREN W I. The service society[J]. 1973.

[150] ROTHWELL R. Successful industrial Innovation: critical factors for the 1990s'[J]. R&D management, 1992, 22（3）: 221-239.

[151] FLORÉN H, FRISHAMMAR J, PARIDA V, et al. Critical success factors in early new product development: a review and a conceptual model[J]. International entrepreneurship & management journal, 2017（2）: 1-17.

[152] RAMANI G, KUMAR V. Intefaction orientation and firm performance[J]. Journal of marketing, 2008, 72: 27-45.

[153] 曹勇，孙合林，蒋振宇，等. 异质性知识对企业创新绩效的影响：理论述评与展望[J]. 科技管理研究，2016，36（2）：168-171.

[154] DESYLLAS P, MIOZZO M, LEE H, et al. Capturing value from innovation in knowledge-intensive business service firms: the role of competitive strategy[J]. British journal of management, 2018（1）.

[155] ANSOFF H I. Corporate strategy: an analytic approach to business policy for growth and expansion[M]. London: Penguin Books, 1965.

[156] 马捷，张云开，蒲泓宇. 信息协同：内涵、概念与研究进展[J]. 情报理论与实践，

2018，41（11）：16-23.

[157] BAPNA R, BARUA A, MANI D, et al. Research commentary—cooperation, coordination, and governance in multisourcing: an agenda for analytical and empirical research[J]. Information systems research, 2010, 21（4）: 785-795.

[158] HANSEN P, WIDEN G. The embeddedness of collaborative information seeking in information culture[J]. Journal of information science, 2017, 43（4）.

[159] SHAH C. Collaborative information seeking: the art and science of making the whole greater than the sum of all[M]. Berlin: Springer, 2012.

[160] SHAH C, RADFORD M L, CONNAWAY L S. Collaboration and synergy in hybrid Q&A: participatory design method and results[J]. Library & information science research, 2015, 37（2）: 92-99.

[161] 陈晓红，解海涛. 基于“四主体动态模型”的中小企业协同创新体系研究[J]. 科学学与科学技术管理，2006，27（8）：37-43.

[162] 邹志勇，武春友. 企业集团管理协同能力理论模型研究[J]. 财经问题研究，2008（9）.

[163] 罗桢妮. 我国公立医疗集团协同能力研究[D]. 武汉：华中科技大学，2014.

[164] AIJA L. Managing knowledge for innovation: the case of business-to-business services[J]. Journal of product innovation management, 2006, 23（3）: 238-258.

[165] 李海刚，曲振斌，孙臣臣. 知识管理系统接受行为对新产品开发绩效影响的实证研究[J]. 系统管理学报，2014，23（4）：472-480.

[166] JONATHAN A. Collaborations: the forth age of research[J]. Nature, 2013, 497（7451）: 557-560.

[167] 任宗强. 基于创新网络协同提升企业创新能力的机制与规律研究[D]. 杭州：浙江大学，2012.

[168] MISHRA A A, SHAH R. In union lies strength: collaborative competence in new product development and its performance effects[J]. Journal of operations management, 2009, 27（4）: 324-338.

[169] CHARLES R G, DAVID L. Collaborative innovation with customers: a review of the literature and suggestions for future research[J]. International journal of management review, 2012, 14（1）: 63-84

[170] INGA A I, LOET L. Rotational symmetry and the transformation of innovation systems in a triple helix of university-industry-government relations[J]. Technological forecasting and social change, 2014, 86（1）: 143-156.

[171] 洪茹燕. 关系嵌入与吸收能力的协同对企业知识搜寻的影响——全球制造网络效应下对中国轿车企业自主创新分析[J]. 重庆大学学报（社会科学版），2012，18（1）：71-76.

[172] 徐建中，徐莹莹. 企业协同能力、网络位置与技术创新绩效——基于环渤海地区制造业企业的实证分析[J]. 管理评论，2015，27（1）：114-125.

[173] 郑胜华，池仁勇. 核心企业合作能力、创新网络与产业协同演化机理研究[J]. 科研

管理，2017（6）.
[174] 邵云飞，庞博，方佳明. IT 能力视角下企业内部多要素协同与创新绩效研究[J]. 管理评论，2018，30（6）：72-82.
[175] 解学梅，左蕾蕾，刘丝雨. 中小企业协同创新模式对协同创新效应的影响——协同机制和协同环境的双调节效应模型[J]. 科学学与科学技术管理，2014（5）：72-81.
[176] 白鸥，魏江，斯碧霞. 关系还是契约：服务创新网络治理和知识获取困境[J]. 科学学研究，2015，33（9）：1432-1440.
[177] LENGNICK-HALL, C. A. Customer contribution to quality: a different view of the customer-oriented firm[J]. Academy of management review, 1996, 21（3）: 791-824.
[178] POLANYI M. The Tacit Dimension[M]. Garden City, New York: Doubleday & Co., 1966.
[179] LIEN C H, WU J J, CHIEN S H, et al. Anxious attachment, relational embeddedness, trust, co-production, and performance: an empirical study in online business-to-business relationships[J]. Telematics & informatics, 2017.
[180] GEBERT H, M GEIB, L KOLBE, W BRENNER. Knowledge-enabled customer relationship management: integrating customer relationship management and knowledge management concepts[J]. Journal of knowledge management, 2003, 7（5）: 107-123.
[181] SMITH H A, MCKEEN J D. Developments in practice customer knowledge management: adding value for our customers[J]. Communications of the association for information systems, 2005.
[182] 岳英. 客户协同创新对服务创新绩效的影响机理研究[D]. 西安：西安交通大学，2016.
[183] NONAKA I, TAKEUCHI H. The knowledge-creating[M]. Oxford: Oxford University Press, 1995.
[184] SCOTT S V, REENEN J V, ZACHARIADIS M. The long-term effect of digital innovation on bank performance: an empirical study of SWIFT adoption in financial services[J]. Research policy, 2017, 46（5）: 984-1004.
[185] STOREY C, KELLY D. Innovation in services: the need for knowledge management[J]. Australasian marketing journal, 2002, 10（1）: 59-70.
[186] JOSHI A W, SHARMA S. Customer knowledge development: antecedents and impact on new product performance[J]. Journal of marketing, 2004, 68（4）: 47-59.
[187] SALOMANN H, DOUS M, KOLBE L, et al. Rejuvenating customer management: how to make knowledge for, from and about customers work[J]. European management journal, 2005, 23（4）: 392-403.
[188] 周晓宁. 面向企业的客户知识管理[J]. 现代管理科学，2005（5）：91-92.
[189] 储节旺，郭春侠，陈亮. 国内外知识管理流程研究述评[J]. 情报理论与实践，2007，30（6）.
[190] YUH-JEN C, YUH-MIN C, MENG-SHENG W. An empirical knowledge management framework for professional virtual community in knowledge intensive service

industries[J]. Expert systems with applications, 2012, 39（18）: 13135-13147.

[191] 刘海鑫. 企业虚拟品牌社区中消费者知识贡献行为的影响因素研究[D]. 西安：西安交通大学，2015.

[192] 李文，刘良灿，张同建. 新产品开发导向下知识转化对集成创新微观促进机理解析[J]. 科技进步与对策，2015，32（10）：129-132.

[193] NONAKA I, TAKEUCHI H. The knowledge-creating company[M]. Oxford: Oxford University Press, 1995.

[194] NONAKA I, TAKEUCHI H, UMEMOTO K. Theory of orgnization knowledge creation[J]. International journal of technology management, 1996, 100（2）: 105-109.

[195] 秦铁辉，彭捷. SECI 框架下不同组织和层级间的知识转化研究[J]. 情报学报，2006，25（6）.

[196] 秦铁，辉彭捷. 试论竞争情报工作对知识转化的促进作用——基于经典知识转化模型 SECI 的分析[J]. 图书情报工作，2006，50（12）：71-75.

[197] 林昭文，张同健. 基于微观知识转化机理的核心能力形成研究[J]. 科学学研究，2008，26（4）：800-805.

[198] 卫武，刘芳芳，张鹏程. 不同主体层次中组织的知识转化结构维度[J]. 科学学研究，2009，27（10）：1528-1534.

[199] 张同健，蒲勇健. 互惠性企业环境下知识转化、组织学习与技术创新的相关性研究——基于知识型团队的数据检验[J]. 科学学与科学技术管理，2009，30（11）：171-176.

[200] 汪全莉，王嘉. 我国高校 MOOC 平台知识转化功能完善——基于知识管理的 SECI 模型[J]. 图书情报工作，2015，59（21）：51-55.

[201] 程钧谟，宋美玲，蒋兵. 合作研发中的控制机制、技术知识转化与绩效关系研究[J]. 科技管理研究，2015（11）：111-115.

[202] 刘良灿，李文，张同建. 面向新产品开发的集成创新中知识转化动力机制实证研究——基于国有企业的数据检验[J]. 科技管理研究，2016，36（1）：22-29.

[203] 林昭文，张同健，蒲勇健. 基于互惠动机的个体间隐性知识转移研究[J]. 科研管理，2008，29（4）：28-33.

[204] 张同健，蒲勇健. 互惠性偏好、隐性知识转化与技术创新能力的相关性研究——基于研发型团队的数据检验[J]. 管理评论，2010，22（10）：100-106.

[205] HERTOG, DEN P. Knowledge-intensivebusinessserviceas co-producerof innovation[J]. International journal of innovation management, 2000, 4（4）: 491-528.

[206] WELO T, RINGEN G. Investigating organizational knowledge transformation capabilities in integrated manufacturing and product development companies[J]. Procedia CIRP, 2018, 70: 150-155.

[207] 张庆普，李志超. 企业隐性知识流动与转化研究[J]. 中国软科学，2003（1）：88-92.

[208] 金燕，王翠波. 客户知识管理中的知识流动分析[J]. 高校图书馆工作，2005，25（4）：14-17.

[209] 赵文军. 客户知识管理中的知识转移模式研究[J]. 现代情报，2008，28（9）：131-133.

[210] 刘小军，蒙大斌. 服务创新体系的知识流动及其政策建议[J]. 网络财富，2009（6）：46-48.

[211] 张庆来，苏云. 基于 SECI 模型的图书馆客户知识管理研究[J]. 图书与情报，2013（4）：44-48.

[212] 蔡宁伟，王欢，张丽华. 企业内部隐性知识如何转化为显性知识？——基于国企的案例研究[J]. 中国人力资源开发，2015（13）：35-50.

[213] 丁志慧，刘伟. 新产品开发中创新社区客户知识管理研究[J]. 科技进步与对策，2016，33（7）：133-138.

[214] 陈晓芳，黄文才. 商业银行内部知识转化与个体服务创新行为关系实证研究[J]. 吉林大学社会科学学报，2017（1）：66-75，206.

[215] 袁磊. “内向型”开放创新过程中外部资源的获取和开发机制研究——基于组织分权和知识共享的视角[J]. 研究与发展管理，2017，29（3）: 64-75.

[216] SIMONIN B L. Transfer of marketing know-how in international strategic alliances: an empirical investigation of the role and antecedents of knowledge ambiguity[J]. Journal of international business studies, 1999, 30（3）: 463-490.

[217] ACHARYA S, AITHAL P S. Transformation of knowledge in teaching learning environment adoption of innovative methodology in teaching software engineering[J]. Social science electronic publishing, 2017.

[218] 王学东，赵文军. 基于知识转移的客户知识网络管理研究[J]. 情报科学，2008，26（10）：1471-1476.

[219] 张鹏，李全喜，刘岩等. 基于 SECI 模型的供应链企业知识转化模型研究[J]. 科技管理研究，2017（2）：147-150.

[220] GAINES B R, SHAW M L G. Knowledge acquisition tools based on personal construct psychology[J]. Knowledge engineering review, 2000, 8（1）: 49-85.

[221] BECKETT R C, SOHAL A. Supporting cross-sector collaborative innovation using a virtual organization strategy: a longitudinal case study[J]. 2018.

[222] FANG E. Customer participate and the trade-off between new product innovativeness and speed to market[J]. Journal of marketing, 2008（72）: 90-104.

[223] MARTIN C R. Retail service innovations inputs for success[J]. Journal of retailing and consumer services, 1996, 3（2）: 63-71.

[224] PAVITT K. What are advances in knowledge doing to the industrial firm in the new economy?[J]. Revue déconomie industrielle, 2005, 110（1）: 15-30.

[225] IND N, IGLESIAS O, MARKOVIC S. The co-creation continuum: from tactical market research tool to strategic collaborative innovation method[J]. Journal of brand management, 2017, 24（4）: 1-12.

[226] 何水. 协同治理及其在中国的实现——基于社会资本理论的分析[J]. 西南大学学报（社会科学版），2008，34（3）：102-106.

[227] DAY J, TAYLOR P. Institutional change and debt-based corporate governance: a comparative analysis of four transition economies[J]. Journal of management & governance, 2004, 8（1）: 73-115.

[228] 黄劲松. 产学研合作的混合治理模式研究[J]. 科学学研究，2015，33（1）：69-75.

[229] 邢青松，上官登伟，梁学栋，等. 考虑知识多维属性特征的协同创新知识共享及治理模式[J]. 软科学，2016，30（2）：50-54.

[230] LUO Y. An integrated anti-opportunism system in internationalexchange[J]. Journal of international business studies, 2007, 38（6）: 855 -877.

[231] ROATH A S, MILLER S R, CAVUSGIL S T. A conceptual framework of relational governance in foreign distributor relationships[J]. International business review, 2002（11）: 1-16.

[232] O'CASS A, SONG M, YUAN L. Anatomy of service innovation: introduction to the special issue[J]. Journal of business research, 2013, 66（8）: 1060-1062.

[233] KINDSTROM D, KOWALKOWSKI C, SANDBERGM E. Enabling service innovation a dynamic capabilities approach[J]. Journal of business research, 2013, 66（8）: 1063-1073.

[234] YIKUANL S, TAMER C. Enhancing alliance performanee: the effects of contractual-based versus relational-based governance[J]. Journal of business research, 2006（59）: 896-905.

[235] LUMINEAU F, HENDERSON J E. The influence of relational experience and contractual governance on the negotiation strategy in buyer-supplier disputes[J]. Journal of operations management, 2012, 30（5）: 382-395.

[236] 张学文. 开放科学视角下的产学研协同创新——制度逻辑、契约治理机制与社会福利[J]. 科学学研究，2013，31（4）：617-622.

[237] 李伟，董玉鹏. 协同创新过程中知识产权归属原则——从契约走向章程[J]. 科学学研究，2014，32（7）：1090-1095.

[238] ROSENKRANZ C, WULF T. Behavioral integration as a relational governance mechanism in family firms—the moderating role of family involvement in management [J]. Journal of small business management, 2017（1）.

[239] ZAHCER A, VENKATRAMAN N. Relational governance as an InteroRGManizational Strategy: an empirical test of the role of trust in economic exchange[J]. Strategic management journal, 1995, 16（5）: 373-392.

[240] ELLEGAARD C, MEDLIN C J. Finding good relationships—intended and realized relational governance of international fine wine exchanges[J]. Journal of world business, 2018.

[241] 祝明伟. R&D/营销界面管理及其对新产品开发绩效的影响研究[D]. 西安：西安理工大学，2007.

[242] LEVITT T. Innovation in marketing: new perspectives for profit and growth[J]. Management science, 1962.

[243] LEE K B, WONG V. Identifying the moderating influences of external environments on

new product development process[J]. Technovation, 2011, 31（10-11）: 612.

[244] YILDIRMAZ H M, ATILLA Ö, HERRMANN N. Impact of knowledge management capabilities on new product development and company performance[J]. International journal of innovation and technology management (IJITM), 2018: 15.

[245] 王世良. 生产与运作管理教程：理论、方法、案例[M]. 杭州：浙江大学出版社，2002.

[246] 蔺雷，吴贵生. 服务延伸产品差异化: 服务增强机制探讨——基于 Hotelling 地点模型框架内的理论分析[J]. 数量经济技术经济研究，2005，22（8）：137-147.

[247] KROLL J, FRIBOIM S, HEMMATI H. An empirical study of search-based task scheduling in global software development[C]// IEEE/ACM International Conference on Software Engineering: Software Engineering in Practice Track, 2017.

[248] 王娟. 新产品研发项目团队绩效测评研究[J]. 科技管理研究，2011，31（5）：149-152.

[249] 吴伟伟，于渤，邓强，等. 技术管理能力对新产品开发绩效的影响路径识别——基于动态能力视角[J]. 科学学与科学技术管理，2013，34（5）：106-115.

[250] COOPER R. New products: what separates winners from losers?[J]. Journal of product innovation management, 1987, 4（3）: 169-184.

[251] VOSS C. Towards a classification of service process[J]. International journal of service industry management, 1992（3）3：62-75.

[252] COOPER R G. Debunking the myths of new product development[J]. Research technology management, 1994, 37（4）: 40-50.

[253] 范钧，邱瑜，邓丰田. 顾客参与对知识密集型服务业新服务开发绩效的影响研究[J]. 科技进步与对策，2013，30（16）：71-78.

[254] BOWERS M R. Developing newservices: improving the process makes it better[J]. Journal of service marketing, 1989, 3（1）: 15-20.

[255] JOHNSON S P, MENOR L J, CHASE R B. A critical evaluation of the new service development process: integrating service innovation and service design[M]. NJ: Sage Publication, 2000.

[256] 李飞，陈浩，曹鸿星，等. 中国百货商店如何进行服务创新——基于北京当代商城的案例研究[J]. 管理世界，2010（2）；114-126.

[257] 王萍，魏江，王甜. 金融服务创新的过程模型与特性分析[J]. 管理世界，2010（4）：168-169.

[258] 陶颜. 金融服务模块化创新：过程机理与创新绩效[D]. 杭州：浙江大学，2011.

[259] 张雪，张庆普. 知识创造视角下客户协同产品创新投入产出研究[J]. 科研管理，2012，33（2）：122-129.

[260] CARBONELL P, ANA I, RODRÍGUEZ-ESCUDERO. Relationships among team's organizational context, innovation speed, and technological uncertainty: an empirical analysis[J]. Journal of engineering & technology management, 2009, 26（1-2）: 28-45.

[261] JAYARAM J, MALHOTRA M K. The differential and contingent impact of concurrency

on new product development project performance: a holistic examination[J]. Decision sciences, 2010, 41（1）: 147-196.

[262] 王飞，刘丹. 客户合作对新产品开发绩效的影响研究——跨部门合作的调节效应[J]. 华东经济管理，2019，2：169-175.

[263] 张伊威. 新产品开发中知识管理与绩效关系的研究[D]. 杭州：浙江大学，2004.

[264] 王春. 基于知识管理的新服务开发影响因素分析研究[D]. 重庆：重庆大学，2007.

[265] 黄永春，姚山季. 产品创新与绩效：基于元分析的直接效应研究[J]. 管理学报，2010，7（7）：1027-1031.

[266] 王珊珊. 供应商参与新产品开发对新产品开发绩效的影响——组织学习能力的中介作用[D]. 西安：西安理工大学，2010.

[267] EVANS R D, AHUMADA-TELLO E, ZAMMIT J Y. Investigating its impact on employee knowledge sharing during product development[C]// Technology & engineering management conference. 2017.

[268] LI H, UMPHRESS B E E. Fairness from the top: perceived procedural justice and collaborative problem solving in new product development[J]. Organization science, 2007, 18（2）: 200-216.

[269] 陈培祯，曾德明，李健. 技术多元化对企业新产品开发绩效的影响[J]. 科学学研究，2018，36（6）：1070-1077.

[270] KAHN K B. Interdepartmental integration: a definition with implications for product development performance[J]. Journal of product innovation management, 1996, 13（2）: 137-151.

[271] 金学芳. 基于协同论的企业并购对技术创新绩效影响研究[D]. 天津：天津工业大学，2017.

[272] 熊励，孙友霞，刘文. 知识密集型服务业协同创新系统模型及运行机制研究[J]. 科技进步与对策，2011，28（18）：56-59.

[273] 陈劲，阳银娟. 协同创新的理论基础与内涵[J]. 科学学研究，2012，30（2）：161-164.

[274] 王进富，张颖颖，苏世彬，等. 产学研协同创新机制研究——一个理论分析框架[J]. 科技进步与对策，2013，30（16）：1-6.

[275] 于旭，郑子龙. 新创知识型组织的知识集聚机理研究[J]. 情报理论与实践，2017（11）：66-70.

[276] HERVAS-OLIVER J L, LLEO, MARÍA, et al. The dynamics of cluster entrepreneurship: knowledge legacy from parents or agglomeration effects? The case of the Castellon ceramic tile district[J]. Research policy, 2017, 46（1）: 73-92.

[277] 王新华，车珍，于灏，等. 知识网络嵌入和知识集聚方式对组织创新力的影响差异性——知识共享意愿的视角[J]. 技术经济，2018，37（9）：49-58，94.

[278] BEAMISH P W, KILLING P J. Cooperative strategies: North American perspectives［M］. San Francisco: New Lexington Press, 1997: 231-232.

[279] HELFAT C, PETERAF M. The dynamic resource-based view: capability lifecycles[J].

Strategic management journal，2012，45（12）: 977-1010.

[280] DYER J H, SINGH H. The relational view: cooperative strategy and sources of inter-organizational competitive advantage[J]. Academy of management review, 1998, 23（4）: 660-679.

[281] GANNON M J, NEWMAN K L S. Cooperative strategies between firms: international joint ventures[M]// The Blackwell Handbook of Cross-Cultural Management. Blackwell Publishing Ltd, 2017.

[282] VESALAINEN J, THORGREN S, ROSSI T. Toward cross-border engineering management: development and test of a practice for idea generation in customer-supplier DFM teams[J]. Engineering management journal (EMJ), 2017, 29（4）: 1-9.

[283] 张文贤，傅颀. 以人力资本为中心的资本结构体系[J]. 经济学家，2006（3）：83-88.

[284] GARUD R, NAYYAR P R. Transformative capacity: continual structuring by intertemporal technology transfer[J]. Strategic management journal, 1994, 15（5）: 365-385.

[285] BUENSTORF G, COSTA C. Drivers of spin-off performance in industry clusters: embodied knowledge or embedded firms?[J]. Research policy, 2018, 47（3）.

[286] EMDEN Z, CALANTONE R J, DROGE C. Collaborating for new product development: selecting the partner with maximum potential to create value[J]. Journal of product innovation management, 2006, 23（4）: 330-341.

[287] 李永锋. 相互依赖、信任对企业关系导向合作的影响分析[J]. 财经理论与实践，2014（5）：131-134.

[288] RINDFLEISCH A, MOORMAN C. The acquisition and utilization of information in new product alliances: a strength-of-ties perspective[J]. Journal of marketing, 2001, 65（2）: 1-18.

[289] GRANOVETTER, M. The strength of weak ties[J]. Alll eriean journal of sociology, 1973, 78（6）: 1360-1380.

[290] MATHIEU J E, FARR J L. Further evidence for the discriminant validity of measures of organizational commitment, job involvement, and job satisfaction[J]. Journal of applied psychology, 1991, 76（1）: 127-133.

[291] YIN R. Case study research: design and methods[M]. 3rd ed. Thousands Oaks: Sage Publications，2003：3-21.

[292] EISENHARDT K M. Building theories from case study research[J]. Academy of management review, 1989, 14（4）: 532-550.

[293] 孙海法，刘运国，方琳. 案例研究的方法论[J]. 科研管理，2004，25（2）：107-112.

[294] 太平人寿保险有限公司官网. 太平人寿—公司介绍[EB/OL]. http://life.cntaiping.com/about-gsjs/.

[295] 东吴证券有限公司官网. 公司介绍[EB/OL]. http://www.dwjq.com.cn/whoweare/introc

udtion.

[296] 中信银行—西安市分行机构概况[EB/OL]. https://xian.qq.com/a/20120307/000131.htm.

[297] 江苏省邮电规划设计院有限责任公司[EB/OL]. https://www.jsptpd.com/.

[298] 陕西工业技术研究院官网. 院况简介[EB/OL]. http://www.sitri.cn/index.asp.

[299] 岳意定，卢澎湖. 企业知识搜寻、吸收能力对产品创新绩效的影响研究[J]. 湘潭大学学报（哲学社会科学版），2014，38（6）：54-58.

[300] 刘春艳，马海群. 产学研协同创新团队内部知识转移影响因素模型分析[J]. 图书情报工作，2017，19: 41-49.

[301] 曹勇，程前，杜蔓. 外部知识搜索策略对企业吸收能力的影响研究[J]. 情报杂志，2017（7）：186-191.

[302] 周荣，喻登科，涂国平. 高校科技成果转化团队知识网络形成机理与运行模式[J]. 科技进步与对策，2015（4）：117-123.

[303] DANESE G, MITTONE L. Trust and trust worthiness in organizations: the role of monitoring and moral suasion[J]. Managerial & decision economics, 2018, 39（2）.

[304] YI J, WEN-KE C. Effects of organizational trust on organizational learning and creativity[J]. Eurasia journal of mathematics, science and technology education, 2017, 13（6）: 2057-2068.

[305] HANSEN M T. The search transfer problem: the role of weak ties in sharing knowledge across organization subunits[J]. Administrative science quarterly, 1999, 44（1）: 82.

[306] 高锡荣，杨娜，万倩. 基于 SECI 框架的企业知识生成系统动力学模型[J]. 现代情报，2016，36（11）：8-15.

[307] 李圭泉，刘海鑫. 差异化变革型领导对知识共享的跨层级影响效应研究[J]. 软科学，2014，28（12）：116-119.

[308] 杨艳玲，田宇. 互动导向对新服务开发的影响研究——吸收能力和主动改善的中介作用[J]. 软科学，2015（10）：101-105.

[309] 白鸥. 从顾客知识到新产品开发：基于旅游企业组织设计的实证研究[J]. 旅游学刊，2016，31（7）：117-126.

[310] SEYBOLD P B. Outside innovation: how your customers will co-design your company's future[J]. Online, 2006（2）: 62.

[311] 吴晓波，韦影. 制药企业技术创新战略网络中的关系性嵌入[J]. 科学学研究，2005，23（4）：561-565.

[312] JONES G R, GEORGME J M. The experience and evolution of trust: implications for cooperation and teamwork[J]. Academy of management review, 1998, 23（3）: 531-546.

[313] SINGH H. The relational view a cooperative strategy and sources of inter-organizational competitive advantage[J]. Stroke: a journal of cerebral circulation, 1988, 19（8）: 950-954.

[314] 维力，李晓歌. 校企合作创新网络信任与知识转移的演化关系研究[J]. 软科学，2015：53-59.

[315] 彭月芹. 产学研合作政策、企业协同创新能力与经济绩效的关系研究[D]. 杭州：浙

江理工大学，2016.
[316] LUO Y. Contract, cooperation, and performance in international joint ventures[J]. Strategic management journal, 2002, 23（10）: 903-919.
[317] 李怀祖. 管理研究方法论[M]. 西安：西安交通大学出版社，2004.
[318] DUNN D T, NEWELL. Mode of delivery and vertical transmission of hiv-1: a review of prospective studies[J]. Jaids journal of acquired immune deficiency syndromes, 1994, 7（10）: 1064-1066.
[319] 荣泰生. AMOS 与研究方法[M]. 重庆：重庆大学出版社，2009：24-31.
[320] CRAIG C S, DOUGLAS S P. International marketing research[M]. John Wiley & Sons Chichester, 2005.
[321] FOWLER D M. The lifestyle of the young wage-earner in inter-war Manchester, 1919-1939[D]. University of Manchester, 1988.
[322] ALEGRE J, LAPIEDRA R, CHIVA R. A measurement scale for product innovation performance[J]. European journal of innovation management, 1998, 46（4）: 333-346.
[323] KELLEY M R, BROOKS H. External learning opportunities and the diffusion of process innovations to small firms: the case of programmable automation[J]. Technological forecasting & social change, 1991, 39（2）: 103-125.
[324] 马庆国. 应用统计学: 数理统计方法、数据获取与 SPSS 应用[M]. 精要版. 北京：科学出版社，2005.
[325] JONES D, KLINEDINST M, ROCK C. Productive efficiency during transition: evidence from bulgarian panel data[J]. Journal of comparative economics, 1998, 26（3）: 446-464.
[326] LOEHLIN J C. Genes and environment in personality development[J]. Behavior genetics, 1992, 24（3）: 299-300.
[327] MARCOULIDES G A, SCHUMACKER R E. Advanced structural equation modeling: Issues and techniques[M]. LEA, 1996.
[328] 朱建平，殷瑞飞. SPSS 在统计分析中的应用[M]. 北京：清华大学出版社，2007.
[329] CAMPBELL B D T, Fiske D W. Convergent and discriminant validation by the multi-trait-multi-method[C]// Matrix. Psychological Bulletin, 2010.
[330] 吴明隆. SPSS 统计应用实务——问卷分析与应用统计[M]. 北京：科学出版社发行处出版社，2003.
[331] 侯杰泰，温忠麟，成子娟. 结构方程模型及其应用[M]. 北京：经济科学出版社，2004.
[332] 吴明隆. 结构方程模型：Amos 实务进阶[M]. 重庆：重庆大学出版社，2013.
[333] HARMAN T C, HONIG J M. Thermoelectric and thermomagnetic effects and applications[M]// Thermoelectric and thermomagnetic effects and applications. MCGMraw-Hill, 1967.
[334] BARON R M, KENNY D A. The moderator-mediator variable distinction in social research[J]. Journal of personality and social psychology, 1986（51）: 1173-1182.
[335] 温忠麟，侯杰泰. 隐变量交互效应分析方法的比较与评价[J]. 数理统计与管理，

2004，23（3）：37-42.

[336] 温忠麟，侯杰泰，MARSH H W. 结构方程模型中调节效应的标准化估计[J]. 心理学报，2008，40（6）：729-736.

[337] AIKEN L, WEST S G. Multiple regression: testing and interpretingintefactions[M]. Newbury Park, CA: Sage, 1991.

[338] 刘军. 管理研究方法：原理与应用[M]. 北京：中国人民大学出版社，2008：4.

[339] AIKEN L, WEST S G. Multiple regression: testing and interpretingintefactions[M]. Newbury Park, CA: Sage, 1991.

[340] 谷丽，任立强，洪晨，等. 知识产权服务中合作创新行为的产生机理研究[J]. 科学学研究，2018（10）：1870-1878.

[341] ZHANG X, LI Z. Rural cooperative economic organizations: development and innovations[M]// China's Rural Development Road, 2018.

[342] 董保宝，葛宝山，王侃. 资源整合过程、动态能力与竞争优势：机理与路径[J]. 管理世界，2011（3）：92-101.

# 附　录

## 附录A　访谈提纲

**一、请您介绍一下贵公司与客户协同进行服务产品开发的情况？**

1. 贵公司与客户开展协同创新的动因是什么？

2. 与客户进行协同创新给贵公司带来了哪些收益？有何负面影响？

3. 请您举例说明在与客户协同创新的过程中，影响服务产品开发绩效的因素有哪些？

4. 您认为贵公司的企业协同能力包括哪些方面？协同能力对服务产品开发绩效是如何影响的？请举例说明。

**二、请您介绍一下贵公司的客户知识转化情况？**

1. 贵公司从客户那里获取了哪些知识？

2. 所获取的知识如何在公司转化？

3. 所获取的知识如何进一步地应用于创新活动？这些知识转化对服务产品开发绩效的影响如何？请举例说明。

**三、请您论述一下贵公司与客户协同开发中的协同治理机制作用情况？**

1. 贵公司在与客户协同进行服务产品开发的活动中是否存在相关机制保障？是否存在协同治理机制？如存在，其作用如何？

2. 贵公司的协同治理机制包括哪些方面？其强度如何？

3. 贵公司的协同治理机制对客户知识转化是如何影响的？

**四、请您谈一谈曾与客户协同进行服务产品项目开发的情况？**

1. 请您介绍一下该服务产品开发的背景及整个开发过程。

2. 请您描述在该产品开发过程中贵公司与客户的协同创新情况、企业的协同能力以及客户知识转化对服务产品开发的影响。

3. 请评价一下该服务产品开发的绩效如何？

4. 请根据贵公司服务产品开发的实践情况，再次谈谈您对企业与客户协同进行服务产品开发的认识和看法。

# 附录 B

## “企业协同能力对服务产品开发绩效的影响研究”调查问卷

**尊敬的女士/先生。**

您好！首先，衷心感谢您能抽出宝贵的时间填写此次调查问卷。本问卷主要针对协同创新情境下**“企业协同能力对服务产品开发新绩效的影响”**展开调研，为提升企业服务产品开发绩效提供理论和实践依据。非常感谢您抽出宝贵时间，帮助我们完成此次调研任务。本问卷所获数据仅用于学术研究，内容不涉及企业的商业机密，所获信息绝对不外泄，不会用于任何商业目的。因此，请您放心，希望您能够根据个人的真实感受和想法作回答。如您对某些问项的答案不清楚，请求助于贵单位相关人员协助完成。非常感谢您的合作！在此深表感谢！

**一、企业的基本信息（根据选项，请在所选答案前打“√”，如有补充请在旁边标注）**

1. 企业性质：

□国有　□集体　□国有控股　□民营

□中外合资　□外商独资　□其他

2. 企业当前员工数：

□少于 50 人　□51～200 人　□201～500 人　□501～1 000 人

□1 001 人以上

3. 企业成立时间：

□少于 10 年　□11～15 年　□16～20 年　□21 年以上

4. 企业主要业务所属行业：

□金融（涉及保险业、银行业、证券业等）

□信息与通信服务业（涉及通信及增值服务、计算机及软件服务等）

□科技服务业（涉及研究与试验服务、专业技术服务、工程技术、科技交流服务等）

□商务服务业（涉及管理咨询、法律服务、会计服务、市场调查、广告创意等）

□其他（请说明）________________

5. 下列哪个选项最恰当地描述了贵公司所提供的服务：

□全部是标准化服务　□主要是标准化服务　□两者比重差不多

□主要是定制化　□全部是定制化

6. 贵公司近 3 年的年平均销售收入在同行中的水平是：

□领先　□行业偏上　□行业平均　□低于行业平均

□有较大差距

7. 贵公司近 3 年的研发费用占销售额比重在行业中的水平是：

□高于行业平均　□行业平均　□低于行业平均

8. 贵公司服务产品组合的多样性相对于同行业：

□高　□中　□低

9. 受访人员职务：

□高层经理　□中层经理　□部门主管　□项目或技术骨干　□普通员工

10. 受访人员工作年限：

□1～3 年　□3～5 年　□5～10 年　□10 年以上

11. 企业所在省（区市）：________省__________市。

**二、根据过去 3 年中，您与客户协同完成的服务产品开发项目的实际活动经历来填写问卷。（请在所选答案前打“√”或以醒目的方式标注）**

1. 该服务产品开发项目的类型：

□系统集成/定制化软件　□工程设计　□技术咨询　□环境评估咨询

□产品研发　□软培训（非技术培训）　□管理咨询

□会计&法律咨询　□广告设计　□其他（请注明）______________

2. 该服务产品开发项目所投入的资金规模：

□10 万元及以下　□10 万～50 万元　□50 万～150万元

□150 万～300 万元　□300 万元以上

3. 该服务产品开发项目所投入的人数：

□5 人以下　□5～10 人　□10～15 人　□15～20 人　□20 人以上

4. 该服务产品开发项目持续时间：

□1～4 个月　□5～10 个月　□11～15 个月　□16～20 个月　□21 个月及以上

5. 在该项目中您的具体职位：

□项目经理　□项目核心人员　□项目一般开发人员

□项目支持人员　□其他________

**三、以下每个题项的答案无好坏之分。请结合过去 3 年您与客户协同进行服务产品开发的实际经历进行勾选打分。1～7 的分值分别从“完全不符合”向“完全符合”依次渐进，请在相应的框内数字上打“√”**（1—完全不符合；2—很不符合；3—不符合；4—一般；5—符合；6—很符合；7—完全符合）。

**1. 以下是该服务产品开发过程中，与同行业平均水平相比，企业协同能力的描述。**

| 测量题项 | 1 完全不符合——7 完全符合 | | | | | | |
|---|---|---|---|---|---|---|---|
| 我们具备较强的客户知识资源搜索的能力 | 1 | 2 | 3 | 4 | 5 | 6 | 7 |
| 我们具备较强的获取客户知识资源的能力 | 1 | 2 | 3 | 4 | 5 | 6 | 7 |
| 我们具备较强的整合客户知识资源的能力 | 1 | 2 | 3 | 4 | 5 | 6 | 7 |
| 我们具备较强的积累客户知识资源的能力 | 1 | 2 | 3 | 4 | 5 | 6 | 7 |

续表

| 测量题项 | 1完全不符合——7完全符合 | | | | | | |
|---|---|---|---|---|---|---|---|
| 我们具备通过与内外部分享交流，分享和汇集专门知识，解决遇到的问题的能力 | 1 | 2 | 3 | 4 | 5 | 6 | 7 |
| 我们具备通过制定工作流程标准、工作计划、规则标准化等制度与客户进行沟通和协调的能力 | 1 | 2 | 3 | 4 | 5 | 6 | 7 |
| 我们具备通过客户关系系统（CRM）、Q&A 问答平台、QQ、微信以及第三方平台等技术手段与客户进行沟通的能力 | 1 | 2 | 3 | 4 | 5 | 6 | 7 |
| 我们具备基于信任和互惠与客户建立长期合作能力 | 1 | 2 | 3 | 4 | 5 | 6 | 7 |
| 遇到问题，我们具备快速响应客户需求的能力 | 1 | 2 | 3 | 4 | 5 | 6 | 7 |
| 我们具备对合作关系中的突发问题及时应变和处理的能力 | 1 | 2 | 3 | 4 | 5 | 6 | 7 |

2. 以下是在服务产品开发过程中，与同行业平均水平相比，企业对客户知识转化的描述。

| 测量题项 | 1完全不符合——7完全符合 | | | | | | |
|---|---|---|---|---|---|---|---|
| 我们经常与客户对新产品开发问题进行沟通交流 | 1 | 2 | 3 | 4 | 5 | 6 | 7 |
| 我们通过客户对其隐性知识的表达获取新产品开发知识 | 1 | 2 | 3 | 4 | 5 | 6 | 7 |
| 我们的项目内部研发人员经常对新产品开发的创意、观点进行汇报 | 1 | 2 | 3 | 4 | 5 | 6 | 7 |
| 我们经常就客户对新产品开发的相关知识进行有效编排、归类和梳理 | 1 | 2 | 3 | 4 | 5 | 6 | 7 |
| 我们的开发团队能够充分对搜集和获取客户知识进行分析评价 | 1 | 2 | 3 | 4 | 5 | 6 | 7 |
| 我们的项目成员在产品开发过程中能够有效地吸收和采纳客户知识，并将其应用于开发实践 | 1 | 2 | 3 | 4 | 5 | 6 | 7 |

3. 以下是服务产品开发过程中，与同行业平均水平相比，企业的协同治理机制情况描述。

| 测量题项 | 1完全不符合——7完全符合 | | | | | | |
|---|---|---|---|---|---|---|---|
| 我们多通过签订契约的方式与客户建立长期关系 | 1 | 2 | 3 | 4 | 5 | 6 | 7 |
| 我们多采用法律手段解决与客户之间的冲突 | 1 | 2 | 3 | 4 | 5 | 6 | 7 |
| 我们与客户的合作模式一般都是协议约定好的 | 1 | 2 | 3 | 4 | 5 | 6 | 7 |
| 我们多通过彼此的诚信和道德约束与客户建立长期关系 | 1 | 2 | 3 | 4 | 5 | 6 | 7 |
| 我们多采用交流和沟通的方式解决与客户间的冲突 | 1 | 2 | 3 | 4 | 5 | 6 | 7 |
| 我们通过信任、互惠与客户建立长期密切的关系 | 1 | 2 | 3 | 4 | 5 | 6 | 7 |

4. 以下是服务产品开发过程中，与同行业平均水平相比，服务产品开发绩效的描述。

| 测量题项 | 1 完全不符合——7 完全符合 | | | | | | |
|---|---|---|---|---|---|---|---|
| 我们进行新服务产品开发的时间较短 | 1 | 2 | 3 | 4 | 5 | 6 | 7 |
| 我们进行新服务产品开发的速度较快 | 1 | 2 | 3 | 4 | 5 | 6 | 7 |
| 我们对服务产品开发过程质量控制得较好 | 1 | 2 | 3 | 4 | 5 | 6 | 7 |
| 客户对我们开发的服务产品一般比较满意 | 1 | 2 | 3 | 4 | 5 | 6 | 7 |
| 我们开发的服务产品在市场上具有较强的竞争优势 | 1 | 2 | 3 | 4 | 5 | 6 | 7 |

问卷到此结束，请您再次检查本问卷所有题项，确保没有漏答之处！谢谢！

**再次谢谢您的合作，祝您工作愉快！**

# 作者简介

王小娟，女，汉族，陕西武功人，西安交通大学管理学博士，副教授，硕士生导师。2008 年 7 月进入西藏民族大学财经学院任教，长期从事“管理学”“经济学原理”“电子商务”“经济法”“创新创业教育”“管理经济学”“研究方法与论文写作”等课程的本科生及研究生的教学研究工作。研究领域：服务创新、信息管理与电子商务、客户关系管理、西藏文化产业等。截至目前，共发表论文 40 余篇，其中，在《管理工程学报》《科学学研究》《软科学》《运筹与管理》《东北大学学报》《贵州财经大学学报》等权威及核心期刊发表学术论文 10 余篇，参与以及主编完成专著 2 部。主持国家社会科学基金项目 1 项，主持并完成省部级项目 1 项，主持并完成校内一般项目及教改项目各 1 项，参与省部级以上纵向以及横向项目 10 余项。主讲课程课件“电子商务概论”获教育部第 14 届全国多媒体课件大赛“三等奖”（2014 年 11 月）；科研论文《大数据下企业会计信息质量评价指标体系的构建——基于模糊综合评价方法的研究》荣获西安交通大学“第十五届”优秀科研成果奖”三等奖（2016 年 12 月）；调研报告《西藏参与“一带一路”建设与边境贸易发展中存在的问题及对策思考》获国家民委社会科学研究成果奖“三等奖”（2019 年 3 月）。

通讯地址：陕西省咸阳市文汇东路 6 号西藏民族大学财经学院，邮编：712082

联系电话：13279101800，邮箱：408903618@qq.com